복 있는 사람

오직 여호와의 율법을 즐거워하여 그 율법을 주야로 묵상하는 자로다.
저는 시냇가에 심은 나무가 시절을 좇아 과실을 맺으며 그 잎사귀가 마르지 아니함 같으니
그 행사가 다 형통하리로다.(시편 1:2-3)

하나님의 가정

Richard Baxter

The Godly Home

하나님의 가정

리처드 백스터 지음 | 장호준 옮김

복 있는 사람

하나님의 가정

2012년 4월 5일 초판 1쇄 발행
2021년 10월 25일 초판 4쇄 발행
지은이 리처드 백스터
옮긴이 장호준
펴낸이 박종현

(주) 복 있는 사람
서울특별시 마포구 연남동 246-21 (성미산로 23길 26-6)
Tel 723-7183(편집), 723-7734(영업·마케팅) | Fax 723-7184
hismessage@naver.com

등록 1998년 1월 19일 제1-2280호
ISBN 978-89-6360-082-6

The Godly Home
by Richard Baxter

Copyright ⓒ 2010 by Crossway Books
Originally Published in English under the title
The Godly Home
Published by Crossway Books
a publishing ministry of Good News Publishers
Wheaton, Illinois 60187, U.S.A.

This edition published by arrangement with Good News Publishers.
Korean Translation Copyright ⓒ 2012 by The Blessed People Publishing Co., Seoul, Korea.
All right reserved.

이 책의 한국어판 저작권은 알맹2 Agency를 통해 Crossway Books와 독점 계약한
(주) 복 있는 사람이 소유합니다. 신 저작권법에 의하여 한국 내에서 보호를 받는 저작물이므로 무단
전재와 복제를 금합니다.

| 차례 |

서론 | J. I. 패커 _9

편집자 서문 _19

1장 **결혼에 대한 지침** _25

2장 **결혼, 하나님이 정하신 것인가** _91

3장 **거룩한 가정을 위한 지침** _163

4장 **가정을 거룩하게 다스려야 하는 이유** _175

5장 **거룩한 자녀 양육** _191

6장 **남편과 아내의 의무** _211

7장 **아내를 향한 남편의 의무** _251

8장 **남편을 향한 아내의 의무** _259

9장 **자녀에 대한 부모의 의무** _299

10장 **부모에 대한 자녀의 의무** _325

11장 **하나님을 향한 자녀의 의무** _341

12장 **바른 자녀 양육을 위한 지침** _349

주 _369

서론

특정한 한 주제를, 혹은 「브리태니카 백과사전 *Encyclopedia Britannica*」처럼 모든 주제를 아우르는 완벽한 참고서를 발행하려고 하는 사람이 있다고 해보자. 그가 어떻게 할 것이라고 생각하는가? 틀림없이 그는 연구원들을 꾸려서 방대한 자료를 소장한 도서관의 자료들을 열람할 수 있도록 하고, 탁월한 성능의 컴퓨터를 갖추고, 기존에 출간된 내용들과 비교해 볼 수 있도록 그때까지 출간된 모든 참고서를 모아 독보적인 프로젝트가 되도록 할 것이다. 어떻게 다른 방법이 있을 수 있겠는가?

18세기로 돌아가 보자. 출판과 판매를 동시에 하는 일단의 출판사들은(당시에는 출판사가 두 가지 일을 동시에 했다) 새뮤얼 존슨 Samuel Johnson과 영어 사전의 결정판을 내기로 계약하고, 연구원들을 꾸려 그들에게 보수를 지급하고, 그들이 함께 모여 작업할 장소를 빌리고, 일에 필요한 것들을 구입할 수 있도록 그들에게 비용을 지급했다. 이를테면 투자를 한 것이다. 이렇게 해서 존슨이 펴낸 사전은 처음 출간되었을 때부터 획기적인 사전으로 평가받았을 뿐 아니라, 그 후에 나온 모든 영어 사전은 그 사전을 토대로 출간되었다고 해도 과언이 아니다.

하지만 청교도인 리처드 백스터Richard Baxter가 그리스도인의 삶을 다루는 백과사전을 펴냈을 때는 이와는 상황이 많이 달랐다.

1664년에 백스터는 무임 목사로 있었다. 1641년부터 섬겨서 (의회전쟁에 군목으로 나간 5년을 포함해서) 전도와 가르침을 통해 놀라운 교회 공동체를 이룬 영국 미들랜즈의 키더민스터에서의 사역은 1662년에 발효된 반反청교도적 통일령에 따라 지속할 수가 없었기 때문이다. 그때부터 백스터는 영국 외곽에 위치한 액튼에서 인세와 자기 소유의 작은 땅에 대한 세를 받아 생계를 이어갔다. 그는 자신보다 스무 살이 어린 여인과 결혼했다. "몇 가지 부류의 믿는 그리스도인들을 위해 지침서를 쓰라"고 한 고古 어셔 주교Archbishop Usher의 촉구를 따라 그의 마음은 이미 몇 년 전부터 결심하고 저술을 시작한 「그리스도인을 위한 지침서*A Christian Directory*」를 쓰는 데 가 있었다. 이 저술을 마치는 데는 일 년 남짓 걸렸다. 그를 도와준 비서나 필경사나 목회 동역자도 없었다. 그의 말대로 "내 서재와 모든 책은 여기서 너무 먼 다른 데에 있고 지금 가진 것이라고는 내가 어디를 가나 갖고 다니는 몇 가지 짐밖에 없는" 상황이었다. 하지만 놀라울 정도로 부요하고 민첩한 그의 지성은 약 1,250,000자에 달하는 논문을 일궈 냈고, 결국

1673년에 다음과 같은 제목으로 출간되었다.

> 네 부분으로 이루어진 그리스도인을 위한 지침서
> 혹은
> 그리스도인이
> 어떻게 자기의 지식과 믿음을 사용하고
> 어떻게 자기의 모든 도움과 방편을 증진하고
> 어떻게 모든 의무에 힘쓰며
> 어떻게 시험을 이기고 모든 죄를 죽이고 피할지를 안내하는
> 양심의 문제와 실천적 신학에 대한 총람
> I. 그리스도인의 윤리관(또는 개인적 의무)
> II. 그리스도인의 가족관(또는 가족의 의무)
> III. 그리스도인의 교회관(또는 교회에서의 의무)
> IV. 그리스도인의 정치관(또는 위정자와 이웃을 향한 의무)

너무 거창하고 장황한 제목이라고 생각할 필요는 없다. 책 표지나 광고문구 같은 것이 없었을 당시, 책 표지에는 대체로 책 내용을 포괄적으로 설명하는 제목이 붙여졌다. 책을 사서 보기 전까지 그 내용을 짐작해 볼 수 있는 곳은 책 표지가 전부였기 때문이다. 실제로 그의 책은 그런 내용을 담고 있었다. 1990년, 이 책이 다시 출간되었을 때 책 표지에 "성경적 상담에 관한 한 지금까지 출간된 어떤 책보다 탁월한 지침서"라는 티모시 켈러Timothy Keller의

서론

찬사가 실렸다.

이 책과 관련하여 특별히 다음 세 가지 점을 주목할 필요가 있다.

첫째, 백스터가 다루는 범위를 주목해야 한다. 「그리스도인을 위한 지침서」는 실천신학의 총람sum을 표방한다. 중세적인 의미에서 볼 때, 총람이란 "모든 도움과 방편," "모든 의무," "모든 죄"와 같이 모든 것을 다루는 단권으로 된 종합연구서를 가리킨다. 예수 그리스도를 주와 구주로 믿는 충성스러운 제자 된 우리가 하나님 앞에서 살아가는 삶과 관련된 모든 것이 포함되었다는 말이다. 이 책을 보고 백스터의 철저함에 기가 질릴 수도 있겠다. 하지만 어디서도 찾아볼 수 없을 만큼 그리스도인의 삶을 철저하게 다룬 작품을 보고 너무 분량이 많다고 불평하는 것은 어리석은 일이다. 이 작품은 백스터의 엄밀함과 명쾌함의 승리요, 그의 심혈이 깃든 참고서다.

둘째, 백스터의 방법이다. 「그리스도인을 위한 지침서」는 **양심의 사례들**에 대한 총람을 표방한다. 여기서 사례case는 어떻게 하나님과 동행할 것이며, 하나님을 알고 그분의 은혜를 끊임없이 누리고 즐거워하고 영화롭게 하기 위해 신자가 해야 할 일이 무엇인지에 관해 일어나는 내면의 갈등과 구체적인 불확실성을 가리킨다. 백스터는 "실질적인 양심의 문제를 해결하고, 이론적으로만 알고 있는 것을 진지한 그리스도인의 삶으로 바꾸고, 생각과 삶을 거룩하게 하고, 삶 전반에 걸친 신실한 순종을 통해 이런 일들에 민첩해지라"고 당부한다. 3세기 하고도 반세기가 지난 지금, 백스터가 살던 시대와는 많은 것들이 달라졌다고 하지만, 하나님과 사람과 경건의 원리는 전혀 변하지 않았을 뿐더러, 주의 깊은 독자들은 백스터가 언급하는 "사례들", 하나님과의 관계, 우리의 다양한 이웃과 갖는 관계에 대해 그가 제시하는 적실한 지침들에 깜짝 놀라게 될 것이다. 백스터는 자신이 살던 17세기의 틀 안에서 상존했던 문제들을 다루고 있기 때문이다.

셋째, 이 책의 대상이다. 제목을 보면 이 지침서는 그리스도인을 위한 것이라는 사실을 알 수 있다. 백스터가 서론에 언급하는 것처럼 이 책은 특별히 "아직 충분한 경험을 쌓지 못한 젊은 목회자들"과 "언제라도 필요할 때 자신의 가족에게 이런 자료를 택해 읽어 주려는 보다 사려 깊은 가장들"을 위해 쓰여졌다. 하지만 17세기 영국과 흡사한 21세기의 상황에 굴복하지 않고, 오히려 백스터의 열정적인 설득에 귀 기울이고, 그의 의도대로 그의 지적에 양심에 찔림을 받는 사람은 누구나 이 책을 통해 변치 않는 유익을 얻을 것이다. 하나님을 뜨겁게 맛보고, 끝없이 공급되는 영적 사고의 재료를 얻고, 자신을 돌아보아 겸손해지고, 진심으로 돌이켜 새롭게 될 수 있을 것이다. 읽어 보면 알 것이다.

이 책은 「그리스도인을 위한 지침서」에서 결혼 배우자, 가정예배, 부모, 자녀 등을 다루는 2부 "그리스도인의 가족관Christian Economics"을 오늘의 언어로 편집한 것이다. 오늘날 대부분 경제와 관련해서만 쓰이는 Economics는 여기서 꾸린다manage는 의미를 갖는다. 백스터는 이 책에서 결혼한 부부가 이룬 가족의 삶과 가정에서의 경건을 주제로 인상 깊은 필치와 일관된 집중력으로 전개해 간다.

이제 와서 이 책을 다시 출간하는 이유가 무엇인지, 과연 오늘날 이 책에 관심을 가질 독자가 있을지 물어오는 사람이 있을 것이다. 이 당연한 질문에 두 가지만 답하겠다.

다른 영역도 마찬가지지만, 적어도 서구 세계에서 가족은 큰 어려움에 봉착했다. 도시 중심의 생활에서 비롯되는 끊임없는 압박 때문에 가족 간의 관계가 일그러졌고, 인간 생활의 기본이자 우선순위로 간주되던 가족관계가 더 이상 소중히 여겨지지 않고 있다. 각박한 도시생활이 주는 압박 때문에 부부가 서로 소원해지고, 자녀는 부모와 조부모로부터 단절되었다. 핵가족으로 살다 보니 자연스레 삼촌이나 이모, 고모, 이웃과 멀어졌다. 가족의 매일 삶의 중심축이요, 친밀함과 기쁨의 한결같은 원천이었던 가정은 대부분의 시간을 밖에서 보내다가 잠깐 들러 쉬고 다시 뿔뿔이 흩어지는 기숙사나 식당과 같이 되었다. 이런 가정생활이 불행하다는 것은 누구나 알고 있다. 이런 현대인의 민감한 필요에 부응하고자 가정을 회복하기 위한 청사진을 제시하는 많은 책들이 쏟아져 나오고 있다. 특별히 해체된 가정생활에 가슴 아파하는 그리스도인들 사이에서는 더더욱 그렇다. 이런 상황에서 C. S. 루이스Lewis의 말을 따오고, 그리스도인의 가정생활을 다루는 요즘에 나온 책들만을 읽을 만하다고 여기는 것은 최신의 것일수록 좋다고 하는 연대기적 속물근성일 뿐이다. 배에 구멍이 나서 물이 쏟아져 들어올 때에 필요한 만고불변의 지혜는 승선한 모든 사람이 다 함께 물을 퍼내는 것이다. 건강한 가정생활이 위협을 받을 때는 반드시 도움을 청해야 하고, 시대를 막론하고 이 분야의 모든 지혜로운 사람들의 말을 귀담아들어야 한다. 이런 맥락에서 리처드 백스터의 말에 귀 기울이는 것이 옳을 것이다.

이런 사실로부터 자연스럽게 두 번째 대답을 줄 수 있다. 가정은 백스터가 다룬 다른 주제들과 마찬가지로 그가 탁월하게 다룰 수 있는 주제다. 키더민스터에서 목회를 할 당시 그는 아직 결혼을 하지 않았고, 결혼한 후에도 2년 동안 자녀가 없었지만(결혼생활을 통해 그는 자녀가 없었고, 백스터는 그것을 못내 아쉬워했다), 그는 이 주제를 잘 알아 권위를 갖고 이야기할 수 있는 사람이었다. 명석한 두뇌에 박학한 지식, 비상한 기억력, 지적인 능력이 무궁무진한 사람처럼 보인 이 청교도가 가진 하나님 중심성과, 경건과, 열심과, 성경에 대한 탁월한 이해와 거룩에 대한 열정은 정말 대단했다. 신앙선배들로부터 가족관계와 가정생활에 대한 청교도 목회의 놀라운 지혜를 전해 받은 그는, 이내 자신의 목회적 명석함과 통찰력으로 그것들을 잘 소화했을 뿐 아니라 얼마 지나지 않아서 오히려 그들을 넘어서게 되었다. 겸손하고 소박한 인간성과, 자신이 섬기는 사람들에 대한 기도와 사려 깊은 돌봄, 풍부한 상식과 사람들의 동기, 개인적이고 상관적인 역학, 사람의 행동의 장단기적인 결과들에 대한 민첩한 이해를 갖고 있었기 때문에, 수년 동안 교구민들의 삶으로 들어가 그들을 성심으로 돌볼 수 있었던 것이다. 더구나 그는 타고난 명석한 두뇌와 명쾌한 생각을 담아내는 유창한 언변으로 무슨 주제든 사람들과 이야기할 수 있었다. 그의 재능은 그리스도인의 이상적이고 책임 있는 가정생활과 문제들을 다루는 글에서 확연히 드러난다.

전형적인 청교도 문체에서 볼 수 있듯이, 백스터는 모든 인간의 삶과 가정생활 전반을 교리와 의무, 약속이라는 세 가지 영역으로 살펴보았다. 물론 이 모든 것은 성경에서 비롯되었다. **교리** 영역에서는 창조와 구속을 통해 모든 부분에서 각 사람의 존재와 행동에 대한 하나님의 뜻과 목적을 제시한다. **의무** 영역에서는 개혁신학자들이 하나님의 뜻의 규례라고 부르는 하나님의 도덕적인 계명을 하나님의 목적에서 비롯된 하나님의 뜻을 가리키는 것으로 설명한다. **약속** 영역에서는 각각의 상황에서 하나님의 구체적인 뜻을 이루도록 하는, 신실한 순종을 위한 하나님의 도우심을 서술한다. 이 책을 통해 다시 출간되는 장들에서 백스터는 독자들이 관련된 교리에 대한 실제적인 지식—곧 가정은 하나님을 영화롭게 하는 협력체로서 서로를 섬기고, 사랑 가운데 성품을 일궈 가고, 자녀를 낳고 양육함으로 믿음의 경주를 계속해 가기 위한 곳이며, 성은 부부로서의 애정 어린 즐거움과 출산을 위해서만 엄격히 구별된 것이고, 모든 가정은 가장인 남편을 목사로 하는 하나의 작은 교회가 되어야 한다—을 갖고 있는 것으로 여기고 글을 전개해

간다(청교도 저작에서 볼 수 있는 전형적인 특징이다). 백스터는 또한 우리가 가진 소망, 두려움, 분투와 관련하여 어떻게 하나님의 약속에 기대어 간구할지 우리가 안다고 전제하고, 그가 자신의 책 「믿음의 삶*Life of Faith*」에서 이미 길게 다룬 적이 있는 주제를 따라 글을 전개해 나간다. 여기서는 특별히 의무 영역에 주안점을 두면서 인간인 우리가 따라 살도록 부름 받은 표준들을 명쾌하게 서술하고 있다. 빠른 사고 전개로 각각의 의무 영역들을 수차례 넘나드는 가운데 모든 모호한 것을 해소하고 각각의 의무들을 양심이 분명히 알아듣도록 한다. 이 책을 읽어 보면 백스터가 죽은 지 6년이 지난 1707년에 「그리스도인을 위한 지침서」를 처음 재판한 편집자들이 이 책을 두고 "현존하는 가장 탁월한 실천신학 체계일 것이다"라고 말한 이유를 금방 알 수 있다.

  본문을 읽으면서 느끼겠지만, 가정에 관련된 주제들에 대한 백스터의 글이 다시 출간되는 것은 여간 반갑고 고마운 일이 아닐 수 없다. 이 주제와 관련해서 계속되는 오늘날의 논의 가운데 그의 목소리가 반영되고 사람들이 그의 말에 귀 기울이게 되기를 바란다.

J. I. 패커

편집자 서문

잘 알려지지 않았지만, 리처드 백스터는 17세기 영국 개신교에 지대한 영향을 미쳤습니다. 주로 독학을 한 백스터의 저작들은 계속해서 사람들의 손에 들려 읽혔습니다. 17세기 논쟁의 소용돌이 속에서 백스터는 자신의 저작들이 사람들에게 유용하게 읽히고 화해를 증진하는 데 사용되기를 바랐습니다. 이론의 여지가 있기는 하지만, 백스터는 당대 사람들이 가장 즐겨 찾는 저자였습니다. 분량이나 언어 때문에(19세기의 옛 문체로 재판되었습니다) 현대 독자들에게 광범위하게 읽히기에 무리가 있기는 해도, 그 후로 지금까지 그의 저작들은 계속해서 읽히고 있습니다.

그리스도인의 가정생활을 다룬 백스터의 "그리스도인의 가족관"을 편집한 본서는 1,143쪽에 이르는 그의 대작 「그리스도인을 위한 지침서」의 후반부에 수록된 글들입니다. 백스터의 저작들 가운데 실천적인 부분을 다룬 이 지침서는 젊은 목회자들과, 가장들, 그리고 개개인의 그리스도인들을 위해 쓰여진 책으로, 신자들이 맞닥뜨릴 수 있는 신앙 전반에 관한 여러 가지 일과 의문들을 가능한 한 충분히 다루려고 했습니다. 「하나님의 가정 *The Godly Home*」이라는 제목의 본서를 통해 가정에 대한 그의 이해가 오늘날 교회 전반에 영향을 미치기를 바랍니다. 또 그리스도인들이 경건한 가정을 향한 뜨거운 소원을 품도록 교훈하고 훈련하고 격려할 수 있기를 바랍니다.

편집자의 일이라는 것이 참 어려움이 많습니다. 언어의 장벽을 넘어서야 하는 것은 물론, 암호를 해독하는 것처럼 모호한 대목의 의미를 찾아 전달하기 위해 17세기 저자의 생각으로 들어가야 할 때도 비일비재합니다(저를 가르쳤던 한 교수님은 그것을 일컬어 "역사적 소리장벽을 뚫고 들어가는 일"이라고 했습니다). 그의 글을 읽을 때는 17세기 정치적·종교적 격랑기가 배경임을 항상 염두에 두어야 합니다. 이런 배경이 그가 선택한 단어와 반복적으로 강조되는 부분에 대한 이해를 돕습니다. 근대 초기 영국에서 쓰여진 백스터의 글은 당시의 삶이 어땠는지, 대서양을 경계로 할 뿐 아니라 영원의 접경을 살다간 그리스도인이 삶에서 기대했던 바가 무엇인지 보여줍니다. 그렇기 때문에 이 책은 교파와 신앙고백은 다르지만 하나님께서 두신 자리에서 경건하게 살아가기 위해 노력하는 모든 그리스도인 순례자에게 유익할 것입니다. 이 작업을 하는 동안 마이클 헌터 Michael Hunter의 「근대 초기 문서 편집을 위한 지침서 *Editing Early Modern Texts*」에서 많은 유익을 얻었습니다.

근대 초기 본문을 편집하는 지침서로 권할 만한 좋은 책입니다.

변천된 영어의 한계를 고려하면서 가능한 한 원 의미에 가깝게 편집하기 위해 애썼고, 영국에서 각각 다른 시기에 출간된 다음 세 가지 판본으로 비교해 가면서 작업했습니다. 네빌 시몬스Nevill Simons의 1671년판 대신에 세인트 폴 처치야드에 있는 프린스 암즈Prince Arms에서 출간된 로버트 화이트Robert White의 1673년판, 칩사이드Cheapside에서 출간된 토머스 파커스트Thomas Parkhurst의 1707년판, 플리트 스트리트Fleet Street에서 출간된 윌리엄 오르메William Orme의 1830년 비평판(23권 전집 중 제4권). 맞춤법과 철자와 강조점을 제외하면 이 세 가지 판본이 거의 같습니다. 19세기 영어 문법의 초기 합의를 적용한 오르메판이 각 장의 제목 외에 이탤릭체를 거의 없앤 반면, 화이트와 파커스트판은 이탤릭체와 강조가 많습니다. 저는 이탤릭체를 거의 배제했습니다. 17세기 문법에서는 이탤릭체가 너무 많으면 오히려 강조의 효과가 감소하기 때문입니다. 물론 이탤릭체의 강조가 저자의 의도인지 편집자의 의도인지는 여전히 의문의 여지가 있습니다. 철자와 맞춤법은 현대 문법에 맞게 고쳤고, 서로 일관성이 없는 부분은 통일을 시켰습니다. 가능한 한 교정이나 수정은 최소화해서 백스터의 의도와 어법을 손상시키지 않으려고 애썼습니다. 인용된 성경 구절의 장절을 각주가 아닌 본문에 넣었고, 그러면서 몇 가지 잘못된 부분을 고치고, ESV 성경(English Standard Version)으로 개정했습니다.

17세기 당시에는 일상적이었지만, 오늘날의 기준으로 볼 때 만연체로 여겨지는 문장들은 필요한 경우 짧게 다듬었습니다. 부수적인 것이든 중요한 것이든 본문을 수정한 경우는 가능한 표기를 했습니다. 이전 세기에 적합했을 종에 대한 언급은 대부분 삭제했습니다. 백스터가 사용한 위계적인 표현은 대부분 그대로 두었습니다(부모나 아버지를 자주 "governors"라고 일컬었습니다). 라틴어 번역은 괄호로 채웠습니다. 독자의 이해를 돕기 위해 본문을 설명하는 미주도 몇 가지 덧붙였습니다. 미주에서 이탤릭체로 된 단어나 구절들은 원 본문에서 삭제되었거나 더 일상적인 용법으로 바꾼 경우입니다. 인용부호 안에 있는 미주는 백스터 자신이 단 주석을 가리킵니다. 가능한 경우 그가 인용한 자료들을 추적해 간략한 목록으로 덧붙였습니다. 백스터가 사용한 일부 표현들이 도대체 무슨 의미가 있나 하고 의아해 하는 독자들도 있을 것입니다(예를 들어, 친사촌 간의 결혼에 대한 언급). 17세기 결혼에 대한 갈등을 이해하고, 혹시 선교지에서 비슷한 상황과 마주칠 경우를 고려해 이런 용례들은 그대로 살렸습니다. 편집 과정에서 있었을지 모르는 나머지 오류들은 항상 그렇듯이 오직 저의 실수에서 비롯된 것입니다.

이 프로젝트를 제안하고 끝까지 일을 마칠 수 있도록 격려하고 지원한 크로스웨이Crossway 출판사에 감사드립니다. 변함없는 지원과 지치지 않는 열정을 보여준 알 피셔Al Fisher에게 감사합니다. '루이스와 클라크의 탐험'을 연상시키는 면밀한 관찰력을 보여준 테드 그리핀Ted Griffin에게도 감사합니다.

이 프로젝트에 지침을 제공해 준 저의 박사학위 지도교수들인 리처드 뮬러Richard A. Muller, 기즈스버트 판 덴 브링크Gijsbert van den Brink, 제프리 주Jeffrey K. Jue에게 감사합니다. 조엘 비키Joel R. Beeke, 라일 비에르마Lyle D. Bierma, 크로포드 그리븐Crawford Gribben, 칼 트루먼Carl R. Trueman, 테레스 클라버Terreth Klaver, 제임스 돌잘James Dolezal, 패트릭 시버슨Patrick R. Severson, 피터 릴백Peter A. Lillback 등이 제 삶에 미친 영향에 어떻게 감사를 해야 할지 모르겠습니다. "철이 철을 날카롭게 하는 것같이 사람이 그 친구의 얼굴을 빛나게 하느니라"(잠 27:17).

웨스트민스터 서점의 직원들—천 라이Chun Lai, 미카 빅포드Micah Bickford, 대니얼 윌슨Daniel Willson, 짐 바이데나Jim Weidenaar, 마크 트래퍼겐Mark Traphagen—의 친절함에 감사합니다.

아내 사라와 아들 테일러, 부모님인 개리와 로사에게 깊이 감사합니다. 이 책을 편집하는 내내 이들은 헌신적인 사랑과 인내를 보여주었습니다. 이들의 확고한 지원과 희생적인 사랑이 없었다면, 이 책은 빛을 보지 못했을 것입니다.

마지막으로, 서문을 써 주었기 때문만이 아니라, 일생 동안 청교도 저작들을 사랑하고 발굴해 낸 J. I. 패커Packer의 수고와 헌신에 감사의 인사를 전합니다. 그가 쓴 「거룩함의 추구*A Quest for Godliness*」를 읽고 청교도의 가치와 아름다움에 처음 눈을 떴습니다. 지난 몇 년 동안 그 책을 곁에 두고 끊임없이 펼쳐 보았습니다.

그 책을 다시 살피는 것이 제게는 전혀 지겨운 일이 아닙니다. 하나님께서 앞으로도 그의 수고에 복을 더하시기를 바랍니다.

랜달 피더슨

1장
결혼에 대한 지침

그리스도인은 하나님께 헌신되고 구별된 거룩한 삶을 삽니다. 그리스도인의 가정도 다르지 않습니다. 집의 문, 가족관계와 소유, 모든 가사일에 '여호와께 성결HOLINESS TO THE LORD'이라는 팻말을 써 붙임이 마땅합니다. 그렇게 하기 위해서는 거룩한 과정을 통해 가정이 구성되고, 경건하게 다스려지고, 가족 모두가 구성원으로서의 의무에 충실해야 합니다.

가정을 바르게 구성한다는 것은 바른 결혼을 포함합니다.

지침 1: 하나님께서 결혼으로 자신을 부르시고 결혼을 허락하신다는 사실을 납득하고, 결혼해야 할 이유가 분명해지기도 전에 정욕에 이끌려 성급하게 결혼하지 않도록 조심하십시오. 결혼하기 전과 마찬가지로 결혼한 후에 당신이 섬겨야 할 분도 하나님입니다. 그렇기 때문에 성급하게 결혼에 이르기 전에, 당신이 결혼으로 섬길 분인 하나님의 권고를 받는 것이 맞습니다. 하나님을 바르게 섬기는 방법은 하나님께서 가장 잘 아십니다. 둘째, 복되고 행복한 가족관계를 유지하기 위해서는 하나님을 의지해야 합니다. 남녀가 서로 배우자로 만나기 위해서는 하나님의 권고를 받아들이고 하나님의 인정을 받는 것이 가장 중요합니다. 부모의 동의를 받고 결혼하는 것도 중요하지만, 하나님이 인정하시는 결혼은 더욱 중요합니다.

질문: 하나님이 어떤 사람을 결혼으로 부르시고, 그 사람의 결혼을 인정하시는지를 어떻게 압니까? 이런 부분은 도덕적 가치와는 무관한 것으로 하나님께서 각 사람의 재량에 맡겨 놓으신 것이 아닙니까?

대답: 하나님께서는 결혼을 요구하거나 금하는 보편 법칙을 주신 적이 없습니다. 이런 면에서 결혼은 각 사람이 알아서 결정할 수 있는 영역에 속한다고 할 수 있습니다. 그렇다고 누구나 다 결혼해도 된다는 말은 아닙니다(결혼에 합당하지 않은 사람도 있기 때문입니다). 하나님께서는 다른 일반적인 법이나 규칙을 통해 결혼이 합당한 경우와 결혼이 죄가 되는 경우를 사람들에게 알리셨습니다. 모든 사람은 자신의 영적인 유익과 거룩에 가장 도움이 될 뿐 아니라 하나님을 가장 탁월하게 섬길 수 있는 조건을 선택해야 합니다.

결혼 자체에 당사자의 영적인 유익이나 하나님께서 알리신 법이나 규칙과 배치되는 요소가 있는 것은 아닙니다. 성경은 "그러므로 결혼하는 자도 잘하거니와"라고 말하지 않습니까?(고전 7:38) 여기서 사도 바울은 법적으로 하자가 없을 뿐 아니라, 또 어떤 사람에게는 바람직한 삶의 형태로서 결혼을 말하고 있습니다. 하지만 복음전파나 박해와 같이 특수한 상황에 있는 그리스도인들처럼, 결혼하지 않고 혼자 사는 것이 가장 유익한 경우도 있습니다. 사도 바울이 결혼을 긍정하는 이 말이 끝나기가 무섭게 "결혼하지 아니하는 자는 더 잘하는 것이니라"는 말을 덧붙이는 것도 이 때문입니다(고전 7:38). 예외적인 경우를 제외하고 어떻게 결혼이 개인에게 의무나 죄가 될 수 있는지 납득하기가 쉽지 않을 것입니다. 결혼은 우리의 마음과 삶의 방식을 규정할 정도로 아주 중요한 것이기 때문에, 결혼을 하든 안 하든 우리 삶의 제일 되는 목적을 이루는 것에 상관이 없다고 하기는 어렵습니다. 오히려 큰 도움이 되든지 방해가 되든지 둘 중 하나입니다. 물론 가장 분별력 있고 현명한 사람이 보더라도 결혼을 하든 안 하든 개인의 거룩을 증진하고, 사회와 다른 사람들에게 유익이 되는 데 별 차이가 없는 사람들의 결혼에 대해서는 상관이 없다고 말할 수 있을 것입니다.

다음에 열거하는 몇 가지 상황에 비추어 하나님이 결혼으로 부른 사람이 누구이고 그렇지 않은 사람이 누구인지 가늠해 볼 수 있습니다. 첫째, 자녀의 결혼에 대한 부모의 뜻이나 요구가 확고하고 그것을 거스를 만한 더 중요한 이유가 없는 한, 부모의 이런 요구는 결혼에 대한 하나님의 부르심이라고 할 수 있습니다. 그러나 부모가 결혼을 원하기는 하되 강권하지는 않을 경우에는, 물론 이유 없이 부모의 요구를 거절할 필요는 없지만, 결혼에 장애가 될 만한 작은 요소가 부모의 바람보다 더 중요한 요소로 작용할 수도 있습니다. 둘째, 성욕을 절제할 은사가 없고, 이 은사를 얻을 합당한 방편이 없고, 결혼하는 것이 위법이 아닌 경우는 결혼으로 부르시는 것이라 할 수 있습니다. "만일 절제할 수 없거든 결혼하라. 정욕이 불같이 타는 것보다 결혼하는 것이 나으니라"(고전 7:9). 하지만 이런 경우 결혼해야 할 절박한 필요나 결혼을 지체해야 할 이유들 가운데 경중을 잘 가려서 가장 합당하고 중요한 이유를 따라가야 할 것입니다. 정욕에 불타는 사람은 아직 결혼에 합당하지 않은 더 큰 장애를 가진 사람이라고 할 수 있습니다. 정욕이 일어날 때, 생각으로는 순결을 지키기 어려울지 몰라도 반드시 그것을 억제해야 합니다. 그렇게 자기가 해야 할 의무를 준행하면, 적어도 몸의 순결은 지킬 수 있습니다. 경건하게 정욕과 싸워야 하는 자신의 의무를 성실히 준행하다 보면, 생각도 다시 평소처럼 돌아옵니다. 제멋대로 일어나는 상상도 신속히 억제되고, 대개 몸의 순결은 보존하게 됩니다. 반면에 때로 성욕이 일어나기는 해도 충분히 다스릴 수 있을 정도이고 결혼을 가로막는 중요한 방해 요소가 없는 사람은, 결혼을 금할 이유가 없는 한 결혼하는 것이 정욕을 이기는 가장 확실하고 성공적인 방편이 될 것입니다.

셋째, 결혼으로의 부르심이 확실한 또 다른 경우는, 지혜롭게 모든 상황을 놓고 볼 때 결혼을 하는 것이 하나님을 섬기는 일과 모두의 유익에 가장 잘 부합하고, 결혼을 하는 것이 안 하는 것보다 하나님을 영화롭게 하고, 자신과 다른 사람들을 구원하는 하나님이 주신 삶의 위대한 목적을 이루는 데 큰 도움이 될 때입니다. 결혼을 하든 안하든 하나님을 영화롭게 하고 다른 사람들의 구원과 유익을 돕는 일에 유익이 되는 면이 있고 또 방해가 되는 면도 있다는 사실을 알아야 합니다. 더불어 하나는 관조적이고 묵상하는 삶을 사는 데 도움이 되고, 다른 하나는 사람들에게 유익을 주는 역동적인 삶을 살도록 돕는다는 사실을 감안해야 합니다. 결혼에 대한 자신의 의무를 분별하는 위대한 기술은, 환상이나 욕망이나 정욕에 영향을 받지 않은 상태에서 결혼했을 때의 유익과 손실을 꼼꼼히 잘 따져 보고, 어느 것이 더 중요한지를 아는 데 있습니다.[1]

우선 결혼으로의 부르심을 가늠하는 처음 두 가지 이유인 성적인 욕구나 부모의 뜻도 나름대로 의미가 있지만, 이것들은 하나님의 영광과 우리의 구원이라는 세 번째 궁극적 이유에 종속될 수밖에 없습니다. 처음 두 가지 이유가 충족되지 못하고 마지막 이유가 충족되는 것만으로도 충분하지만, 세 번째 이유 없이 앞의 두 가지만 충족되는 것만으로는 안 됩니다. 독신으로 사는 것보다 결혼해서 사는 것이 하나님을 더 잘 섬기고, 다른 사람들을 유익하게 하고, 자신의 영혼을 구원하는 데 도움이 된다면 두말할 필요 없이 결혼하는 것이 맞습니다. 항상 궁극적인 목적을 추구하는 것이 우리의 책무이기 때문입니다. 부모가 결혼을 요구하지 않고, 육체적으로도 결혼할 필요를 느끼지 못한다 해도, 결혼이 당신의 궁극적인 삶의 목적을 돕는 가장 최선의 길이 분명하다면, 하나님께서 당신을 결혼으로 부르시는 것이 맞습니다.

둘째, 이미 다른 일을 통해 결혼이 불법적인 것이 되었을 뿐 아니라 그 일이 계속되고 있다면, 아무리 결혼을 통해 자신의 궁극적인 목적을 더 잘 이룰 수 있다 해도 그것이 결혼을 위한 정당한 근거는 될 수 없습니다. 선을 이루기 위해 악을 자행해서는 안 됩니다. 죄를 통해 구원을 더해 갈 수는 없는 법입니다. 아무리 다른 사람을 더 유익하게 할 가능성이 많은 일이라도 그 일이 죄인 줄 안다면, 그렇게 해서는 안 됩니다. 우리의 생명과 긍휼은 모두 하나님의 손에서 비롯되고, 우리의 노력과 모든 성공도 전적으로 하나님의 손에 달려 있기 때문에, 하나님을 거스르는 죄를 지어서라도 그것들을 얻어 보겠다고 하는 것은 현명한 처사가 아닙니다! 유능하고 선량한 사람들이 공직자가 되고 목사가 되는 것은 공공의 선을 위해 바람직합니다. 하지만 아무리 유능하고 선량한 사람이라고 해도 권위 있는 자리에 오르기 위해 거짓말을 하고 위증을 하고 죄를 짓는다면, 하나님의 인정과 복과 성공보다는 저주를 각오해야 할 것입니다. 이처럼 죄를 통해서라도 상황을 호전시키고자 하는 사람은 오히려 자신이 상황을 더 악화시키고 있음을 알게 될 것입니다. 그런 노력이 다른 사람들은 유익하게 할 수 있다 해도, 그 죄에서 회개하고 돌이키지 않는 한 본인에게는 정작 아무런 유익이 없습니다. 결국 비참한 결과에 맞닥뜨리게 될 뿐입니다.

셋째, 문제가 단순히 어떻게 사는 것(결혼을 할지 아니면 독신으로 살지)이 그리스도인의 궁극적인 목적에 가장 부합하는 것인지에 대해서라면, 위에서 제시한 부차적인 두 가지 이유 중 어느 하나만으로도 부르심에 대한 답을 얻을 수 있을 것입니다. 육체적 필요는 느끼지 못하지만 결혼하는 것을 부모가 원하고 그것을 반대할 더 큰 이유가 없다면, 부모가 원한다는 사실만으로도 결혼할 이유는 충분합니다. 반대로 부모가 요구하지는 않지만 육체적인 필요를 느끼는 경우도 마찬가지입니다. 혹은 이 두 가지 모두 해당되지 않지만, 결혼을 통해 많은 다른 사람들과 교회를 섬길 수 있거나 혹은 하나님께 헌신할 자녀들을 두는 복을 누릴 수 있다면, 결혼하지 못할 더 큰 이유가 없는 한 결혼으로의 부르심이 있는 것입니다. 천칭의 무게가 양쪽이 동일하다면, 위에서 말한 것들 중 어느 하나만 더해져도 그쪽으로 기우는 것은 자명합니다.

또한 다음에 열거하는 이유들을 통해 우리는 결혼으로의 부르심이 없는 사람, 결혼하는 것이 죄인 사람이 누구인지 알 수 있습니다. 첫째, 결혼을 할 때와 하지 않을 때의 모든 유익과 불익을 고려할 때, 결혼하는 것이 하지 않는 것보다 자신의 구원과 세상에서 하나님을 영화롭게 하는 데 더 큰 걸림돌이 되고, 자기 삶의 궁극적인 목적을 이루는 데도 도움이 되지 않는 것이 분명한 사람은 결혼으로의 부르심이 없는 것입니다.

질문: 하지만 부모가 결혼을 요구하면 어떻게 합니까? 그 말에 순종하지 않는다고 부모가 나에게 등을 돌리면 어떻게 합니까?

대답: 아무리 부모라 해도 하나님의 뜻을 거스르거나 당신의 구원과 삶의 궁극적인 목적에 부합하지 않는 것을 요구할 권한은 없습니다. 그렇기 때문에 이 부분에서 당신이 부모에게 순종해야 할 의무는 없습니다. 하지만 결혼에 대한 부모의 뜻과 그에 따라 예상되는 결과 역시 모든 다른 것과 더불어 진지하게 살펴볼 필요가 있습니다. 살펴본 결과 독신으로 사는 것의 폐해가 더 크게 드러날 경우, 결혼의 의무를 지는 것이 좋습니다. 부모의 명령에 순종해야 하기 때문이 아닙니다. 자기 삶의 궁극적인 목적을 추구하는 방편으로서, "먼저 그 나라와 그의 의를 구하라"는 말씀과 같이 궁극적인 목적을 "먼저 구하라"는 하나님의 명령에 대한 순종으로서 말입니다(마 6:33).

질문: 하나님을 섬기고 구원을 일궈 가는 데 결혼이 도움이 되지 않을 것이 예상되지만, 그럼에도 결혼에 대한 육체적인 필요가 느껴질 때는 어떻게 합니까?

대답: 우선, 어떤 육체적 필요도 불가피할 정도로 절대적이지는 않다는 사실을 알아야 합니다. 아무리 정욕에 불타는 사람이라도 음식이나 노동이나 진실한 벗과의 우정이나 기분 전환할 수 있는 일이나 홀로 있거나 생각과 감정에 깨어 있다든지, 아니면 적어도 의사의 도움을 받는 것과 같은 다른 합법적인 방편을 통해 자신의 정욕을 제어할 수 있습니다. 질문은 지금 단순한 필요인 육체적인 욕구를 화급하고 절박한 것으로 성급하게 일반화시켜 말하고 있다고 할 수 있습니다. 이는 잘못된 것입니다. 둘째, 육체적 필요는 그 자체로 다른 경우와 함께 경중을 잘 가려야 합니다. 그래서 독신으로 사는 것이 결혼하는 것보다 자신의 궁극적인 목적을 이루는 데 도움이 덜 되고, 결혼해서 겪게 될 모든 불편함보다 독신으로 살면서 시달리게 될 정욕이 더 큰 방해가 될 것이라고 판단되면, 답은 이미 나온 것입니다. "정욕이 불같이 타는 것보다 결혼하는 것이 나으니라." 하지만 독신으로 살면서 겪는 육신의 정욕으로 인한 방해보다 결혼을 통해 겪게 될 방해가 더 클 것이 분명하다면, 정욕을 재갈 물리기로 작정해야 합니다. 하나님이 주신 방편에 힘쓰는 가운데 하나님이 주실 복을 기대하십시오.

둘째, 부모가 결혼을 단호히 반대하고 금하는 자녀들은 아직 결혼에 대한 하나님의 일반적인 부르심이 없는 것으로 봐야 합니다. 결혼생활이 하나님의 영광과 당사자의 궁극적인 삶의 목적에 방해가 될 것이 분명하다면, 아무리 부모의 강권이 있어도 그것으로 결혼에 대한 부르심의 증거라고 보기는 어렵습니다. 부모의 반대만 없다면 우리의 궁극적인 삶의 목적을 이루는 데 가장 크게 기여할 가능성이 분명한 결혼도 부모의 반대로 죄가 될 수 있습니다. 그 이유는, 부정적인 대답이나 금하는 것과는 달리 긍정적인 대답이 모든 경우에 항상 구속력을 발휘하는 것은 아니기 때문입니다. 또한 부모에게 불순종하는 죄로 인해 결혼이 선한 영향력을 발휘하지 못하고, 우리 삶의 궁극적인 목적에 도움보다 방해를 주기 때문입니다. 고의적으로 죄를 택할 가능성이 없는 의무는 더 이상 의무일 수 없습니다. 우리에게 권위를 가진 사람 governor[2]이 무엇을 금할 때, 그 명령을 거슬러 행할 필요가 없다면, 그 금하는 것을 따라 삼가야 할 경우가 많습니다. 죄를 죄 아닌 것으로 하기보다는 의무를 의무 아닌 것으로 하는 것이 훨씬 수월합니다. 죄를 지으면서 행한 한 가지 선한 일 때문에 죄가 의무로 바뀌거나 죄가 죄 아닌 것으로 되지 않는 반면에, 의무를 이행하는 데 포함된 단 하나의 나쁜 요소만으로도 의무가 죄로 변질될 수 있습니다.

질문: 나에게 권위를 갖고 있는 사람이 아무리 금한다 해도, 그로 인해 초래될 손해가 크면 그대로 하지 않아도 되는 것이 아닙니까? 정욕에 불타는 것보다 결혼하는 것이 더 낫습니다. 죽을 때까지 결혼을 반대하는 부모의 말을 듣다가 정욕을 이기기 위한 합법적인 방편을 영 잃어버리면 어떻게 합니까? 부모들이 반대만 하

여 자녀들이 합당한 방편을 누릴 혼인 적령기를 놓쳐 버리는 모습이 그리 좋아 보이지 않습니다. 또한 부모의 반대 때문에 서로에 대해 깊은 애정을 가진 두 사람의 결혼이 파국으로 치달으면 어떻게 합니까? 이렇게 절박한 상태에 있는 자녀들이라 해도 부모의 동의가 없으면, 혹은 그 뜻을 거스르지 않기 위해 결혼하면 안 됩니까?

대답: 물론 권위자가 금하는 일임에도 부득이 그것을 해야 하고, 그 뜻을 거슬러서라도 결혼을 하는 것이 합당한 경우가 없는 것은 아닙니다. 하지만 이런 일들은 결국 파멸이 아닌 모두에게 덕을 끼치는 결과로 드러납니다. 도움이 절박한 상황에서 탁월한 은사로 목회에 전념하고자 하는 자녀를 둔 부모가 이 고귀한 섬김을 싫어하여 그 일을 하지 못하도록 자식을 단호하게 말린다고 하더라도, 이 자녀는 영혼을 구원하는 이 복된 일에 자신을 드리려는 마음을 접지 않을 것입니다. 계속되는 부모의 반대에도 자기가 가진 것으로 가난한 사람들을 구제하기를 계속하고, 앞으로도 그들을 위해 일할 마음을 더 분명히 할 것입니다. 왕과 법이 금하는데도 다니엘이 공개적으로 기도하기를 쉬지 않았던 것처럼, 부모가 금한 자신만의 양식과 의복을 취하기를 쉬지 않을 수도 있습니다. 포기할 수 없는 어떤 일이 그 자체로 중립적인 것을 반드시 행해야 할 의무로 탈바꿈시킨다면, 권위자가 아무리 그 의무를 이행하지 못하게 해도 그 의무가 권위자의 명령보다 더 중

요한 일이라면 그 의무를 준행하지 않을 수 없습니다. 하지만 둘 중 무엇이 더 중요한지를 따지는 일은 쉽지 않습니다.

첫 질문에서 답한 것처럼, 살아생전에 자식의 결혼을 허락하지 않는 부모가 있다면, 부모의 뜻이라 해도 거부하고 결혼할 수밖에 없는 더 위대한 의무가 있지 않는 한, 그들이 살아 있는 동안에는 결혼을 미루고 순종하는 편이 더 낫습니다. (몇몇 예외적인 경우를 제외하고) 자녀는 부모 밑에서 자라는 동안에 부모에게 순종해야 합니다. 하지만 그들이 세상을 떠나거나(유언에까지 남겼다 할지라도), 자녀들이 나이나 여러 가지 이유로 부모의 품을 떠나게 되면, 부모와 함께 있을 때는 부모의 뜻을 거스를 수 있는 타당한 이유가 되지 않던 비교적 덜 중요한 문제도 부모의 뜻과 다르게 행할 수 있는 정당한 이유가 됩니다. 자식이 항상 부모에게 순종해야 하는 것은 사실이지만, 완전한 성년이 된 자녀는 전보다 훨씬 더 스스로 결정할 수 있는 여지가 많습니다. 자녀들이 스스로 살아갈 수 있을 만큼 자라기 전까지 그들을 보호하고 양육하고 이끌어 주는 것이 부모의 본능입니다. 짐승도 이런 본능은 있습니다. 하지만 이들이 독립할 수 있을 만큼 자라면 그들을 내보냅니다. 내보내지 않더라도 이전처럼 돌보지는 않습니다. 연로한 부모가 가정을 꾸려 자녀도 있고 세상에서 직업을 가진 지혜로운 가장이 된 아들에게 절대적인 순종을 요구한다면, 그 부모는 오히려 이제까지 자신이 이루어 놓은 모든 것을 무너뜨리는 것입니다.

두 번째 질문에 해당하는, 도무지 어찌할 수 없는 정욕을 가진 것처럼 말하는 사람들에게 대답하겠습니다. 이런 사람들은 자기 안에 있는 온당치 못한 정욕이 제멋대로 날뛰지 않고, 이성과 부모의 뜻에 무릎 꿇을 수 있도록 하기 위한 모든 노력을 경주해야 합니다. 그렇게 할 때 정욕을 이길 수 있고 순종과 순결도 지켜 내게 됩니다. 누군가 "나는 최선을 다했지만, 여전히 결혼의 필요를 느낀다. 부모가 허락하지는 않지만, 이런 사실에 비추어 볼 때 아무래도 나는 결혼으로 부름을 받은 것 같다"라고 말하면, 나는 그 말을 믿을 수 없다고 대답합니다. 그가 최선을 다하지 않았거나, 실제로는 결혼이 그에게 절박한 것이 아니기 때문입니다. 이런 사람이 보이는 결혼에 대한 긴박성은 자신의 잘못에서 비롯된 것이고(그것을 이기고 다스려야 하는 것을 볼 때), 하나님께서는 여전히 이 사람이 자기 안에 있는 악을 이기고 부모에게 순종할 것을 요구합니다. 그러나 누군가 결혼에 대한 이런 엄청난 필요를 느끼는 사람이 있다면, 제삼자를 통해서라도 부모의 동의를 얻기 위해 노력해야 할 것입니다. 노력해도 동의를 얻지 못하면 부모의 동의 없이 결혼을 할 수 밖에 없다고 하는 사람도 있습니다. 나는 오히려 이것을 "보다 덜한 악a lesser evil"이라 부르겠습니다. 크든 작든 죄로 이끄는 이 두 가지 악을 끝까지 피하는 것이 그의 의무라고 말해 주고 싶습니다. 하지만 정욕에 사로잡혀 성적으로 부도덕하게 사는 것보다 부모에게 불순종하는 것이 더 작은 죄인 것만은 분명합니다. 어떤 목사는 이런 경우 자녀는 자신의 부모보다 더 높은 권위를 가진 판사에게 탄원해야 한다고 말합니다. 반면에 다른 목사는, 그렇게 하는 것은 하나의 난제를 풀기 위해 더 어려운 난제 속으로 들어가는 격으로, 판사마저 결혼을 허락하지 않으면 문제는 더 어렵고 복잡해지기만 할 것이라고 우려합니다. 또한 집안일에 있어서 판사의 권위가 부모의 권위보다 더 우선하는 것인지에 대해서도 회의적입니다.

사랑하는 사람과의 결혼을 부모가 반대하는 경우와 관련된 세 번째 질문에도 같은 대답을 할 수 있습니다. 부모의 뜻을 거역하고 이성의 지배를 받지 않는 것이라면, 누구를 좋아하는 감정(그것을 사랑이라 부르든 정욕이라 부르든)조차도 무절제하고 죄악된 것입니다. 하나님이 당신을 매이게 하시는 것은 그분이 정하신 방편에 따라 그것에 복종하고 순종하도록 하기 위한 것입니다. 당신이 순종할 수 없다면, 불순종에 따라 예견되는 결과나 그에 따라 일어나는 사건들을 통해 어느 것이 좀 더 덜한 악인지 경험할 수밖에 없습니다.

질문: 자녀가 약속한 결혼을 부모가 반대하면 어떻게 합니까?

대답: 그 자녀가 아직도 부모 슬하에 있고 자신에 대해 스스로 결정할 재량권이 없다면 그 약속은 효력이 없습니다. 또한 자녀가 성년이 되었더라도 부모의 반대를 무시하고 한 약속은 그 내용과 행위가 모두 죄입니다. 약속을 한 행위만 잘못된 것이라면 그 약

속(그 약속이 죄악되고 파기된 것이 아닌 한)은 지켜져야 합니다. 하지만 부모의 반대를 무릅쓰고 결혼하기로 약속하는 것과 같이 그 약속의 내용이 죄악된 것이라면, 부모가 동의하거나 세상을 떠나기까지는 그 약속을 지킬 수 없습니다. 다른 사람과 결혼할 수도 없습니다(결혼을 약속한 사람에게 거절당하지 않는 한). 이후로 그의 부모가 언제 결혼을 허락할지 알 수 없기 때문입니다. 물론 부모가 결혼을 허락하거나 세상을 떠나면 언제든지 그 약속은 반드시 이행이 되어야 합니다.

민수기 30장에도 보면 아비 슬하에 있는 딸이 하나님께 어떤 서약을 했더라도 아비가 그것을 듣는 날에 허락하지 않으면 하나님께서도 그 딸을 맹세에서 풀어주십니다. 여기서 두 가지 의문이 생깁니다. 첫째는 부모의 권한이 결혼에 대한 약속이나 서약을 파기하는 데도 미치는가 하는 것이고, 둘째는 부모의 권한이 딸뿐만 아니라 아들에게도 동일하게 미치는가 하는 것입니다. 대부분의 주석가들은 이 두 질문에 대해 긍정적인 대답을 내놓고 있습니다. 하지만 나는 이미 그것이 확실하지 않음을 입증했습니다. 첫째, 서약과 관련하여 자신의 권리를 양보하신 하나님이 계약이나 약속을 받은 당사자들의 동의도 없이 그들의 권리까지 양보하실지는 미지수입니다. 둘째, 본문에 등장하는 많은 말씀을 통해 분명히 짐작해 보건대 더 연약한 성에 대해 관대한 태도를 보이는 것인지 아닌지도 불확실합니다. 우리의 생각이 얼마나 기만적인지를 생각해 볼 때, 우리의 억측과 가정에 따라 하나님의 율법을 동일한 이유가 있다고 생각하는 모든 것으로 확대시켜 적용하는 것은 위험합니다. 하나님께서 그것들을 적시하고자 하셨으면 틀림없이 그렇게 하셨을 것입니다. 그러므로 (본문에 분명한 근거가 주어진 것이 아니라면) "하나님께서 이렇게 말씀하셨다"라고 말할 수 없을 때는 "하나님께서 이러저러하게 말씀하셨을 것이다"라고만 말할 수 있습니다. 율법을 설명하기 위해 새로운 율법을 만들면 안 됩니다. 하나님이 명하시는 것은 무엇이나 준행하려고 힘쓰십시오. "내가 너희에게 명령하는 이 모든 말을 너희는 지켜 행하고 그것에 가감하지 말지니라"(신 12:32).

질문: 문제가 되는 것이 자녀가 한 약속의 죄악됨이 아니라 그 약속의 효력이라면, 부모의 반대가 있다고 해서 그 약속이 과연 무의미한 것이 될 수 있는지 사실 잘 모르겠습니다. 자녀들이 부모 슬하에 있는 나이이기 때문에 그들이 한 약속도 효력이 없다고 하지만, 만약 그들이 성년이 되어서 스스로 판단할 수 있는 나이가 되면 결혼 상대, 심지어는 자신의 영혼에 대해서조차 스스로 결정을 내릴 수 있게 되기 때문입니다. 이들이 누구의 간섭도 받지 않을 만큼 완전히 독립적인 것은 아니지만 스스로 하나님과 사람에게 약속할 정도는 됩니다. 그렇지 않다면 자녀나 신하는 말할 것도 없고, 자의적으로 무엇을 결정할 수 있는 사람은 아무도 없을 것입니다. 하나님의 지배 아래 있지 않은 사람은 없기 때문입니다. 누가 죄악된 일을 하기로 약속한다면 그것은 무의미한

일이기 전에 죄가 되기 때문에, 그것은 무의미한 약속이 아니라 죄악된 약속이라고 해야 합니다. 약속한 일이 아무것도 아닌 것이라야 무의미한 약속이라 할 수 있고, 약속된 것이 없으면 어길 것도 없습니다.

대답: 문제가 단지 어느 정도까지 약속을 지켜야 하느냐 하는 것이라면, 지금까지 한 말들을 종합해서 질문에 대한 대답을 할 수 있습니다. 첫째, 자녀가 앞뒤 분간할 수 없는 나이에 한 약속이라면, 본성적인 능력이 부족할 때 한 약속이기 때문에 그것은 무의미합니다. 둘째, 성년이 되어서 분별력이 있는 상태에서 한 약속인 경우, 약속을 한 행위만이 죄라면(앞에서 예로 든 것처럼) 그 약속은 회개와 더불어 지켜져야 합니다. 약속을 하면 안 되었지만 약속을 했기 때문에 회개해야 하고, 그럼에도 합법적으로 한 중요한 약속이기 때문에 이행을 해야 합니다. 그러나 약속한 것이 죄일 뿐 아니라 (여러 다른 이유로) 무의미한 것이라면, 그 약속을 이행할 의무가 따르지 않습니다. 또한 약속한 행위뿐 아니라 약속한 내용도 (부모가 반대하는 결혼을 하는 것과 같이) 죄라면, 반드시 회개해야 할 뿐 아니라 합법적인 약속이 되기까지 그것을 이행해서는 안 됩니다. 약속이나 맹세를 했더라도 그것이 하나님의 법을 거스르는 것이라면 그것에 매일 필요는 없습니다.

질문: 부모의 만류에도 불구하고 결혼하면 어떻게 해야 합니까?

그냥 함께 살도록 내버려 둬야 합니까? 아니면 함께 살지 못하도록 해야 합니까?

대답: 첫째, 결혼하여 이미 서로 육체적으로 하나가 되었다면, 아무리 부모라고 해도 이들이 부부로서 함께 사는 것을 말릴 수 없습니다. 이런 결혼은 죄이지만 그렇다고 무효가 되는 것은 아니기 때문입니다. 그렇기 때문에 이 둘이 한 몸을 이루는 것은 더 이상 간음이 아닙니다. 부모라고 해도 남편과 부인이 함께 사는 것을 금할 수는 없습니다. 결혼을 통해(죄악된 결혼임이 분명하지만) 부모를 떠나 서로 한 몸이 된 이들은 이제 부모의 품을 떠난 것입니다(그렇다고 자식으로서의 모든 의무까지 벗어버린 것은 아니지만 말입니다).

둘째, 단지 구두로만 결혼서약을 하고 아직 서로 육체적으로 한 몸을 이룬 것이 아닌 경우에 대해서는 목사들의 의견이 갈립니다. 어떤 목사는 부부로서 한 몸을 이루기 전에는 아직 완전한 혼인이라 볼 수 없고, 또한 서로 간의 구두로 한 서약은 남편과 부인으로서 앞으로 그렇게 하겠다는 약속의 범주에 속한다고 생각합니다. 그렇기 때문에 부모의 동의가 없는 결혼에 대한 약속은 불법이고 이행하면 안 된다는 것입니다. 하지만 (다른 대부분의 목사들과 마찬가지로) 나는 결혼에 필요한 모든 요소를 다 갖춘 이 결혼은, 단순히 부부로서 앞으로 그 약속을 이행하겠다는 약속 차원의 문제가 아니라고 생각합니다. 결혼서약을 하는 바로 그 자리가 서로에게 자신을 이양하는 순간이고, 결혼식에서 한 서약은 합법적인 것입니다. 물론 부모가 동의하지 않은 결혼을 하는 것은 죄이지만, 이미 결혼을 했을 경우 부모가 동의하지 않더라도 함께 사는 것은 정당합니다. 부모의 동의가 없는 죄악된 결혼이라 할지라도, 유효한 결혼이기 때문에 계속되어야 합니다.

결혼으로의 부르심이 없는 세 번째 부류는 결혼하지 않겠다고 결연히 맹세한 사람들입니다. 하나님의 섭리를 통해 결혼이 필연적인 의무로 발견되지 않는 한 이런 사람들은 결혼해서는 안 됩니다. 이들이 결혼할 수 있는 경우로는 다음 두 가지를 생각해 볼 수 있습니다.

먼저, 성적인 욕구가 너무 강해서 결혼 외에 다른 합법적인 방편을 통해서는 도무지 육체적 순결을 지킬 수 없는 경우입니다. 이런 사람에게 결혼은 먹거나 마시거나 옷을 입거나 혹은 자기 때문에 다른 사람이 부정과 거짓과 도둑질에 빠지는 일이 없도록 하는 것만큼이나 중요한 의무입니다. 당신이 결코 음식을 먹지 않겠다거나 물을 입에 대지도 않겠다거나 아무것도 걸치지 않겠다거나 다른 사람들이 자기 때문에 부정해지든 거짓을 일삼든 도둑질을 하든 상관하지 않겠다고 맹세한다면, 오히려 이런 맹세를 지키는 것이 불법일 것입니다. 하지만 과연 결혼 외에 다른 합법적인 방편을 통해서는 정욕을 이기거나 억제할 수 없는 것인지 의구심이 들지 않을 수 없습니다. 나는 결혼 외에도 다른 방편이 있다고 믿습니다. 그런 사람은 백 명 중에 한 명이 채 안 될 것입니다. 앞에서 제시한 지침을 따른다면,³ 정욕에 휘둘리지 않을 것입니다. 그래도 안 되면, 맹세를 지키기 위해서 의사의 도움을 받을 수 있습니다. 생명의 위험이 없는 한 수술을 할 수도 있을 것입니다. 마태복음 19:12을 거세에 대한 말씀으로 본다면, 전혀 꾸짖는 기색 없이 거세를 언급하는 것으로 보아 그리스도도 이것을 허락하신 것처럼 보입니다. 하지만 대부분의 주석가들은 이 말씀을 순결을 지키기로 하는 단호한 결단을 뜻하는 것으로 이해합니다. 대개는 다른 방편들만 잘 따라도 이렇게까지 할 필요는 없을 것입니다. 더구나 이것이 불필요하거나 생명에 위협을 주는 것이라면, 물론 그것은 합당하지 않습니다.

결혼하지 않겠다는 맹세에도 불구하고 하나님께서 결혼을 허락하시는 두 번째 경우는 결혼이 공공의 안위에 필요한 것으로 드러날 때입니다. 이런 경우는 단 한 가지가 있을 것입니다. 왕이 결혼하지 않기로 맹세했는데, 그 자리를 이을 후사가 공공연하게 기독교 신앙을 대적하고, 전체 국가의 안위와 번영을 위협하는 것으로 드러날 때입니다. 이런 경우 그 왕의 맹세는 마치 자녀에게 음식을 주지 않겠다고 다짐한 아비의 맹세와 다를 바 없을 것입니다. 혹은 가뭄이 닥쳐오는데도 백성의 생명과 직결되는 우물을 파지 않겠다고 다짐했던 아합의 맹세와도 같습니다. 선원들의 생명은 아랑곳하지 않고 물이 새는 배에 있는 물을 퍼내지 않겠다고 다짐하는 선장의 맹세와도 같습니다. 이처럼 하나님이 환경을 바꾸셔서 그 맹세를 지키지 않아도 되게 하시는 경우가 있습니다. 이런 경우 목사는 공개적으로 드러내야 할 것입니다. 하지만 교황이란 다른 유한한 인간이 안 그런 척하는 것은 불경건이고 사람들을 기만하는 것일 뿐입니다.

질문: 불감증에 발기부전이어서 더 이상 생식 능력이 없는 노년에는 결혼해도 됩니까?

대답: 그렇습니다. 하나님께서는 이런 사람이 결혼하는 것을 금하지 않으십니다. 서로를 돕고 위로하기 위해 결혼하는 또 다른 합법적인 이유들이 있는데, 이런 결혼은 합법입니다.[4]

지침 2: 결혼했을 때 필연적으로 겪게 될 어려운 일들을 항상 떠올려서, 결혼에 대한 지나친 욕구가 일어나지 않도록 하십시오. 장차 겪게 될 어려운 일들에 대해서 생각해 보지도 않고 성급히 결혼으로 뛰어들지 말아야 합니다. 결혼으로의 부르심이 있는 사람은 결혼을 통해 부딪힐 어려움과 의무가 무엇인지 먼저 알아야 결혼을 잘 준비하고 성실히 결혼에 임할 수 있습니다. 결혼에 대한 부르심이 없는 사람도 이런 지식이 있어야 결혼에 대한 욕구로부터 자신을 지킬 수 있습니다. 여기서는 결혼한 사람이라면 누구나 겪을 수밖에 없는 어려움에 대해서 먼저 말하고, 그 다음에 다른 사람들보다 결혼생활을 피해야 할 이유가 더 많은 복음사역자들이 결혼했을 때 겪을 수밖에 없는 몇 가지 어려움을 살펴보겠습니다.

1. 사람들은 대체로 결혼을 통해 지나친 세상 염려에 빠져듭니다. 할 일도 많아지고 필요도 늘어납니다. 신경 쓸 일도 많고 해야 할 일도 많습니다. 부양해야 할 사람도 늘어납니다. 대해야 할 사람들도 많아지고, 저마다 자기 중심적인 본성과 필요를 가지고 당신을 판단할 것입니다. 많은 관계와 일들 속에서 당신은 끊임없이 시달리게 될 것입니다. 깊은 갈등과 실망을 겪을 것입니다. 좌절하지 않고 많은 일들을 잘 감당할 만큼 당신의 본성은 강하지도, 느긋하지도, 쉽사리 만족하지도 못합니다.

2. 결혼생활에서는 독신으로 지낼 때보다 자신의 필요를 채우는 일이 훨씬 드뭅니다. 전에는 생각지도 못했던 필요가 생기고 준비해야 할 것도 많아집니다. 특별히 가진 게 많지 않는 한 하나같이 부족한 것뿐입니다. 먹을 것과 마실 것과 입을 것에 대한 염려로 좌절할 때가 많을 것입니다.

3. 혼자 살 때보다 결혼해서 생긴 필요를 채우기가 더 어렵습니다. 부인과 자녀의 필요를 보는 것보다 자신의 개인적인 필요를 감당하는 것이 수월합니다. 사랑하는 부인과 자녀가 어려움을 당할 때마다 당신의 가슴은 미어질 것입니다. 종의 도움을 받아야 하고, 종의 특별한 솜씨와 기술이 필요한 일 때문에 귀찮아질 것입니다. 특히 가족들이 불만스러워하고 견디지 못할 때는 그 결핍감이 더 버겁게 느껴질 것입니다. 아무리 애써도 자녀와 부인과 종들을 완전히 만족시키지 못합니다. 불평과 불만과 푸념으

로 살아가는 그들의 모습을 보는 것은 정말 가슴 아픈 일입니다. 당신이 해줄 수 없는 것을 요구하며 그것을 갖지 못했다고 자신의 상태를 비관하고 당신과 하나님의 섭리를 원망하는 그들을 보는 것은 또 어떻습니까! 돈이 많으면 불만이 없을 것이라 착각하지 마십시오. 있는 사람은 있는 대로 만족하지 못합니다. 발이 큰 사람에게는 큰 신발이 필요한 법입니다. 가난한 사람이 비교적 작은 것을 바랄 때, 부자들은 가난한 사람은 없어도 별 어려움을 느끼지 않는 큰 것을 바라면서 그것 때문에 힘들어 합니다. 부자들을 자긍하게 하는 부유함 때문에 그들은 더 큰 불만족 가운데 살아갑니다. 세상에 있는 가족들 가운데 자족하며 사는 가족이 얼마나 적은지 모릅니다!

4. 독신으로 사는 것보다 결혼해서 살 때가 세속이나 탐심으로의 유혹이 더 많습니다. 필요가 더할수록 더 많이 바라게 되기 때문입니다. 부양하는 가족의 바람을 만족시키기에 자신의 수입이 턱없이 부족한 것을 보면, 필연적으로 그들의 욕구와 기대를 가지고 자신의 상태를 저울질할 수밖에 없습니다. 결국 자신은 궁핍하다고 생각합니다. 새끼를 먹여야 하는 짐승이나 새는 항상 굶주려 있고 난폭합니다. 부양할 가족이 많아 항상 절약하며 살기 때문에 스스로 언제나 궁핍하다고 여깁니다. 자신이 죽고 난 후 자식들이 살아갈 것까지도 마련해 두기 위해 죽을 때까지 돈을 모아야 합니다. 살아 있을 때는 물론 죽고 난 후의 상황까지 염두에 두고 준비해야 하는 당신은 결국 두 세대를 부양하는 것입니다. 대

부분의 사람들은 아주 탐욕스러워서 자신이 마치 후손과 함께 살기라도 할 것처럼, 그들의 안녕까지 확보하려 듭니다.

5. 이런 상황에서 다른 사람을 돌보는 구제는 엄두도 못 냅니다. 부인과 자녀가 있는 가정은 밑 빠진 독처럼 아무리 벌어도 항상 남는 게 없습니다. 부양할 사람이 자기 혼자라면 조금만 있어도 충분히 살 수 있고, 불필요한 씀씀이만 줄여도 도움이 필요한 사람들을 많이 도울 수 있습니다. 하지만 부인과 자녀를 부양하고 그들의 필요를 다 들어주다 보면 구제와 경건을 위한 여지는 없습니다. 유감스럽지만, 이것이 사실입니다.

6. 이런 모습만 보면 결혼생활이 일반적으로 사람들이 자신의 신앙고백대로 살고 신앙의 이름으로 다른 사람들에게 선한 영향을 미치는 데 큰 도움이 되는 것 같지 않습니다. 교황주의자들이 그들 무리의 우월성을 자랑할 만큼 많은 자선 사업에 힘쓸 수 있는 것도 그들의 독신서약 때문이라고 할 수 있습니다. 재산을 물려줄 자녀도 없고, 자기를 위해 재물을 모아 둘 필요도 없기 때문에, 자신의 이름을 내고 양심을 잠잠하게 하는 데 재물을 사용하는 것은 어려운 일이 아닙니다. 가난한 집 아이들을 도울 정도로 자기 자녀를 하나님 섬기는 일에 경건하게 훈련시키는 것은 하나님이 받으실 만한 선한 일이 분명하지만, 세상에서는 별로 드러나지 않을 뿐만 아니라 항상 인정받는 것도 아닙니다. 세상에서는 경건하게 살고 교회를 섬기도록 자녀를 훈련하기 위해 백만 원을 쓰는 것보다, 가난한 자들에게 십만 원을 주는 것이 관대하고

덕망 있다는 평판을 얻는 데 더 효과적입니다. 개인의 영예에 관한 문제라면 괘념치 않아도 되겠지만, 신앙의 이름과 다른 영혼들의 선을 위한 것이라면 문제는 달라집니다.

7. 결혼은 불완전하고 헛점 많은 두 사람이 만나는 것입니다. 어느 한쪽이 다른 한쪽의 약함을 제대로 감당하기란 혼자 살 때보다 더 어렵습니다. 한쪽이 참을성이 없어도 다른 한쪽이 한결같을 수 있으면 좀 낫습니다. 하지만 우리는 정도만 다르지 모두 같은 질병에 시달립니다. 약함이 약함을 만나고 교만이 교만을 만나고 정욕이 정욕을 만나서 각자 가진 질병이 악화되고 고통이 가중됩니다. 우리가 부패했기 때문에, 주어진 의무를 잘 감당하면서 서로를 도우려는 좋은 마음으로 시작하더라도 서로를 힘들게 하고 아프게 합니다.

8. 결혼생활에 내포된 분주함과 염려와 어려움은 우리 생각을 하나님께로부터 멀어지게 하고, "족한 한 가지 일"로부터(눅 10:42) 주의를 분산시키고, 거룩한 의무를 생각하지 못하게 하고, 마치 하나님을 섬겨 본 적이 없는 사람처럼 나뉜 마음으로 하나님을 섬기도록 합니다. 이것은 이기기 힘든 유혹입니다. 분주함과 염려에 치여 사는 사람은 기도와 묵상에 진력하기가 얼마나 어려운지 모릅니다! 사도 바울이 고린도전서 7:7-8에서 하는 말을 들어 보십시오. "나는 모든 사람이 나와 같기를 원하노라.……내가 결혼하지 아니한 자들과 과부들에게 이르노니 나와 같이 그냥 지내는 것이 좋으니라." 같은 장 26-28절에서는 이렇게 말합니

다. "내 생각에는 이것이 좋으니 곧 임박한 환난으로 말미암아 사람이 그냥 지내는 것이 좋으니라.……그러나 장가가도 죄짓는 것이 아니요 처녀가 시집가도 죄짓는 것이 아니로되 이런 이들은 육신에 고난이 있으리니 나는 너희를 아끼노라." 32-33절에서는 이렇게 말합니다. "너희가 염려 없기를 원하노라. 장가가지 않은 자는 주의 일을 염려하여 어찌하여야 주를 기쁘시게 할까 하되 장가간 자는 세상일을 염려하여 어찌하여야 아내를 기쁘게 할까 하여." 34-35절에서도 말합니다. "마음이 갈라지며 시집가지 않은 자와 처녀는 주의 일을 염려하여 몸과 영을 다 거룩하게 하려 하되 시집간 자는 세상일을 염려하여 어찌하여야 남편을 기쁘게 할까 하느니라. 내가 이것을 말함은 너희의 유익을 위함이요 너희에게 올무를 놓으려 함이 아니니 오직 너희로 하여금 이치에 합당하게 하여 흐트러짐이 없이 주를 섬기게 하려 함이라." 37-38절에서는 이렇게 말합니다. "그러나 그가 마음을 정하고 또 부득이한 일도 없고 자기 뜻대로 할 권리가 있어서 그 약혼녀를 그대로 두기로 하여도 잘하는 것이니라. 그러므로 결혼하는 자도 잘하거니와 결혼하지 아니하는 자는 더 잘하는 것이니라." 마태복음 19:10-12에서 그리스도의 말씀을 직접 들어보십시오. "제자들이 이르되 만일 사람이 아내에게 이같이 할진대 장가들지 않는 것이 좋겠나이다. 예수께서 이르시되 사람마다 이 말을 받지 못하고 오직 타고난 자라야 할지니라. 어머니의 태로부터 된 고자도 있고 사람이 만든 고자도 있고 천국을 위하여 스스로 된 고자도 있도다. 이 말을 받을 만한 자는 받을지어다."

9. 분주한 결혼생활에 시간을 빼앗겨 장차 도래할 삶에 대해 진지하게 생각하고 묵상할 시간을 내기가 어렵습니다. 하나님을 섬기는 일들을 소홀히 여길 뿐 아니라 대충 하고 지나갑니다. 세상은 결코 당신이 성경을 읽고 기도하고 묵상할 틈을 주지 않을 것입니다. 마르다와 같이 자신을 그리스도의 발밑에 앉아 차분히 그분의 말씀을 들을 수도 없을 만큼 중요한 일에 쫓기는 사람으로 여깁니다. 독신으로 사는 사람들이 자신들이 누리는 여유가 얼마나 소중한지, 그리고 결혼한 사람들과 비교해서 하나님을 섬기는 일과 그분의 말씀을 배우는 일에 훨씬 더 자유롭게 참여할 수 있다는 사실을 알았으면 좋겠습니다!

10. 사람마다 기질이 다양하고 이해의 정도가 달라서 자신과 마음이 꼭 맞는 사람을 만나기가 어렵습니다. 두 사람 사이에는 맞지 않는 점이 분명히 있을 수밖에 없습니다. 모양이 모두 제각각인 돌들로 집을 지은 건물이 비뚤어질 수밖에 없는 것처럼, 본성과 습관과 교육에 따라 항상 의견과 기질과 흥미와 의지가 서로 맞서는 두 사람 사이에는 불만이 끊이지 않습니다.

11. 남편과 부인은 서로에 대한 많은 의무를 가집니다. 서로를 권면하고 가르치고 돌아보고 서로를 위해 기도하고 서로를 끊임없이 돕지 않으면 행복해질 수 없습니다. 서로의 약점을 인내로 감당해야 합니다. 서로를 향한 이런 일들이 그 자체로는 더없이 선하지만, 연약하고 움츠러드는 힘겨운 인간의 마음에는 부담

스러운 의무들일 뿐입니다. 사람이 더 많은 일들을 할 수 있기 위해서는 먼저 감당할 만한 힘이 있어야 하는데, 인간은 그렇지 못합니다.

12. 서로에 대한 사랑이 더 클수록 서로의 슬픔에 더 영향을 받기 때문에, 어떤 식으로든 두 사람 중 한쪽은 고통 가운데 있을 수밖에 없습니다. 이런 현실을 생각해 볼 때, 고통이 계속될 것이 분명합니다. 한쪽이 아프거나 불구가 되거나 고통을 당하거나 억울한 일을 당하거나 불안해 하거나 큰 상처를 주는 죄의 유혹에 빠지면 다른 한쪽도 똑같이 고통을 당합니다. 그렇기 때문에 다른 사람의 모든 짐과 상처를 함께 나누고 짊어지기 전에 자기 자신의 짐 외에 또 얼마나 더 큰 짐을 짊어져야 하는지, 또 감당할 만한 힘이 자기에게 있는지를 진지하게 생각해 봐야 합니다.

13. 신앙이 없는 사람과 결혼하면 그 고통은 훨씬 더 가중될 것입니다! 신앙이 없는 사람을 사랑하면 당신의 영혼은 항상 그 사람 때문에 위험에 처하게 될 것입니다. 신앙이 없는 배우자는 세상에서 당신의 판단을 흐리게 하고, 당신의 마음을 무디게 하고, 거룩한 삶에서 떠나게 하고, 기도를 말려 버리고, 타락한 삶을 살게 하고, 정죄 받는 영혼이 되게 하는 가장 강력한 도구입니다. 신앙이 없는 사람과 결혼한 후에 이런 올무에서 벗어나고 구원 얻는 은혜를 받기 위해서는 더 많은 고통과 어려움을 치러야 할 것입니다. 그렇게 하지 못하도록 하는 유혹이 그만큼 더 클 것이기 때문입니다. 마귀의 자식과 긴밀한 관계로 살아간다는 것은

얼마나 비통한 괴로움인지요! 영원토록 지옥에서 사는 것과 같을 것입니다. 날마다 이런 생각을 하는 것은 그야말로 날마다 죽는 것과 같습니다.

14. 특히 여자는 결혼생활에서 수많은 고통을 겪을 수밖에 없습니다. 하나님이 그들에게 결혼에 대한 본성적인 성향과 자녀에 대한 강력한 사랑(가장 괴로운 상황에서도 인내할 수 있도록 하는)을 심어 주시지 않았다면, 재앙에 가까운 이런 삶을 거부하지 않으면 그들의 삶은 이미 끝난 것이나 마찬가지입니다. 남편에게 순종하고 가족을 끊임없이 돌보는 것 외에도, 생명의 위험을 감수하는 출산의 고통과 젖먹이 자녀를 키우면서 지나는 지루한 날들과 자녀를 양육하면서 겪는 어려움 등을 피할 수 없습니다. 본성적으로 결혼에 마음이 끌리지 않아 억지로 수많은 괴로운 일들로 삶을 소진할 수밖에 없는 여자라면, 위에서 말한 이런 일들은 물론 그들을 기다리고 있는 더 많은 일들 때문에 중간에 결혼을 단념하고 말 것입니다.

15. 오, 모든 자녀의 구원을 위해 힘써야 할 의무는 또 얼마나 엄중한지요![5] 하나님은 자녀에게 하나님의 말씀을 부지런히 가르치고 강론하라는 말씀을 두 번이나 하십니다. 자녀에게 구원의 교리를 가르치기 위해 힘써야 할 부모의 책무는 막중합니다. "네 자녀에게 부지런히 가르치며 집에 앉았을 때에든지 길을 갈 때에든지 누워 있을 때에든지 일어날 때에든지 이 말씀을 강론할 것이며"(신 6:7, 11:19). 자녀의 마음 깊이 뿌리박혀 있는 타락과 완

고함이 얼마나 큰지요! 부모는 그것들을 근절하기 위해 모든 노력을 다해야 합니다. 자녀에게 그들의 죄와 구주에 대해, 그들의 하나님과 그들의 영혼과 도래할 생명에 대해 그에 걸맞은 엄중함과 진지함으로 지치지 않고 한결같이 말해 주는 것은 또 얼마나 어렵고 중요한 일인지 모릅니다! 또 그들의 행실을 이런 목적에 부합하게 하는 것은 또 어떻습니까! 자녀들의 영혼 구원과 거룩을 위해 하나님께서 얼마나 큰 노력과 관심을 기울일 것을 요구하시는지 대부분의 부모들이 잘 모릅니다. 이런 일들에 뛰어들기 전에 자신이 과연 이 일에 합당한지 잘 살펴보십시오.

16. 부모로서 최선을 다했음에도 자녀들이 순종하지 않을 때 느끼는 고통은 말로 다 표현할 수 없습니다. 부모로서 의무를 제대로 하지 못했을 때는—믿음이 있는 부모들조차 자주 그렇게 합니다—더욱 고통스럽습니다. 당신의 모든 수고와 염려와 노력에도 자녀들이 어리석고 완고할 뿐 아니라 당신이 부모로서 보인 모든 사랑에 감사할 줄 모른다면 정말 가슴이 미어질 것입니다. 자녀들이 많은 악덕을 끊임없이 행하는 모습 때문에 괴로울 것입니다. 특히 자녀들이 더 사랑스러울수록 그들에게서 드러나는 악덕은 더욱 당신을 고통스럽게 할 것입니다. 정성껏 키운 자녀가 마귀에게 종 노릇 하고 불경건과 하나님의 원수로 행하고 하나님의 교회를 어지럽게 하는 것도 괴로운 일이지만, 그들이 영원히 지옥에 있을 것을 생각하는 것은 엄청나게 두렵고 큰 슬픔입니다. 아! 이런 부모들이 얼마나 많은지요!

17. 결혼을 통해 겪을 수밖에 없는 시련과 고통은 한두 해로 끝나지 않습니다. 일생 동안 계속됩니다. 후회해도 소용없고 빠져나갈 길도 없습니다. 죽을 때 비로소 벗어날 수 있습니다. 그렇기 때문에 결혼생활을 시작하기 전에 예상되는 모든 어려움에 대해 숙고하고 진지하게 따져 봐야 합니다.

18. 서로 사랑하고 아끼는 부부일수록 죽음이 그들을 갈라놓을 때 느끼는 슬픔은 더욱 큽니다. 서로 한 몸이 될 때 죽음이 서로를 갈라놓을 때가 올 것도 압니다. 함께 살아가는 동안 피할 수 없는 현실입니다. 그토록 사랑하는 배우자가 오싹할 정도로 차디찬 몸뚱이로 변하는 모습을 지켜봐야 합니다. 슬픔과 통곡 가운데 시신을 따라가 캄캄한 흙더미 속에 홀로 두고 와야 합니다. 그곳에서 시신은 당신이 도무지 견디지 못할 악취를 내며 흉한 몰골로 썩어 들어가고, 이내 당신도 그 길을 따라 갈 것입니다. 결혼한 사람이면 누구나 예외 없이 겪어야 할 일입니다. 말은 쉽고 빠르지만 얼마나 지리하고 힘겨운 여정인지 모릅니다. 내가 지어낸 말이 아니라 결혼한 사람이라면 누구나 맛보아야 할 엄연한 실재입니다. 한순간의 불타는 정욕으로 성급히 뛰어들 일이 아닙니다.

특히 복음 사역자들은 결혼생활에 들어가기 전에 지금 자신이 시작하려는 삶이 어떤 것인지 거듭 생각해 봐야 합니다. 복음 사역자들에게 결혼이 합당하지 않아서가 아닙니다. 많은 부작용을 낳고 있는 로마 가톨릭의 사제제도와 같이 육신적 목적을 위해 법으로 결혼을 금하고 있기 때문도 아닙니다. 이토록 시달리는 삶은 분명한 소리를 발해야 하는 거룩한 사역을 하는 데 방해가 될 수 있기 때문입니다. 이에 대해 장황하게 말하지 않고 다음 네 가지만 살펴보겠습니다.

첫째, 돌아볼 사람도 신경 쓸 일도 많은 삶이, 이보다 더 중요한 일을 위해 주력해야 하는 당신과 잘 맞겠습니까? 당신은 사적으로든 공적으로든 책을 읽고 묵상하고 기도하고 설교하고 집집마다 다니며 사람들을 가르치는 사람이라는 사실을 잘 알고 있습니까? 영혼을 구원하기 위해 이 일이 얼마나 중요한지도 압니까? 많은 염려와 세상일을 위해 시간을 보내도 될 정도로 여유롭습니까? "이 모든 일에 전심전력하여 너의 성숙함을 모든 사람에게 나타나게 하라"고 말씀하지 않습니까?(딤전 4:15) "병사로 복무하는 자는 자기 생활에 얽매이는 자가 하나도 없나니 이는 병사로 모집한 자를 기쁘게 하려 함이라"는 말씀은 바로 당신에게 하시는 말씀이 아닙니까?(딤후 2:4) 너무나 분명하지 않습니까? 군사들은 단 한순간도 자신의 농장이나 종들을 돌아볼 여유가 없습니다. 당신이 신실한 목회자라면, 목회를 하는 것만으로도 시간이 부족해서 "아, 왜 이렇게 시간이 빨리 간단 말인가! 이 존귀한 직분을 감당하는 데 나는 왜 이렇게 더딘가!"라는 탄식이 절로 날 것이 분명하다고 나는 감히 확신합니다.

둘째, 많은 분주한 일로 분산되는 삶과 하나님을 섬기기 위해 항상 모든 것으로부터 자유로워야 하는 삶이 어떻게 조화를 이룰

지 잘 생각해 보십시오. 당신이 연구하고 추구하는 바는 온 마음을 기울여야 하는 위대하고 신비한 주제입니다. 당신이 당면한 많은 어려움을 해결해 가고, 청중의 마음을 꿰뚫어 설득해 낼 확신에 찬 단어들을 선별하고, 위선자들을 돌이키고, 말씀이 살아 역사하기까지 말씀에 깊이 침잠하고, 절박한 필요를 가진 가련한 영혼들을 대하고, 거룩과 위엄으로 말씀을 대하는 일들은 전인全人을 필요로 합니다. 분산되고 나뉜 마음으로는 절대 이런 일들을 제대로 할 수 없습니다. 아이들의 울음소리와 여자들의 수다와 세상의 염려와 수많은 분주한 일들 가운데서 말씀을 연구하고 묵상하는 일이 제대로 될 리가 없습니다. "이미 다른 것에 정신이 팔린 채로 하는 일치고 제대로 되는 일이 없다."[6]

셋째, 마음과 열정이 전적으로 하나님께 사로잡혀 있고, 공식석상에서 말로만이 아니라 항상 온 마음을 다해 모든 일을 해야 하는 사람과 이런 분주한 삶이 잘 맞을지 생각해 보십시오. 당신의 마음과 열정이 언제든지 조금이라도 다른 데로 분산된다면, 당신이 맡은 일의 생명과 능력, 아름다움과 영광은 빛이 바래게 될 것입니다. 그런 당신이 하는 연구와 기도와 설교와 가르침은 얼마나 맥이 없겠습니까! 세상일에 필연적으로 따르는 어려움과 고민에 시달리고 육신적 문제들에 사로잡혀 있는 마음이 어찌 하나님을 향해 뜨겁게 타오르고 천국과 위의 것들을 향해 치달을 수 있겠습니까?

넷째, 선행과 사랑으로 사람들의 영혼을 얻어 거룩을 사랑하도록 가르침에 힘써야 할 당신의 삶과 이런 분주한 삶이 어떻게 조화를 이룰 수 있을지 생각해 보십시오.[7] 가난한 사람들을 먹이고 입히는 일에 힘쓰지 못하면, 영혼을 위한 양식을 아무리 잘 준비해도 사람들은 받아들이지 않을 것입니다. 자기 가족을 돌보느라 다른 사람들보다 선행에 더 힘쓰지 못하면, 눈이 어둡고 악의적인 세상은 당신에게 있는 선한 것은 전혀 생각하지 않고 이렇게 말할 것입니다. "말은 그럴듯합니다만, 그래서 어쨌단 말입니까?" 오히려 사람들의 마음이 복음과 신앙에 대해 더 완고해질 뿐입니다. 설교자들도 세상적이고 탐욕스럽고 사랑이 없기는 마찬가지라는 소리만 들을 것입니다. 선행에 탁월하지 않으면 이런 거짓된 평판을 불식시킬 수 없습니다. 선한 일에 전념하는 목회자들의 수고가 성공을 거두는 모습을 많이 봐 왔습니다! 경제적으로 여유가 있고 선을 위해 단호히 마음을 굳힌 사람은 결혼생활 중에도 선한 일에 힘쓸 수 있겠지만, 대부분 지금 우리가 이야기하는 수준에는 한참 못 미칩니다. 당신이 그렇게 부유한 사람이 아니라면 처자식으로 인한 필요를 채우기도 부족하기 때문입니다. 당신이 죽고 난 후 처자식들이 살아갈 만한 것도 어느 정도 마련해 두어야 합니다. 하지만 알다시피 목회만을 가지고는 다른 사람을 구제하는 데 탁월하게 힘쓰는 것은 고사하고 처자식의 모든 필요를 채우기도 빠듯합니다! 처자식이 있는 한, 가난한 사람들을 힘써 돌아보는 일은 엄두도 내지 못합니다! 물론 놀랍게도 아주 예외적인 경우가 간혹 있습니다. 대부분 이런 경우 자기 자신에게 돌아가는 몫은 아주 미미합니다. 자기 가족을 부양하느라 가난한 사람들에게 신경을 쓰지 못하는 사람은 선행을 통해 신앙이 없는 사람들의 마음이 얼마나 많이 열리는지, 복음 사역이 얼마나 많은 결실을 거두는지 알 길이 없습니다.

지침 3: 결혼에 대한 하나님의 부르심이 있는 사람이라면, 앞서 언급한 대부분의 문제들을 예상하고 각각의 시험과 고난과 피할 수 없는 의무들에 대비하는 것이 좋습니다. 결혼이 바보들의 천국이 되지 않도록, 결혼생활이 즐겁기만 할 것이라는 기대는 접는 것이 좋습니다. 결혼하기 전에 결혼을 통해 짊어져야 할 고통과 의무들을 잘 감당할 수 있도록 힘과 인내를 기르십시오. 먼저 세속적인 사고와 삶으로 이끄는 유혹을 거부할 수 있는 준비가 되어야 합니다. 이 대목에서 항상 가장 집요하고 위험한 공격이 있기 때문입니다. 둘째, 항상 부부 간의 애정이 식지 않도록 해야 합니다. 결혼생활에 따르는 고난과 의무를 제대로 이행하기 위해서는 부부 간의 애정이 꼭 필요합니다. 셋째, 결혼에 대한 성숙한 이해를 가져야 합니다. 그럴 때 당신은 지식을 따라(벧전 3:7) 가족들을 잘 가르치고 경건한 가정을 꾸려 갈 수 있을 뿐 아니라 부딪히는 모든 일을 잘 분별하고 사리에 맞게 처리해 갈 수 있습니다(시 112:1-5). 넷째, 결혼에 대한 부르심이 있다고 믿는다면, 결혼에 대해 단호하고 한결같은 마음을 가져야 때늦은 후회로 자신은 물론 가족들을 힘들게 하지 않을 수 있습니다. "진작에 그것을 알았더라면……" "이런 부분은 전혀 생각지도 못했다"는 소리는 절대 입 밖에 내지 마십시오. 죽어야만 끝나는 결혼생활에 경솔함과 변덕은 가당치 않습니다. 결혼에 대한 결심과 상대방에 대한 애정을 마지막 순간까지 이어 갈 수 있어야 합니다.

다섯째, 결혼에 따르는 엄중한 의무들을 모두 감당할 수 있을 만큼 부지런해야 합니다. 전쟁에 나가는 용사가 지레 겁을 먹으면 안 되듯이, 결혼의 무거운 책무를 짊어지기로 한 사람이 게을러서는 안 됩니다. 여섯째, 상대방의 연약함을 담당하고 당신의 많은 일과 필요와 당신 자신의 연약함에서 비롯되는 매일의 어려움을 맞닥뜨리기 위해서는 결혼에 대한 인내가 있어야 합니다. 이런 준비 없이 결혼하려는 것은 아무런 준비도 없이 항해를 하러 바다로 나가는 것과 같습니다. 무기 없이 전쟁에 나서는 것이요 연장이나 필요한 체력도 없이 일하러 가는 것이요 돈도 없이 고기를 사러 장에 가는 것이나 다를 바가 없습니다.

지침 4: 결혼을 결심하고 배우자를 선택할 때 막연한 환상과 열정에 이끌려 친구의 조언을 무시하거나 이성적인 판단이 흐려져서는 안 됩니다. 물론 배우자에 대한 사랑도 없이 결혼을 마음먹는 사람은 없을 줄 압니다. 하지만 그 사랑은 합리적일 뿐 아니라, 통렬한 시련 속에서 진정한 가치를 입증한 사랑이어야 합니다. 사랑한다고 말은 하지만 정작 왜 자신이 결혼의 중요성을 잘 알고 진지하게 결혼에 임하는 사람보다, 정신없이 결혼에 임하려는 허울 좋은 사람을 더 사랑하는지는 모릅니다. 지혜롭고 성숙한 사람이 냉정하게 판단하기에는 전혀 탁월하거나 사랑스럽지 않고 아무것도 아닌 사람을 환상에 빠져 과대평가하거나 사랑스러운 존재로 여기게 하는 눈먼 사랑은 자신의 어리석음에 대한 반증입니다.

사랑이라는 이름으로 원하는 대로 하고 그런 태도를 미화해 보지만, 이는 정욕이요 환상에 불과합니다. 정욕이나 감상적인 사랑에 기반한 결혼은 견고하지 못합니다. 만족도 참된 행복도 가져다주지 못합니다. 정욕이나 감정 때문에 한동안은 활활 타오르겠지만, 결국은 돌이킬 수 없는 부끄러움을 안겨 주거나 서로에 대한 지겨움과 증오로 막을 내리고 맙니다. (사랑이라고 불리는) 정욕에서 비롯된 욕구는 사람의 넋을 빼놓고 눈을 멀게 하기 때문에 (여인에 대한 마음과 자녀에 대한 욕구), 조금이라도 이런 마음을 느끼고 이로 인해 충동이 일어난 적이 있는 사람은 즉시 그것을 시험해 보고 없애야 합니다. 그렇게 하기 전까지는(조금이라도 사리 분별이 있는 사람이라면) 자신의 판단과 이해를 항상 의심하고 다른 사람의 판단과 충고에 귀를 기울여야 합니다.

(이른바 "사랑"이라 불리는) 정욕을 억제하는 방편에 관해서는 이미 앞에서 자세히 살핀 바 있습니다. 여기서는 짧게 언급만 하겠습니다. 첫째, 정욕을 불러일으킬 만한 사람과 만나는 일이 없도록 하고 거리를 유지해야 합니다. 불과 기름이 가까이 있으면 언제든지 타오르게 마련입니다. 환상과 욕망은 감각을 통해 타오

릅니다. 오랫동안 보지 않으면 열정은 식게 마련입니다. 둘째, 헛된 것에 지나치게 큰 가치를 두지 마십시오. 고급스러운 옷이나 좋은 가문이나 부동산이나 소유나 외모나 이른바 "아름다움"이라 불리는 자연적인 요소에 과도하게 영향을 받지 말라는 말입니다. 어린아이가 아닌 장성한 어른답게 판단하십시오. 사소한 요소를 크게 생각하느라 정말 중요한 내적인 요소를 간과하면 안 됩니다. 그림이나 꽃과 같은 외적인 것 때문에 사랑에 빠지렵니까? 천연두나 마마와 같은 질병이 당신이 애지중지하는 것들을 어떻게 순식간에 변모시키는지 기억하십시오. 죽음이 그런 것들을 어떻게 참상으로 바꾸어 놓는지, 죽음을 통해 얼마나 많은 아름다운 사람들이 흙과 진토가 되었는지 생각해 보십시오! 얼마나 많은 사람들이 아름다운 육체만 믿고 정욕에 빠져 자신을 돌아보지 않다가 지옥으로 떨어졌는지 생각해 보십시오! 아름다운 외모 때문에 더 나은 사람이 된 경우는 거의 없습니다! 표지가 단순하고 수수하다고 지혜로운 사람들의 책은 거들떠보지도 않으면서 표지가 반질반질하고 화려하다는 이유로 거짓을 일삼는 통속적인 이야기 책을 보고는 어쩔 줄 몰라 하는 것은 얼마나 어리석은 일입니까!

　　셋째, 감상적인 생각에 휘둘리지 않도록 생각을 잘 다스리십시오. 고삐 풀린 망아지를 탄 사람이 결국 진창에 처박히는 것이 전혀 이상한 일이 아닌 것처럼, 합리적으로 생각하지 못하고 정욕과 공상에 휘둘리는 사람도 마찬가지입니다. 넷째, 게으르지 마십시오. 하나님이 부르신 일에 공을 들이고 시간을 들이십시오. 게으르고 육신적인 마음은 온갖 정욕의 구더기들이 사방으로 기어 다니는 시체와 같고, 마귀가 많은 죄악들을 부화하는 악한 둥지와 같습니다. 다섯 번째로 가장 중요한 점은 자기 영혼에 대한 관심을 잃지 말라는 것입니다. 영원한 삶에 얼마나 가까이 왔는지, 구원을 위해 해야 할 일이 무엇인지 항상 기억하십시오. 하나님 앞에서 행하고 죽음이 모퉁이에 있음을 늘 기억하십시오. 믿음으로 천국과 지옥을 자주 묵상하고 선한 양심을 지키십시오. 정욕보다 더 마음을 끄는 무엇을 발견하게 될 것입니다. 어리석은 시체보다 더 중요한 것이 있음을 알게 될 것입니다. 이 땅에 속한 육신적인 사랑을 죽일 천국을 향한 사랑이 자기 속에 있음을 느낄 것입니다.

지침 5: 사람을 선택하고 결혼을 결정할 때 성급하게 서두르지 말고 충분히 생각해야 합니다. 평생 자신이 누릴 슬픔과 위로에 결정적인 영향을 미칠 사람이 어떤 사람인지 온전히 알아야 합니다. 뒤늦게 후회해 봐야 아무 소용이 없습니다. 후회하지 않으려면 신중에 신중을 기해야 합니다. 자신의 명예와 소유에 관한 은밀하고 사적인 일들은 물론, 위로 넘치는 더 나은 삶을 위해 일생 동안 의지하며 살아갈 한 사람에 대한 생각을 나눌 수 있는 사람들의 말을 귀담아들어야 합니다. 중요한 결정을 앞둔 사람은 아무리 조심하고 신중해도 지나침이 없습니다.

지침 6: 육신적인 동기로 믿지 않는 사람과 결혼하려고 해서는 안 됩니다. 세상적으로 아무리 탁월한 것이 앞에 있어도 하나님 경외하기를 더 즐거워해야 합니다. 돼지에게 금 구유를 주지 말고, 추한 영혼과 아름다운 몸이 하나 되게 하지 마십시오. 그렇지 않으면 첫째, 당신 자신이 믿지 않은 사람으로 의심 받게 될 것입니다. 거듭나지 못한 영혼의 비참함과 하나님 형상의 탁월함을 아는 사람은 결코 불신자와의 결혼에 영향 받지 않을 수 없습니다. 마음의 지배적인 성향이 영적인 일보다는 일시적인 세상일로 쏠리는 것이 바로 은혜 없는 영혼이 가진 분명한 특징입니다. 하나님을 경외하고 그 형상을 닮아 가는 것보다 재물과 외모를 앞세우는 것은 그 마음과 의지가 은혜와 상관이 없음을 분명히 보여줍니다. 당신이 사람의 경건함보다 그가 가진 부와 외모에 더 끌린다면, 그것은 신앙이 없다는 분명한 증거입니다. 당신의 말대로 부와 외모를 경건함보다 더 소중히 여기는 것이 아니라면, 그것들에 더 끌리는 이유가 무엇이란 말입니까? 당신이 불신앙과 정죄 아래 있음을 이것만큼 더 잘 말해 주는 것이 또 어디 있습니까? 이는 당신이 하나님의 말씀을 믿지 않거나 하나님을 사랑하지 않고 그 나라와 의를 구하는 것도 아니라는 것을 분명히 보여주는 사실이 아닙니까? 그것이 아니라면 당신은 하나님의 친구를 자신의 친구 삼고 하나님의 원수를 자신의 원수로 삼았을 것입니다.

말해 보십시오. 하나님과 화해하지 않고 새롭게 되지도 않은 하나님의 원수와 한 몸이 되렵니까? 그러지 않으리라 믿습니다. 그저 맥없이 하나님의 원수와 결혼하렵니까? 하나님을 믿지 않고 거룩하지 않은 모든 사람은 하나님의 원수라는 사실을 알지 못한다면, "육신의 생각은 하나님과 원수가 되나니 이는 하나님의 법에 굴복하지 아니할 뿐 아니라 할 수도 없음이라. 육신에 있는 자들은 하나님을 기쁘시게 할 수 없느니라"는 하나님의 말씀을 모르거나, 그 말씀을 믿지 않은 것입니다(롬 8:7-8). 하나님을 경외하는 사람이라면, 천국의 길로 나아갈 수 있도록 자신을 도울 수 있는 사람을 만나는 것을 마땅히 결혼의 최고의 목적으로 삼아야 합니다. 신앙이 없는 사람과 결혼하려는 사람은, 이런 목적이 있든 없든 간에 불을 지핀다고 하면서 물을 끼얹거나 몸을 데우기 위해 얼음 침대 위에 드러눕는 것만도 못한 선택을 하는 것입니다. 하나님을 알지 못하고 신앙도 없는 사람이 당신이 거룩하게 깨어 기도할 수 있도록 돕고, 하나님을 사랑하고 천국을 향한 마음을 갖도록 당신을 독려할 수 있겠습니까? 중심으로 바라도 다 받지 못할 영적인 유익을 이렇게 허망하게 팽개치려고 합니까? 그럴 수 없습니다. 둘째, 당신은 자신을 돕는 배필이 아닌 끊임없는 방해꾼을 얻게 될 것입니다. 기도의 자리로 나아가야 할 때마다 당신을 뒤로 끄집어 당겨 많은 오락과 분주함으로 채울 것입니다. 거룩한 묵상을 통해 하나님께로 가까이 가야 할 때, 세상적인 생각을 집어넣고 세상의 헛된 것과 원망으로 마음을 산란시킬 사람과 살게 될 것입니다. 하나님과 천국에 대해 말해야 할 때, 그런 대화를 무색하게 할 뿐 아니라 세상적이고 부적절하고 허탄한 말들로 당신의 귀를 더럽힐 사람과 함께하게 될 것입니다. 멀리 있는 수천 명의 방해꾼보다 항상 가슴에 품고 사는 한 사람의 방해꾼이 더 해로운 법입니다. 바로 곁에 있는 불신앙의 마음이 가장 큰 장애물이듯이 믿지 않는 남편이나 부인은 믿지 않는 이웃보다 훨씬 더 나쁜 영향을 미칩니다. 이런 방해를 사소한 것으로 여기고 자신은 이런 장애물로 영향 받지 않는다고 생각하는 사람은 넘어지기 쉬운 교만하고 오만한 마음을 가졌다는 사실을 드러낼 뿐입니다. 자신의 마음이 얼마나 타락했는지를 아는 사람은 거룩한 삶을 가로막는 장애물이 없어야 한다는 것을 잘 압니다. 세상에서 받는 어떤 도움도 하나님의 사랑 안에 머물게 할 수 없다는 사실을 잘 압니다.

셋째, 신앙이 없는 배우자와 사는 것은 죄를 짓게 하는 유혹의 연속일 수밖에 없습니다. 선한 마음으로 독려하기보다는 여러 악―정욕·불만·탐심·교만·원한·호색―으로 치닫게 할 뿐입니다. 이런 유혹 없이도 우리는 충분히 죄를 짓지 않습니까? 넷째, 당신이 신자라면 마귀의 종자를 품에 안으면서도 죽음이 둘 사이를 갈라놓을 것에 대한 생각에 항상 슬프지 않겠습니까? 당신이 그토록 사랑하는 사람이 당할 영원한 고통이 어떤 것인지를 생각해 보십시오! 다섯째, 신앙이 없는 배우자를 남편과 아내로서 사랑할 수는 있어도 그들을 성도와 그리스도의 지체로서 사랑할 수는 없습니다. 당신의 배우자를 성도 간의 거룩한 사랑으로 사랑할 수 없다는 사실이 줄 괴리감은 너무나도 큽니다.

질문: 위선으로 가득한 세상에서 누가 참된 신자인지 어떻게 알 수 있습니까?

대답: 삶을 보면 누가 진정한 신자인지 분명히 알 수 있습니다. 이는 지식이 미미한 사람이 믿지 않는 사람이라는 말도 아니고 말만 그럴 듯하게 하는 사람이 믿는 자라는 것도 아닙니다. 그들 안에 있는 사랑으로 그들을 알 수 있습니다. 사랑이 있는 사람은 신자입니다. 하나님의 말씀을 사랑하고 그 말씀을 가르치는 하나님의 종들을 사랑하고 거룩한 삶을 사랑하고 거룩하지 않은 삶을 미워하는 사람이라면, 아무리 가진 지식이 미미하고 연약하다 해도 신자가 틀림없습니다. 하지만 지식이 아무리 많아도 사랑이 없고 구별되지 않는 경박하고 감각적인 삶을 사는 사람은 불신자로 알고 피하는 것이 좋습니다.

질문: 그렇다고 불신자가 결혼하지 않는 것은 아니지 않습니까? 불신자도 결혼을 할 수 있다면, 내가 왜 불신자와 결혼을 하면 안 됩니까?

대답: 개나 돼지가 새끼를 낳을 수 있다고 사람이 이런 짐승을 통해 자식을 낳는 것은 아니지 않습니까? 비유가 지나쳤다면 용서

해 주십시오(그리스도도 악인을 "개"와 "돼지"에 비유했습니다. 마 7:6). 그만큼 불신자와 결혼하는 것이 나쁘다는 말입니다. 불신자도 물론 결혼을 합니다만, 그렇다고 신자가 그들과 결혼해도 된다는 말은 아닙니다. "너희는 믿지 않는 자와 멍에를 함께 메지 말라. 의와 불법이 어찌 함께하며 빛과 어둠이 어찌 사귀며 그리스도와 벨리알이 어찌 조화되며 믿는 자와 믿지 않는 자가 어찌 상관하며 하나님의 성전과 우상이 어찌 일치가 되리요. 우리는 살아 계신 하나님의 성전이라.……그러므로 너희는 그들 중에서 나와서 따로 있고 부정한 것을 만지지 말라"(고후 6:14-17).

질문: 하지만 그들도 결국은 회심할 것입니다. 하나님이 원하시면 누구나 회심할 수 있습니다. 서로 사랑하기만 하면 자기가 사랑하는 사람과 같은 마음을 갖게 되지 않겠습니까?

대답: 첫째, 당신이 불신자를 사랑하면 당신도 쉽게 불신자가 될 수 있습니다. 그렇다면 벌써 당신은 아주 큰 손해를 보는 것입니다. 믿지 않는 배우자를 사랑한다고 당신이 믿지 않은 사람이 될 것이 아니라면, 당신이 그런 배우자를 사랑하는 것 때문에 그 배우자도 당신과 같이 믿는 사람이 될 것이라고 기대할 이유가 어디 있습니까? 당신은 죄에 뿌리박은 그들보다 더 깊이 은혜에 뿌리를 내리고 있습니까? 둘째, 은혜가 무엇인지 죄 가운데 머무는 것이 무엇인지 영혼이 새롭게 된다는 것이 무엇인지를 잘 아는

사람이라면, 영혼이 회심하는 문제를 간단히 생각할 수 없습니다. 회심이 그렇게 간단한 일이라면 이렇게 많은 사람들이 회심하지 않는 이유가 무엇일까요? 당신에게 은혜가 있지만 당신 스스로는 그것을 더 자라가게 할 수 없습니다. 하물며 애초에 은혜가 없는 사람에게 당신이 은혜를 주어 그 은혜로 자라가게 할 수 있겠습니까? 셋째, 물론 하나님이 원하시면 누구나 회심에 이를 수 있습니다. 그런 경우를 많이 본 것은 아니지만, 손톱만큼의 은혜만 있어도 회심할 수 있습니다. 하지만 그것이 무슨 상관입니까? 결혼과 같이 중요한 문제를 그저 막연한 기대만 갖고 임하려고 합니까? 하나님은 거지도 부자로 만드실 수 있습니다. 물론 그런 경우가 얼마나 많이 있는지 모르겠습니다만, 어쨌든 하나님이 원하시면 그렇게 하실 수 있습니다. 그렇다고 당신이 거지와 결혼할 것이라고 보지는 않습니다. 하나님이 낫게 하실 수 있다고 해서 문둥병자와 결혼하지는 않겠지요? 그렇다면 하나님이 회심하게 하실 수 있다는 이유로 불신자와 결혼하려고 하는 이유가 무엇입니까? 자신이 누릴 평강과 안전을 소중히 여긴다면 먼저 이 사실을 분명히 하십시오.

질문: 부모가 불신자와의 결혼을 독촉하면 어떻게 합니까?

대답: 하나님이 금하신 것을 자식에게 요구할 권세가 부모에게는 없습니다. 자식에게 불신자와의 결혼을 독촉하는 것은 스스로 목

숨을 끊거나 사지를 절단하라는 것과 다르지 않습니다.

질문: 결혼을 해야 하는데 주변에 불신자만 있으면 어떻게 합니까?

대답: 결혼에 대한 당신의 필요가 분명한데 상황이 정말 그렇다면, 불신자와라도 결혼하는 것이 맞다고 봅니다.

질문: 많은 경우에서 보는 것처럼, 신앙이 있으면서 성격이 모난 사람보다는 신앙은 없지만 성격이 좋은 사람과 결혼하는 것이 더 낫지 않습니까? 성품이 나빠도 좋은 남편이 될 수 있습니까?

대답: 성품이 좋지 않은 사람도 좋은 제단사나 제화사나 목수나 선원이 될 수 있습니다. 이런 일을 잘하는 데 도덕적 미덕이 필요한 것이 아니기 때문입니다. 하지만 성품이 나쁜 사람은 좋은 지도자나 목사나 남편이나 부모가 될 수 없습니다. 이런 의무를 감당하기 위해서는 많은 도덕적 자질이 요구되기 때문입니다. 둘째, 영적으로 죽지 않고 잘 다듬어지지 않은 나쁜 성품은 참된 경건과 정면으로 배치됩니다. 말은 잘하고 고백은 그럴듯해도 "누구든지 스스로 경건하다 생각하며 자기 혀를 재갈 물리지 아니하고 자기 마음을 속이면 이 사람의 경건은 헛것"이기 때문입니다 (약 1:26). 셋째, 경건이 가장 첫째 되는 조건이요 가장 필요한 자질인 것은 사실이지만, 그렇다고 배우자를 선택하기 위해 참된

경건이 있는지만 보라고는 하지 않았습니다.

지침 7: 하나님을 경외하는 것 다음으로 성품이나 기질이 당신과 잘 맞는지 보십시오. 이런 것이 잘 맞지 않으면 사랑 대신에 항상 긴장과 갈등이 끊이지 않습니다. 특히 다음과 같은 자질을 잘 살피십시오. 첫째, 다른 사람은 배려하지 않고 자기만 아는 이기적인 성품이 아닌지 다른 사람을 사랑할 줄 아는지 보십시오. 둘째, 잠잠하고 인내할 수 있는지 성미가 까다로운 사람은 아닌지 보십시오. 셋째, 지혜롭고 재치가 있는 사람인지 보십시오. 어리석은 사람과 행복하고 사랑스럽게 살기는 여간 어려운 것이 아닙니다. 넷째, 겸손한 사람인지 보십시오. 거만하고 교만한 사람과 살면 잡음이 끊이지 않습니다. 다섯째, 말을 잘할 뿐 아니라 잠잠히 들을 줄도 아는지 보십시오. 실없이 말이 많으면 문제도 많습니다.

지침 8: 은혜와 성품 다음으로 건강과 가정환경, 현재 처한 상황을 잘 보십시오. 건강의 경우, 당신에게 큰 짐이 될 정도로 병약하거나 배우자를 향한 사랑에 영향을 줄 정도로 약한 것은 좋지 않습니다. 당신의 신앙과 크게 차이가 날 만큼 제대로 양육 받지 못했거나 신앙에 대한 그릇된 이해를 갖고 있어서도 안 됩니다. 사람마다 신앙에 대한 생각이 다를 수 있습니다. 그렇다고 큰 문제가 되지는 않습니다. 하지만 가까운 사이에는 큰 문제가 될 수 있습니다. 별 어려움을 모르고 귀하게 자란 사람들은 은혜의 역사를 통해 비천한 자리에도 거할 수 있도록 되어야 하고, 어려움 없이 부유하게 자란 사람들에게서 공통적으로 드러나는 자긍하고 호색하는 마음이 제거되어야 합니다. 부유함은 고려의 대상이 되지 않습니다. 부자에게서 흔히 볼 수 있는 자긍심과 사치는 결혼생활에 도움이 되지 못합니다. 이것 때문에 오히려 정직과 자족으로 이끄는 가난이 필요하게 될 수도 있습니다.

지침 9: 하나님께서 결혼으로 부르신 것이 맞다면, 지금 자신이 처한 상황에서 비롯된 문제나 장애는 물론 그 상황에서 얻을 수 있는 도움과 위로가 무엇인지 잘 살펴보십시오. 그러면 있는 자리에서 하나님의 복 주심을 기대하는 가운데 기쁨으로 하나님을 섬길 수 있습니다. 결혼이라는 것이 인간의 부패로 가득하고 덫과 어려움이 없는 때가 없지만, 원래 그런 것은 아닙니다. 하나님은 서로 도와 그것을 헤쳐 가도록 정하셨고 우리 역시 하나님이 정하신 뜻대로 결혼을 누려야 합니다.

    결혼생활에는 그에 따른 유혹과 어려움이 있습니다. 마찬가지로 결혼을 통해서만 누릴 수 있는 유익이 있습니다. 우리는 그것을 알고 기쁨으로 받아야 합니다(전 4:10-12). 첫째, 인간이 자녀를 낳아서 그들과 더불어 창조주를 사랑하고 그분께 영광을 돌리고 세상에 사는 동안 하나님을 섬기고 영원토록 그분을 즐거워하는 것은 그 자체로 긍휼입니다. 부모가 경건한 자녀를 두는 것은 결코 작은 은혜가 아닙니다. 이것이 바로 하나님께서 결혼을 제정하신 뜻입니다(말 2:15). 부모는 자녀를 양육할 때 혹시 자신이 잘못하거나 부족한 것이 있을까 노심초사합니다. 그럼에도 때로 자녀들이 신앙이 없는 자들로 드러나기도 합니다. 둘째, 당신을 전적으로 사랑하고 진실로 대하고 당신이 마음과 생각과 모든 일을 털어놓고 나눌 수 있고 당신의 모든 일과 가정의 짐을 기꺼이 함께 져 주고 당신을 격려하고 어려움을 잘 감당하도록 도와주고 슬픔을 위로하고 기쁨과 슬픔을 함께하는 신실한 벗을 얻는 것 역시 큰 은혜입니다. 셋째, 당신의 영혼을 돕고 기도와 모든 거룩한 일에 함께하고 깨어서 당신을 살피며 당신의 죄악과 당신이 처한 위험에 대해 알려 주고 하나님의 은혜와 도래하는 삶을 일깨우고 거룩한 길을 기쁨으로 함께하는 벗을 가까이 두는 것 역시 큰 은혜입니다. "집과 재물은 조상에게서 상속하거니와 슬기로운 아내는 여호와께로서 말미암느니라"(잠 19:14). 잠언은 또한 이렇게 말합니다. "아내를 얻는 자는 복을 얻고 여호와께 은총을 받는 자니라"(잠 18:22). 잠언 31:10-12도 보십시오.

지침 10: 하나님을 경외하는 가운데 신중하고 사려 깊게 전심으로 결혼을 서약하되, 단호하게 결심하십시오. 결혼을 서약하기 전에 부부로서 당신이 가진 모든 의무가 무엇이고 어떤 것인지 잘 이해해야 합니다. 소풍 가는 어린아이처럼 마냥 들떠 섣불리 약속하지 말고, 결혼을 서약함으로 주어지는 의무가 무엇인지 알고 하나님과 서로를 향한 엄중한 많은 일들에 참여하는 사람으로서 서약해야 합니다. 무엇보다 먼저 하나님께 지혜를 구하고 복을 주시고 인도해 주실 것을 간구하십시오. 하나님과 상관없는 길을 가거나 절대 그분보다 앞서 행하지 마십시오. 결혼생활에서 예견되는 최악의 일들과 당신의 애정을 식게 하고 서로에 대해 신실하지 못하게 하는 많은 유혹들을 사전에 잘 인지하고 이 모든 공격에 잘 대비해야 합니다.

지침 11: 하나님이 결혼의 첫째 목적이 되심을 명심하고, 당신이 하나님을 가장 잘 섬길 수 있고 온 가족이 하나님께 전심으로 헌신할 수 있는 삶의 여건을 만들어 결혼생활이 거룩의 통로가 되도록 하십시오. 하나님이 우리의 길과 목적이 되실 때만 우리 삶이 거룩해집니다. 하나님의 영광을 목적으로 삼고 하나님을 기쁘시게 하기 위해 그분의 말씀을 진실하게 따르는 사람은, 하나님이 자신의 부부관계에 함께하시고 복 주신다는 사실을 알 것입니다. 그러나 육체를 기쁘게 하고 정욕을 추구하고 재물을 쌓아 자녀에게 자신의 교만과 탐심의 결과를 고스란히 물려주는 사람은 자신이 뿌린 대로 거둘 뿐입니다. 자신의 선택과 바람대로 마귀와 세상과 육체를 가족의 주인으로 받들며 살 것입니다.

지침 12: 결혼해서 처음 하나가 된 순간부터 일생 동안 서로 떨어질 날이 있을 것임을 잊지 마십시오. 처음 결혼한 때처럼 영영히 행복하고 편하게 함께 살 것이라 생각하며 안심하지 말고 서로를 이 땅의 여정을 함께하는 벗으로 여기십시오. 결혼을 하든 안하든, 더 이상 결혼이 없는 영생을 향해 달음박질치고 있음을 기억하십시오(마 24:38, 고전 7:29-30). 당신은 지금 결혼생활이라는 삶의 모양으로 혹은 독신이라는 삶의 모양으로 내생을 향해 속히 가고 있습니다. 하늘 예루살렘으로의 여정이 수월하게 끝나고 영원한 복락 가운데 다시 만날 수 있도록 서로를 도와야 합니다. 세상에 속한 사람들은 결혼을 하면, 천년만년 살 것처럼 세상에서 자리를 잡습니다. 거듭난 사람들이 보화를 하늘에 쌓기 시작함으로 새로운 세상을 시작하는 것처럼, 세상 사람들은 결혼을 이 세상에서의 새로운 시작이라고 부르며 세상에 속한 종답게 이전보다 더 열심히 세상을 추구합니다. 그들은 결혼과 더불어 무엇을 찾는 사람처럼 미련한 자의 삶을 새롭게 시작합니다. 자신이 추구하던 것을 찾으면 성경의 부자가 했던 것처럼 이렇게 말합니다. "내가 이렇게 하리라. 내 곳간을 헐고 더 크게 짓고 내 모든 곡식과 물건을 거기 쌓아 두리라. 또 내가 내 영혼에게 이르되 영혼아, 여러 해 쓸 물건을 많이 쌓아 두었으니 평안히 쉬고 먹고 마시고 즐거워하자 하리라." 그러나 이런 사람에게 하나님은 말씀하십니다. "어리석은 자여, 오늘 밤에 네 영혼을 도로 찾으리니 그러면 네 준비한 것이 누구의 것이 되겠느냐"(눅 12:18-20). 어리석은 자로 살다가 죽지 않으려거든, 세상에 속한 사람들처럼 결혼하지 말고 그들처럼 살지도 마십시오.

결혼의 여러 가지 사례

질문 1: 혈연 간의 결혼을 금한다고 했을 때 몇 촌까지인지를 말해 주는 분명한 규칙이 있습니까? 이런 질문을 하는 이유는 첫째, 모세의 율법은 더 이상 우리를 강제하는 법이 아니고, 둘째, 모세의 법이 아직 유효하다 해도 구체적으로 명시되어 있지 않고 자연법을 통해서도 이 부분에 대해서는 알기가 어렵기 때문입니다.

대답: 첫째, 친족 간의 결혼이 항상 모든 곳에서 불법은 아닙니다. 때로는 부득이한 필요에 의해서 합법적으로 용인되는 경우가 있습니다. 아담의 자녀들이 자신의 누이와 결혼하는 것은 불법이 아니었습니다.

둘째, 하지만 세상이 사람들로 편만한 지금은 친족 간에 결혼을 할 수 밖에 없는 필요가 없어졌을 뿐더러 그런 식으로 결혼하고 싶어 하는 사람도 우리 중에는 없습니다.

셋째, 지금 법으로 금하고 있는 친족 간의 결혼은 자연법도 금하고 있습니다. 물론 어떤 친족 간에 대해서는 모호한 부분이 있지만 모든 친등에서 그런 것은 아닙니다.

넷째, 유대인에게 주신 하나님의 율법인 레위기 18장에 등장하는 친족 간의 결혼 금지는 자연법에 대한 하나님의 주석이라고 할 수 있습니다. 그렇기 때문에 이는 유대인만이 아니라 모든 사람에게 공통적으로 해당합니다.

다섯째, 그렇기 때문에 정치적 시민법으로서의 유대인의 율법은 그 효력을 다했지만(더 이상 다른 나라들을 강제하지 않습니다), 레위기 18장은 자연법을 주신 하나님께서 친히 그 법을 주석하신 대목이기 때문에 여전히 오늘날까지 효력이 있고 모든 사람은 그 의무 아래 있습니다. 하나님께서 어떤 사람에게 "이것이 바로 그 자연법이 말하는 바다"라고 했다면, 그것은 여전히 모두가 믿어야 할 진리로 남습니다. 그렇다면 친족 간의 결혼에 대해 말하는 자연법 자체는 여전히 모든 사람에게 효력이 있습니다.

여섯째, 지각이 있는 사람이라면 누구나 꼭 그렇게 해야만 하는 이유가 없이 이런 불확실한 결혼을 하는 것은 죄악이라고 말할 만큼 지금은 배우자를 선택하는 폭이 확연히 넓어졌습니다. 엄청난 문제를 초래하는 이런 결혼을 할 필요는 거의 없어졌습니다. 그렇기 때문에 레위기 18장에 언급된 모든 친족 간의 결혼은 피할 뿐 아니라 여기에 명시되지 않은 내용이라 할지라도 아예 하지 않는 것이 안전합니다.

일곱째, 말씀에 명시적으로 언급이 안 된 경우도 동일한 것으로 여겨야 할지는 분명하지 않기 때문에(하나님은 율법을 주신 모든 경우마다 그 이유를 알리지는 않았습니다), 언급이 안 되어 판단하기 어려운 일을 한 경우에는 그것이 자기 자신이든 다른 사람이든 심하게 자책하거나 비난하지 말아야 합니다. 오히려 사전에 그런 일이 일어나지 않도록 해야 합니다. 그렇지 않으면 스스로

의심에 빠지고 불필요한 괴로움을 겪을 수 있기 때문입니다. 하지만 이미 일어난 일이라면 이제부터 내가 설명하는 대로 각각의 경우를 잘 살펴봐야 합니다.

질문 2: 우리가 사는 나라의 실정법이 이 문제에 대해서 레위기 18장보다 더 엄격하게 혹은 더 느슨하게 친족 간의 결혼을 규정하고 있을 때는 어떻게 해야 합니까?

대답: 실정법이 성경이 말하는 것보다 친족 간의 결혼을 더 느슨하게 정하고 있는 경우, 실정법에 저촉되지 않는 결혼이라 할지라도 하나님이 금하시는 것이므로 하지 말아야 합니다. 반대로 실정법이 성경이 말하는 것보다 더 엄격하게 정하고 있는 경우, 하나님께서 명시하신 것은 아니지만 위에 있는 권세들에게 복종하는 의미에서 그것들을 하지 말아야 합니다.

질문 3: 사촌 간의 결혼은 불법인가요?

대답: 그렇게 생각하지 않습니다. 첫째, 사촌 간의 결혼을 하나님이 명백하게 금한 적이 없기 때문입니다. 둘째, 이종사촌이든 고종사촌이든 같은 항렬에 있는 사람들 간의 결혼을 금한 적이 없습니다. 내 주장의 근거로 이 주제에 대한 찰스 버틀러Charles Butler의 라틴어 논문을 참고하라고 소개합니다. 내 주장은 이 논

문에서 제시한 이유들에 근거합니다.[8] 노아의 모든 손자가 사촌과 결혼했던 것처럼(당시에는 사촌보다 먼 친척이 없었습니다) 다른 사람들도 사촌과 결혼했고 누구도 그것을 금하지 않았습니다. 셋째, 하지만 사촌과 결혼하지 않는 것이 안전합니다. 굳이 사촌을 택하지 않아도 배우자로 택할 사람들이 얼마든지 있습니다. 또 나와는 의견이 다른 많은 목사들이 이것을 양심의 문제로 삼고 있고, 이로 인해 나중에 불필요한 문제를 초래할 수 있기 때문입니다.

질문 4: 이미 사촌과 결혼을 한, 지금은 그것이 합법적인지 의구심을 가진 사람들에 대해서는 뭐하고 말하는 것이 좋겠습니까?

대답: 의구심은 모두 떨쳐 버리고 오히려 지금 그들이 있는 자리에서 평강 가운데 자신의 의무를 다하라고 말해 주고 싶습니다. 그런 가책으로 헤어지는 것이야말로 큰 죄입니다. 사촌 간의 결혼이 합법이라는 사실이 분명하지 않다면 그것이 불법이라는 사실도 확증할 수 없기 때문입니다. 남편과 부인이 합당한 이유 없이 결혼서약을 파기하는 것은 큰 죄입니다. 아무도 죄라고 분명히 증명하지 못하는 것 때문에 이혼할 필요는 없습니다. 그것이 이혼의 합당한 사유도 될 수 없습니다.

결혼에 따르는 의무들은 결혼한 사람들에게 주어진 것입니다. 하지만 사촌 간의 결혼을 분명히 금하고 있는 것도 아닙니다.

그렇기 때문에 이런 결혼에 대해 의구심을 갖고 결혼한 것이 죄라면, 혹은 결혼한 후부터 이에 대한 의심에 빠져 있는 사람이 있다면, 지금 그들이 분명히 알아야 할 점은 그 결혼을 지속해 가는 것이 그들이 감당해야 할 의무라는 것입니다. 오직 그들이 해야 할 일은 거리끼는 일인 줄 알면서도 행한 것을 회개하는 것이지, 자신이 결혼서약을 통해 약속한 의무를 거부하거나 포기하는 것이 아닙니다. 그럴 필요가 없습니다. 양심의 가책에 빠져 괴로워하지 마십시오. 이런 의구심 때문에 기쁜 마음으로 결혼의 의무를 감당하고 부부관계를 통해 즐겁게 하나님을 섬기는 일이 방해받아서는 안 됩니다.

질문 5: 레위기 18장에서 명시적으로 금하는 친족은 아니지만 여기에 명시된 것과 다름없는 관계에 있는 사람과 결혼해서 실상은 이 본문에서 말하는 불법을 저지른 것처럼 보이는 사람들은 어떻게 해야 합니까?

대답: 명백한 친족관계에 결혼을 금할 이유가 분명하다면 근친결혼으로 알고 헤어짐이 마땅합니다. 금지된 상태를 계속 유지해서는 안 됩니다. 하지만 목사들 사이에도 모든 경우를 똑같이 금해야 할지에 대해서는 의견이 분분합니다. 이런 경우에 어떤 목사는 헤어지는 것이 마땅하다 여기기도 하고, 어떤 목사는 (의견이 분분한 것에서 알 수 있듯이) 불분명하기 때문에 헤어질 필요가

지는 없고 잘못된 결혼을 회개하는 것으로 충분하다고 하기도 합니다. 많은 목사들이 일치를 보지 못하는 문제를 놓고 섣불리 내 판단을 따라 갑론을박하고 싶지는 않습니다. 대신에 나는 아예 이런 곤란한 일들이 일어나지 않도록 조심하고, 육신적 목적이나 죄악된 정욕을 결혼의 필요라고 둘러대지 않는다면 불필요하게 성급한 결혼을 하지 말 것을 권고합니다.

질문 6: 성경에서 금지하고 있는 친족과 결혼을 한 사람이 계속해서 그 상태를 이어 가면 어느 경우를 막론하고 그것은 죄가 됩니까? 친족 간의 결혼이 필요에 따라 아담의 자녀들에게는 의무가 되었다면, 필요에 따라 그 상태를 유지하는 것이 다른 사람에게도 합당한 일이 될 수 있지 않겠습니까? 부모가 그렇게 요구한 경우는 어떻습니까? 그렇게 헤어진 여인이 슬픔을 이기지 못하고 죽을 수도 있는 경우에는 어떻게 합니까? 다른 사람하고는 결혼하지 않겠다고 맹세했지만 독신으로는 살 수 없는 사람은 어떻게 합니까? 어떤 남자가 정욕으로 친족인 여인과 결혼했다고 합시다. 하지만 그는 자신이 그 죄에 머물러서는 안 되고 이혼하고 벌을 받을 수밖에 없다는 사실을 미리 알고 마음을 바꿀 수도 있습니다. 또한 친족인 여인과 결혼을 했어도 그 여인을 사랑하지 않는다면 기꺼이 이혼하려고 들 수도 있습니다. 그렇기 때문에 심판은 친족 간의 결혼을 계속 영위하지 못하도록 죄인을 꾸짖는 것이어야 합니다.

대답: 첫째, 아담의 자녀들은 친족결혼을 할 수 밖에 없는 자연적인 필요가 있었습니다. 당신에게도 이런 필요가 있다면 지금도 그렇게 할 수 있습니다. 그렇습니다. "생육하고 번성하라"는 복의 선언은 결혼을 허락하고 있을 뿐 아니라, 그들이 땅에 충만하도록 결혼을 명령하는 말입니다(그렇지 않았으면 인간은 이내 이 땅에서 사라졌을 것입니다). 하지만 지금은 그때와 다릅니다. 땅은 이미 사람들로 편만합니다. 물론 사람이 없는 낯선 광야에 두 남매만이 남겨졌고 하나님께서 그들에게 "생육하고 번성하라"고 하신다면, 지금이라도 그들은 결혼할 수 있을 것입니다. 하지만 그런 일이 없는 다음에야 그렇게 할 필요는 없습니다. 다시 말해, 지금은 친족결혼이 합당하지 않다는 말입니다. 둘째, 악의적인 필요가 죄를 정당화하지 않습니다. 사람들이 하나님께 순종하고 자기를 부인하고 정욕을 죽이는 대신 정욕을 절제하는 것 때문에 거의 미치거나 죽는다고 해서 그들의 죄가 정당화되는 것은 아닙니다. 그들은 자신의 의지를 드려 하나님의 율법에 순응하도록 해야 합니다. 그렇게 하지 않으려 하거나 그렇게 할 수 없다면 이로 인해 초래되는 모든 것을 스스로 감당하는 수밖에 없습니다. 셋째, 아무리 부모가 결혼을 원해도 하나님의 율법에 어긋난다면 그것으로 결혼의 필요라고 말할 수 없습니다. 넷째, 결혼하겠다고 이미 약속을 했어도 마찬가지입니다. 하나님의 율법을 거스르는 일에 대한 약속을 지킬 의무는 없고 오히려 그런 약속을 한 것을 회개해야 합니다. 누구와도 결혼하지 않고 순결을 지키겠다

서약했다고 해서 반드시 그렇게 해야 하는 것은 아닙니다.

질문 7: 평생 순결을 지키며 혼자 살겠다고 맹세한 사람이 불같이 일어나는 정욕과 음란을 못 이겨 결혼하는 것은 합당합니까?

대답: 많은 위대한 목사들이 로마 가톨릭의 영향 아래서 순결을 서약한 사람들을 그 서약으로부터 자유롭게 했습니다. 나는 "맹세에 대하여"에서 이 질문에 대해 자세히 답했습니다.[9] 여기서는 간단히 몇 가지만 덧붙이도록 하겠습니다. 첫째, 앞으로 일어날지 모를 변화나 어려움으로 인한 예외를 전혀 인정하지 않는 무조건적인 순결서약은 죄악된 것입니다. 그런 서약에 계속 집착하는 것은 합당하지 않습니다.

둘째, 부모나 다른 사람이 이런 맹세나 서약을 자녀나 아랫사람에게 강제하거나 설득하는 것은 죄이기 때문에 이런 요구는 합당치 않습니다.

셋째, 맹세한 내용이 정당하고 합법적인 경우에는 그 내용을 따를 의무가 있습니다. 맹세를 요구하거나 강제한 사람이 죄악된 사람이라고 해서 자기가 맹세한 합당한 내용마저 무의미해지는 것은 아닙니다. 누구에 의해 강제 받지 않고 자의로 한 맹세는 지켜야 합니다. 회개가 필요한 경우는 맹세를 한 행위가 죄일 때(부주의하고 성급하게 맹세하거나 옳지 못한 상황에서 잘못된 동기와 목적으로 맹세했을 때)뿐입니다. 후회스러운 맹세라 할지라도 맹세한 내용이 합당하고 맹세한 행위가 무의미한 것이 아닌 한 그 맹세를 지켜야 합니다(그렇게 한 것이 죄였을지라도 말입니다). 하지만 무의미한 경우에 대해서는 앞에서 이미 밝혔습니다.

넷째, 조건이나 예외가 명시되거나 내포된 경우라면 신부나 수도사의 길에 들어서면서 하는 독신서약(결혼하지 않는 것을 죄악으로 만드는 어떤 것이 드러나지 않는 한)이 합당한 경우도 있습니다. 이를테면, 자신의 결혼생활에서 초래될 여러 가지 큰 어려움이 충분히 예견되거나 이런 굳은 서약을 통해서만이 여러 가지 미혹과 변덕으로부터 자신을 지켜 갈 수 있겠다고 판단되는 경우입니다.

다섯째, 독신을 맹세하는 사람이 예외적인 사례에 대한 이해가 없는 경우, 합법적인 맹세가 아니라면 그 맹세를 지킬 필요가 없습니다. 그런 맹세를 한 것 자체는 죄이지만, 하나님이 맹세하지 말라고 하실 뿐 아니라 명백히 금하신 일들을 맹세했기 때문에 그것을 지킬 필요가 없는 것입니다.

여섯째, 교황주의자들은 예외적인 경우들이 항상 독신서약에 내포되어 있거나 아니면 적어도 하나님의 율법이 그것들을 포함하고 있다고 생각하는 것 같습니다. 그렇지 않고서야 감히 그런 맹세를 거둬들일 수 있는 권한이 교황에게 있는 것처럼(수도원에 있던 제후들과 남녀들을 멋대로 데리고 나와 왕의 자리에 앉히곤 하는 것처럼 말입니다) 행동하지는 않았을 것입니다. 이런 특별한 예외가 없는 한 사람들은 자기가 한 맹세에 따라 하나님 앞에서 그것을 지켜야 할 의무가 있다고 생각한다면, 교황은 자신이 하나님의 계명도 거둬들이고 사람들을 맹세에서 풀어줄 권한이라도 있는 것처럼 끔찍하고 가증한 불경죄를 저지르고 있는 것입니다. 이는 기독교 신앙뿐 아니라 유신론 자체를 대적하는 일입니다. 하나님께로부터 그런 권한을 받은 것처럼 행동하지만 실제로는 자신을 전능하신 하나님보다 더 높이 두고 있는 것입니다. 그러나 서약한 사람이 더 이상 그것을 지키지 않아도 되는 때가 언제인지를 자기들이 판단해서 법적으로나 결정적으로 서약의 효력을 정지시키는 사람들은, 자신들이 그때를 법적으로 선언하기 전에 하나님의 율법이 정하는 의무가 먼저 사라지는 것으로 전제하는 것입니다. (이것이 교황들이 하는 일이라면, 합법적인 감독들이 자신에게 맡겨진 교구의 직무를 담당하는 것과 마찬가지로 교황 역시 자신의 분수를 넘어서 행사할 권한은 없습니다.)

일곱째, 독신서약을 지키는 것이 독신으로 살아감으로 피할 수 있는 것보다 더 큰 죄를 초래하는 때는 그런 서약이 합당하지 않습니다. 또한 맹세를 단념하거나 독신의 삶에 포함된 것보다 더 중요한 선한 일과 의무를 게을리하지 않는다면 그런 죄는 피하게 될 것입니다.

여덟째, 결혼을 통해 해결할 수 있는 죄의 정도가 다양하지만, 이것이 독신으로 살기로 서약한 맹세를 어기는 정당한 이유는 될 수 없습니다. 마치 결혼해서 사는 것보다 독신으로 살 때 더 많은 정욕과 자극과 유혹을 받기라도 하는 것처럼 말입니다. 죄 없이 살 사람은 아무도 없습니다. 독신으로 살면서 피할 수 있는 또 다른 종류의 더 큰 죄악들이 결혼생활에 있을 수 있습니다. 맹세를 저버리는 것 자체가 정욕에 이끌리는 생각보다 더 중요한 문제입니다.

아홉째, 그렇기 때문에 결혼을 통해 얻게 될 유익이 크다고 해서 이전에 맹세한 독신서약을 어기는 것을 정당화할 수 없습니다. 독신의 삶에 큰 유익이 있고 또한 선을 얻고자 위증을 해서는 안 되지만, 이 맹세가 그 자체로 선하고 바로 지금 여기서 내가 행해야 할 의무라는 사실을 입증해야 합니다.

열 번째, 독신서약을 철회해야만 할 필요가 있는 사람의 경우 간음을 저지르는 것보다 차라리 서약을 철회하는 것이 더 낫습니다. 누구에 의한 것이든 간에 어떤 맹세도 간음죄를 정당화하지는 못하기 때문입니다.

열한 번째, 기도도 제대로 못하고 거룩하게 사는 것도 방해 받고 계속해서 간음의 위험에 노출되는 것보다는 차라리 그 서약을 어기는 것이 더 낫습니다. 이 또한 그 서약한 내용이 합당하지 않게 되었고 그런 서약을 했다고 해서 큰 죄 가운데 사는 것이 무마될 수는 없기 때문입니다(교황에 대한 불순종과 결혼생활에 따르는 불이익과 부정함을 간음보다 더 크게 주장하는 교황주의자들이 아무리 많다고 해도, 불가피하게 결혼생활에 따를 수밖에 없는—생각할 수 있는 경우가 거의 없지만—더 큰 죄악들이 없는 한 말입니다).

열두 번째, 왕이 독신서약을 했다 할지라도 확실한 후사가 없어 나라가 혼란과 위험에 처할 가능성이 있다면 그 서약은 철회되어야 합니다. 왕은 백성의 권리를 외면하거나 위험에 빠뜨리면 안 되기 때문입니다.

열세 번째, 부모의 요구가 독신서약에 따른 의무를 폐기할 수 있는지에 대해서는 이미 말했기 때문에 여기서는 몇 가지만 짧게 언급하겠습니다. 첫째, 부모의 요구가 정당하고 바른 것일 경우 이에 순종해야 합니다. 하지만 부모가 부당하게 결혼을 요구한다 할지라도 그것이 의도적인 악이 아닌 경우에 그 명령을 따르는 것이 합당합니다. 둘째, 하나님은 자녀의 결혼에 대한 권한을 부모에게 주었지 왕에게 주지 않았습니다. 셋째, 결혼을 해야 할지 말아야 할지에 대해 자녀가 부모의 뜻을 거스른 경우가 아니라면, 왕이 아닌 부모는 그 결혼이 먼저 무효로 판명되지 않는 한 결혼에 대한 서약을 깨뜨릴 것을 합법적으로 강요할 수 없습니다.

열네 번째, 합법적인 방편을 통해 앞에서 언급한 정도로 정욕을 극복할 수 있는 사람은 자신이 한 독신서약을 저버릴 필요가 없습니다.

열다섯 번째, 육체를 가진 사람 가운데 정말 어쩔 수 없이 정욕에 이끌리는 사람은 스물에 하나도 안 될 것이라고 봅니다. 그렇기 때문에 완전하지는 않지만 합당한 방편을 통하면 오히려 결혼하지 않고도 간음이나 고의적인 문란이나 격렬하게 일어나는 음란한 생각을 극복할 수 있습니다. 다시 말해, 1. 항상 자신이 있어야 할 합당한 부르심의 자리에서 부지런히 힘쓰고 게으름의 죄에 빠지지 않고 허탄하고 부정한 생각과 상상이 들어설 여지를 남겨 두지 않고 자신의 부르심에 항상 골몰해서 그것을 충실하게 따르고, 2. 음식도 건강을 해치지 않으면서 무절제한 정욕을 길들일 만큼 단호하게 절제하되, 과식과 식탐과 허탄한 오락과 쾌락을 피할 뿐 아니라 자기에게 맞는 금식을 실천하고 필요한 만큼만 소비하는 간소한 삶으로 몸을 길들이고, 3. 정욕을 부추기는 사람들과 어울리지 않고 음란한 장면들을 피하거나 충분히 멀리하고, 4. 그렇게 할 수 있도록 항상 이런 방편들을 의식하고, 5. 정욕을 불러일으키는 원인이 되는 육신의 부조화와 일탈에서 몸을 회복시킬 만큼 합당한 식습관과 치료를 병행하고, 6. 마지막으로, 기도로 간절히 하나님을 찾고 죄악된 생각을 죽이는 묵상, 특히 십자가에 달리신 그리스도와 자신의 죽음과 그 후에 이르게 될 천국의 사귐을 항상 묵상하며 산다면 이길 수 있습니다. 그리 달갑지만은 않은 방편들에 힘써야 하는 수고로움을 피하려고 이전에 맹세한 독신서약을 파기하는 것은, 그것이 바른 마음으로 한 서약이 아니었다 할지라도 기만적인 행위임에 틀림없습니다. 실제로 어떤 방편으로도 길들여지지 않을 만큼 정욕에 불타는 육신을 가져서 이미 맹세한 독신서약을 파기하는 할 수밖에 없는 사람과, 앞서 언급한 독신으로 사는 것이 합당하지 않은 아주 특수한 경우에 처한 사람은 우리 주변에 많지 않습니다.

열여섯 번째, 다른 방편으로는 자신의 정욕을 죽여 본 적이 없고 오직 결혼을 유일한 해결책으로 의지할 정도로 정욕을 길들이

지 못한다면, 결혼한 후에도 정욕은 해결되지 않을 가능성이 큽니다. 간음에 빠진 사람에게 일어나는 정욕은 결혼하지 않은 사람에게서 일어나는 정욕 이상으로 길들이기 어렵습니다. 그렇기 때문에 결혼하지 않은 사람은 물론, 결혼한 사람조차도 자신의 정욕을 길들이기 위해 힘써야 합니다. 결혼한 사람에게서 일어나는 합당하지 않은 정욕은 결혼하지 않은 사람의 정욕에 비교해서 배나 더 큰 죄이기 때문입니다.

열일곱 번째, 어떤 방편으로도 정욕을 길들이지 못할 때, 결혼을 독신서약이 사그라뜨리지 못한 정욕의 불길을 제어하기 위해 하나님이 정하신 방편으로 받아들일 수 있습니다. 하지만 이 역시 결혼이 자신의 정욕을 제어할 유일한 방편일 경우에만 해당됩니다. 이런 사람은 독신서약을 따르지 않아도 됩니다.

2장
결혼, 하나님이 정하신 것인가

존 피커스John Picus of Mirandula가 했던 명언이 자주 떠오릅니다. "철학은 진리를 추구하고 신학은 진리를 발견하고 신앙은 진리를 누린다."[1] 그렇기 때문에 신앙과 직접적으로 관련된 아주 실제적인 부분들을 논의하는 지금 나는 더없이 큰 즐거움과 기쁨을 누리고 있습니다. 우리의 어떤 행위에서든 항상 긴밀히 연결되어 있는 철학과 신학과 신앙 간의 간극이, 상상과 지성과 의지 사이의 간극보다 혹은 실천적이고 자연적인 지식의 습관과 실천적이고 초자연적인 지식의 습관과 이 두 습관을 통해 귀결되는 실천적인 결정과 감정과 노력 간의 간극보다 더 넓게 드러나는 것을 봐야 하는 것이 싫지만, 그럼에도 어디서 심각한 분리가 일어나는지를 가늠해 보는 일이 유익하고 안전할 것입니다. 이런 논의가 결국 우리의 경건한 삶으로 귀착되고 하나님의 역사가 주는 유익과 기쁨을 경험함으로 우리가 하나님을 헛되이 예배하지 않고 있다는 사실을 우리가 알게 되면, "우리가 공론을 일삼은 것은 아니다"라고 스스로 말할 수 있을 것입니다. 그렇지 않고 논의를 일삼을 때만 하나님이 예배 받으셔야 한다고 목소리를 높이고 다른 때는 하나님을 예배하지 않는다면, 이는 마치 우리를 고소하려는 사람이 우리의 도움이 없으면 고소하지 못할 것처럼 자신을 분명한 정죄에 이르게 할 유려하고 세련된 지식과 논리를 자원해서 빌려 주는 꼴이고, 우리가 스스로 증거를 불지 않으면 온 세상의 심판자께서 우리를 심판할 증거나 논거를 찾지 못할 것처럼 떠벌리는 것입니다. 가정예배와 관련된 용어들이 가진 뜻과 관련해서 주부와 술부로 나누어 조금 설명을 덧붙이는 것이 앞으로의 논의를 전개해 가는 데 도움이 될 것 같습니다.

첫째, 가정예배에서 "예배worship of God"라는 말은 델레이아(Δελεια)라 일컫는 순종의 삶을 살아가는 신자의 보편적인 행위를 뜻하기보다는, 하나님께 합당한 영광을 돌리기 위해서 하는 일단의 거룩한 신앙적 행위를 구체적이고 직접적으로 가리킵니다. 어거스틴은 이를 가리켜 아트레이아(Ααтρεια)라 불렀고 그 후로 모든 정통 기독교에서는 오직 하나님과 관련해서만 이 단어를 사용했습니다. 그러므로 하나님 외에 다른 것과 관련하여 이 말을 사용하는 것은 원래 의미에 어긋납니다.

예배는 두 가지 종류로 나누어 볼 수 있습니다. 그중 첫 번째 예배는 그 행위의 탁월함으로 인해 "예배"라 불립니다. 다시 말해 우리 자신의 유익은 은연중에 맛보게 될 뿐 전적으로 하나님의 영광만을 추구하고 그것을 위해 순복한다고 할 정도로 이 첫 번째 행위에서는 하나님의 영광만이 직접적인 목적입니다. 이런 복된 찬송과 감사는 이 땅에서 시작해 천국에서 영원토록 누릴 일입니다. 하지만 우리는 여기서 더욱 사모할 만한 참된 경건의 신비를 봅니다. 오직 하나님께만 모든 영광을 돌리는 예배의 행위를 통해 우리는 더 많은 것들을 하나님께로부터 받고 더 큰 복을 그분 안에서 누립니다. 이를 통해 우리가 직접적으로 하나님께로부터 나오는 것을 구하는데, 이것이 바로 두 번째 종류의 예배의 행위입니다. 하나님께 무엇을 구하거나 받기도 하고 그분의 이름으로 어떤 것을 신앙적으로 전하기도 하는 것이 이 행위의 핵심입니다. 이런 모든 행위의 목적 역시 궁극적으로는 하나님이지만, 이런 행위는 전술한 행위에 비추어 볼 때 우리 자신을 향해 있다고 할 수 있습니다. 내가 여기서 은연중에 예배의 행위를 세 가지로 말하고 있는 것을 알아차린 사람도 있을 것입니다. 1. 바라는 것을 하나님께 직접적으로 구하는 신앙적 행위로 우리는 이것을 "기도"라고 부릅니다. 2. 하나님의 가르침과 계명과 약속과 위협과 같은 것을 하나님의 말씀과, 말씀을 전하는 자들과, 세례와 성찬과 같은 은혜의 성례전적 표지를 통해서 받기 위해 하나님을 부르는 신앙적 행위들이 있습니다. 3. 그리스도의 직분을 맡은 자들이 일반적인 설교나 특별한 가르침과 훈련을 통해 그분의 이름으로 율법을 전하고 성례를 집행하는 행위들입니다.

둘째, "장중한solemn"이라는 말이 통례적이고 일상적인 의미를 가리키는 경우도 있습니다. 그래서 어떤 사람은 이 말에서 "습관적으로 계속될 만큼 확실한"이라는 의미를 끌어내기도 합니다. 또 일 년 중 특정한 날을 정해서 하는 것을 가리키는 경우도 있기 때문에 "일 년 중 정해진 특별한 때에만"이라는 의미로 이 말을 사용하는 사람들도 있습니다. 하지만 이 단어는 대중적으로 사용되었기 때문에 여기서 우리는 이 말을 "보통의, 자주"라는 뜻으로 사용했습니다. 곧 우연히 하거나 가끔 하는 것이 아닌 일상적으로 행해야 할 아주 소중한 일을 가리키는 것으로 말입니다.

셋째, 여기서 "가족family"이라는 말은 성경에서 자주 언급되는 집안kindred이나 부족tribe을 가리키는 것이 아니라 말 그대로 한 식구household를 가리킵니다. "가족"과 "가정"이라는 말은 기술적으로는 서로 조금 다른 의미를 가질 수 있지만 결국에는 같은 것을 가리킵니다. 이 두 단어가 갖는 의미의 차이는 시민과 국민이라는 말의 차이와 비슷합니다. 전자는 후자를 이루고 후자는 전자를 포함합니다. 그렇기 때문에 가정home은 날마다 서로 어울려 사는 자연적이고 명랑한 사회라고 할 수 있습니다. 가장의 다스림을 받는 한 식구를 가족family이라고 할 수 있습니다.

아비와 어미, 자녀와 종이 어우러져 가족을 구성합니다. 하지만 가족 구성의 핵심은 다스리는 역할과 다스림을 받는 역할입니다. 아비든 어미든 주인이든 하나의 머리가 있고 그 머리 아래서 복종하는 구성원들이 있으면 되는 것입니다.

여기서 가족의 핵심 요소는 다스리는 자입니다. 물론 그 다스림 아래 있는 사람들도 마찬가지입니다. 이렇게 볼 때 가족을 대표하고 다스리는 아비나 주인이 없이 자녀나 종들이 아무리 많이 모여 하나님을 예배해도, 그것은 엄밀한 의미에서 가정예배가 아닙니다. 하지만 자녀나 종들이 다른 데 가고 없고 스스로 가정을 대표하는 머리인 가장이나 주인이 단 한 명의 자녀나 종과 예배를 드릴 수만 있으면, 온 가족이 모인 것은 아니지만 여전히 그것을 가정예배라 할 수 있습니다.

넷째, 가족을 "통해"라고 할 때 예배에서 모든 가족 구성원 각자가 동등하고 동일한 역할을 담당해야 한다는 의미는 아닙니다. (가장이나 가장이 자신을 대표하도록 정한) 한 사람이 가정의 입이 되고 나머지는 각자 그 입을 통한 가르침을 새기고 그가 올려 드리는 기도와 송영에 공감하는 것입니다. 마지막으로, "하나님이 정하신"이라는 말은 가정예배가 사람들이 행하도록 하나님이 정하신 사람의 의무요 사람들을 향한 하나님의 뜻이라는 것을 의미합니다. 자연적이든 초자연적이든, 직접적으로든 결과적으로든 가정예배는 하나님의 뜻인 것이 분명합니다. 이 모든 의미를 종합해서 질문을 요약해 보면, "일상적으로든 신앙적으로든 가장이 하나님의 영광을 위해 구성원들과 더불어 행하는 예배는 하나님이 우리의 의무로 정하신 것인가?"라고 할 수 있습니다. 이 질문에 대해 다음과 같이 크게 세 가지로 부분으로 내 생각을 정리해 보겠습니다. 첫째, 일반적인 가정예배, 둘째, 특별한 경우에 드리는 가정예배, 셋째, 가정예배를 드리는 시간입니다.

진술 1: 첫째, 하나님이 정하신 모든 예배가 가정예배를 위한 것은 아닙니다. 교회 회중으로 모여서 드려야 할 예배도 있습니다.

둘째, 특히 세례와 성찬과 같은 예배는 가정에서보다는 교회에서 목사를 통해 집전되는 것이 합당합니다. 교회는 수백 년 동안 세례와 성찬을 복음을 증거하는 목사들만이 수종들 수 있도록 했고, 그것은 지금도 다르지 않습니다(물론 부득이하게 예외적인 경우는 제외됩니다). 성찬식은 가정예배보다 더 공적인 연합과 친교의 상징과 수단으로 정해졌습니다. 물론 처음 성찬이 제정된 것을 근거로 반대 의견을 피력하는 사람들도 있습니다. 가정예배에서 드리는 기도가 있고 교회의 공적인 기도가 있고, 가정예배의 가르침이 있고 교회의 가르침이 있기 때문에, 교회에서 하는 성찬식과 마찬가지로 가정예배에서도 성찬식을 할 수 있어야 한다는 것입니다. 그러나 이는 잘못된 생각입니다. 그리스도가 처음에 성찬을 가족과 같은 적은 무리 가운데서 제정하신 것이 사실이지만, 그 모임은 엄연히 가정이 아니라 교회였습니다. 사도들의 가르침과 실천, 지금까지 모든 교회가 실천해 온 것을 보더라도 성찬은 가정예배에서 행할 의무가 아니라 회중 가운데 목사로 세움을 받은 사람들을 통해서만 행해지는 것입니다. 할례나 유월절을 근거로 제시되는 반론도 이유가 될 수 없습니다. 당시에는 오늘날처럼 제도화된 교회가 있지 않았기 때문에 가족을 통해서 그런 일들이 행해졌습니다. 또 가족의 의무로 정해야 할 만한 합당한 이유가 있었습니다. 당시에는 하나님이 가장에게 유월절이나 할례를 가족 가운데서 행할 수 있는 권한을 주셨지만, 오늘날 하나님은 가장에게 성찬을 행할 권한을 주시지 않았습니다.

셋째, 많은 사람들이 사악함과 나태함으로 가정예배를 태만히 여김으로 하나님이 의무로 정하신 일을 할 수 없게 되었습니다. 그럼에도 가정예배는 여전히 그들의 의무로 남아 있습니다. 가정예배를 드릴 수 없을 만큼 가정이 무력해진 것은 사실이지만, 그렇다고 가정예배를 드리지 않는 것이 정당화될 수 없습니다.

이제 나는 정해진 시간에 가족들과 함께 하나님을 예배하는 것이 하나님이 정하신 일이라는 사실을 증명해 보도록 하겠습니다.

주장 1: 가정이 하나님을 예배하기 위한 특별한 이점과 기회들을 구비한 하나님이 세우신 사회라면, 그 이점과 기회들을 누리는 데 걸림돌이 없는 한 정해진 시간에 가족들이 한자리에 모여서 하나님을 예배해야 합니다. 이것은 하나님이 정하신 일입니다. 전제가 참이므로 결론도 참입니다.

전제가 되는 부분을 살펴보면, 첫째, 가정이 하나님이 세우신 사회라는 사실은 의심할 여지가 없습니다.

둘째, 가정이 가진 가정예배를 위한 특별한 이점과 기회들을 하나씩 살펴봅시다. 1. 가장이 가진 권위입니다. 가장은 자기가 가진 권위로 가정예배를 통해서 모든 가족 구성원에게 각각 필요한 것들을 하도록 요구할 수 있고, 그렇게 하기를 거부한 자녀나 종들을 벌할 수도 있습니다. 그들이 끝까지 완고하게 거부하면 가족 구성원에서 내칠 수도 있습니다. 2. 가장이 부인과 자녀에게 갖는 특별한 애정입니다. 특별한 애정이 있기 때문에 가정예배로 이끌고자 하는 열의를 갖게 되고, 이를 통해 모두가 바른 복음적 예배를 드릴 수 있게 됩니다. 3. 가족의 생계를 책임지는 가장을 향해 가족들이 가지는 전적인 의존감입니다. 이를 통해 가장은 가족들에게서 순종을 독려하고 이끌어 낼 수 있습니다. 가족들을 벌하고 명령하는 것뿐 아니라 상을 주는 권한이 가장에게 있습니다. 4. 가족들은 한자리에 모여 살기 때문에 언제라도 원하기만 하면 예배를 드릴 수 있습니다. 5. 서로 간의 친밀한 관계를 힘입어 서로의 구원을 위해 힘쓰고 하나님을 예배하도록 도울 수 있습니다. 6. 멀리 떨어져 삶으로 서로 잘 알지 못하는 데서 생길 수 있는 편견과 질투를 막을 수 있어 더 친밀하게 마음으로 하나님을 예배할 수 있습니다. 가족 간에 자리한 본성적인 친밀한 관계와 사랑을 힘입어 더욱 사랑 넘치는 연대를 이룰 수 있고, 이를 통해 한마음과 한뜻으로 예배드릴 때 하나님께서 받으실 만한 합당한 예배가 드려집니다. 7. 혹시 서로 오해와 방해거리가 생긴다 할지라도 여전히 함께 살기 때문에 그것들을 해소하고 각 구성원을 납득시킬 수 있는 기회가 있습니다. 가족 간에 잘 이해가 안 되고 마음을 어렵게 하는 일이 있을 때도, 가장은 매일의 친밀한 대화를 통해 상황에 맞는 권면과 책망과 고백과 부탁을 할 수 있습니다. 아무리 목사라 해도 회중 가운데서는 가장이 가족들과 하는 것처럼 잘하기가 쉽지 않습니다. 이처럼 가족은 그 자체로 가정예배를 드리기 위한 많은 이점이 있습니다. 그렇습니다. 하나님을 참되게 예배할 수 있는 가장 특별하고 훌륭한 이점이요 기회입니다.

셋째, 전제의 마지막 부분은 하나님을 참되게 예배하기 위해 이런 이점과 기회들을 사용하는 것을 금하지 않는다는 것을 말합니다. 내가 이 부분을 덧붙이는 이유는 가정이 갖는 큰 이점에도 불구하고, 하나님이 여자가 회중 가운데서 말하는 것을 금하신 것처럼 다른 부분에서 생길 수 있는 더 중요한 어려움 때문에 예배하는 것을 금하신다고 핑계 대는 사람이 없도록 하기 위한 것입니다. 1. 본성의 법을 통해서든 기록된 법을 통해서든 하나님은 예배를 금하신 적이 없습니다. 이 말은 하나님은 전혀 예배를 금하지 않는다는 뜻입니다. 본성의 법에서든 기록된 법에서든 하나님이 예배를 금하신 것을 발견할 수 있다면 그렇게 하라고 하십시오. 2. 내가 아는 한 아직까지 하나님께서 가족이 한자리에 모여 참된 예배를 드리는 것을 금하신다고 생각하는 그리스도인을 보지 못했습니다. 그렇기 때문에 내가 아는 그 누구도 긍정하지 않는 사실이 옳지 않다는 것을 굳이 증명할 필요는 없을 것 같습니다. 물론 설교나 성경을 주석하는 것이 필요한 예배에 대해서는 그렇게 말할 수도 있습니다. 하지만 성경 읽기나 교리문답이나 기도나 찬양이나 시편 노래하기 등에 대해서는 그렇게 말할 수 없습니다. 하물며 온 가족이 모여 진지하게 예배드리는 것은 더 말해 무엇하겠습니까! 전제에 대한 이야기는 이 정도로 하겠습니다.

    이제 결론을 입증해 보겠습니다. 앞에서 말한 이점과 기회들은 하나님이 주신 선물입니다. 선물을 받은 사람은 하나님을 위해 그것들을 더욱 증진시키는 데 힘써야 합니다. 하나님을 참되게 예배하도록 하는 이점과 기회들을 가진 가정은 하나님을 예배하는 가운데 그것들을 힘써 계발해야 합니다. 그런 이점과 기회들은 하나님의 선물이며 더욱 증진시킬 수 있는 하나님의 긍휼인 것이 분명합니다. 그것들이 긍휼임을 부정할 사람이 없다면, 그것들을 주신 분이 하나님이라는 사실 역시 부정하지 않기를 바랍니다. 마태복음 25장 전반에 걸쳐 이런 선물을 주신 하나님을 위해 그것들을 더욱 힘써 계발해야 함이 분명히 드러나고 있습니다. 특히 14-30절이 그렇습니다. 누가복음 20:10에서 하나님은 그분의 포도원에서 거둔 결실을 요구합니다. 마태복음 10:42에서는 하나님께서 우리에게 주신 생수 한 컵을 예언자가 요구할 때, 우리가 그것을 예언자에게 주기를 바라십니다. 우리에게 재물을 맡기신 하나님은 누가 우리에게 구하거나 빌리고자 하면 그것을 거절하지 말라고 합니다(마 5:42, 눅 6:30, 38; 11:41; 12:33). 하나님의 청지기는 자신의 청지기직에 대해 하나님 앞에서 결산해야 합니다(눅 16:2). 우리가 받은 모든 은사에 대해 그리스도는 이렇게 말씀하십니다. "알지 못하고 맞을 일을 행한 종은 적게 맞으리라. 무릇 많이 받은 자에게는 많이 요구할 것이요 많이 맡은 자에게는 많이 달라 할 것이니라"(눅 12:48). 특히 우리가 내뱉은 말에 대해 다음과 같이 말씀하십니다. "사람이 무슨 무익한 말을 하든지 심판 날에 이에 대하여 심문을 받으리니"(마 12:36). 더구나 우리에게 예배할 기회를 주시고 입술과 마음을 주셨음에도 입술과 마음을 다해 하나님을 예배하기를 거부하면 그것에 대해 이유를 물으실 것입니다. "그리고 맡은 자들에게 구할 것은 충성이니라"(고전 4:2). "각각 은사를 받은 대로 하나님의 여러 가지 은혜를 맡은 선한 청지기같이 서로 봉사하라. 만일 누가 말하려면 하나님의 말씀을 하는 것 같이 하고 누가 봉사하려면 하나님이 공급하시는 힘으로 하는 것 같이 하라"(벧전 4:10-11). 더 많은 성경 구절들이 생략 삼단논법enthymeme으로 전제가 참임을 증명하고 있기 때문에 이에 따른 결론에 대해서는 따로 증명할 필요가 없습니다.

주장 2: 가족들이 한자리에 모여 하나님을 예배하는 것은 자연법이 요구하는 바이므로 하나님이 정하신 것이 분명합니다. 이성과 본성을 부정하지 않고 본성의 법도 하나님이 정하신 법이라는 사실을 부정하지 않는 사람은 이에 따른 결론 역시 부정할 수 없습니다. 자연법은 부분적으로 초자연적인 법인 율법의 전제가 되고 또 어떤 부분은 율법에서도 계속되고 있는 반면, 결코 율법 때문에 본성의 법이 부정되거나 폐기되지 않았습니다. 실증법이 원래 자연법보다 더 변하기 쉽습니다.

그렇다면 전제는 이제 분명해졌습니다. 첫째, 자연적 이성(자연법)은 모든 사람에게 자신이 받은 선물을 그 수여자의 영광을 위해 힘써 계발하는 것이 마땅하다고 합니다. 그러므로 자연적 이성(혹은 자연법)은 앞에서 언급한 이점과 특권들을 받은 가족들이 하나님을 참으로 예배할 것을 요구합니다. 둘째, 하나님을 조성자요 제정자로 모시는 모든 사회는 최선을 다해 하나님께 헌신하는 것이 마땅합니다. 하나님이 가정이라는 사회를 세우신다는 사실은 본성의 빛으로도 명확히 알 수 있습니다. 그렇기 때문에 본성의 법은 각 가정이 힘써 하나님께 헌신할 것을 요구하고, 그래서 전심으로 하나님을 예배하는 것입니다. 이 대명제를 증명할 필요는 없습니다. 나는 지금 여기서 언급된 자연법을 가진 사람들에게 말하고 있기 때문입니다. 자연법을 가진 사람들은 내가 지금 한 말이 사실이라는 것을 스스로 압니다. 하지만 잠깐 이 사실의 근거만 짚고 가겠습니다. 1. 알파와 오메가요 처음과 나중이요 만물의 궁극적인 목적과 효과적인 동인이 되시는 하나님은 가정에 대해서도 마찬가지입니다. 가정은 하나님께**로부터** 비롯되었기 때문에 하나님을 **위해** 살아야 합니다. "이는 만물이 주에게서 나오고 주로 말미암고 주에게로 돌아감이라. 그에게 영광이 세세에 있을지어다. 아멘"(롬 11:36). 본성을 통해서만 보아도 이 주장은 사실입니다. 본성의 시작과 궁극적인 목적 역시 하나님이기 때문입니다. 2. 만물을 지으신 하나님의 뜻에서도 이 사실은 분명히 드러납니다. 하나님께서 그분의 영광을 위해 만물을 지으셨기 때문에, 하나님보다 못한 어떤 것도 만물의 목적이 될 수 없습니다. 3. 만물의 주인이신 하나님의 권리의 측면에서도 똑같이 말할 수 있습니다. 만물의 주인이신 하나님은 또한 가정의 주인이십니다. 오직 하나님만이 가정의 주인이십니다. 우리는 자신의 것을 오직 자신의 소용대로 자신의 유익과 영예를 위해서만 사용합니다. 세상 그 무엇에 대해서도 하나님처럼 절대적인 주권을 주장할 수 없는 인간도 자신의 소유에 대해 권리를 주장하는데 하물며 하나님께 속한 것들은 더 말할 필요가 없습니다. 4. 하나님께 예배하는 것은 "의로운 계명"입니다. 가정을 온전히 다스리고 통치하는 권리가 하나님께만 있다면, 힘써 하나님을 예배하고 그분을 영화롭게 하는 것이 맞습니다. 참으로 하나님께만 가정을 온전히 통치하고 다스리는 권세가 있다면, 이 대전제에서 비롯되는 결론의 근거로 다음 두 가지를 말할 수 있습니다. 1. 하나님의 통치와 다스림의 목적은 오직 하나님 자신입니다. 그것이 마땅합니다. 정치가들에 따르면 모든 인간 정부는 궁극적으로 사회의 공공선을 위한 것입니다. 하나님의 기쁨과 영광이 하나님의 통치 목적이고, 이는 또한 모든 피조물의 보편적 선입니다. 2. 궁극적인 권위자들에게 궁극적인 영광이 돌아가야 합니다. 이는 본성이 말하는 자명한 사실입니다. 그래서 이들을 한결같이 폐하나 각하나 전하라는 최고로 영예로운 칭호로 부르고 이에 합당하게 대합니다(말 1:6을 보십시오. "내가 아버지일진대 나를 공경함이 어디 있느냐. 내가 주인일진대 나를 두려워함이 어디 있느냐"). 하나님을 두려워하는 것은 하나님을 향한 모든 예배에서 자주 언급됩니다.

하나님이 아버지와 조성자와 주인과 소유자와 통치자가 아닌 가정은 없습니다. 그렇다면 하나님을 경외하고 영화롭게 하고 예배하지 않아도 되는 사람도 없습니다. 개인뿐 아니라 가정도 마찬가지입니다. 하나님은 개개인은 물론 모든 가정의 아버지요 주인이요 주님이요 통치자이기 때문입니다. 교구목사는 신자들을 돌보고, 신자들은 그에게 경의를 표하는 것이 마땅합니다. 하나님은 이름만 통치자가 아니라 실재하는 진정한 통치자입니다. 이 땅의 모든 권세는 그분의 것이고 그분으로부터 나옵니다. 세상의 모든 합법적인 통치자들은 그분의 신하들이고 그분 아래서 그분의 뜻을 받듭니다. 모든 국가의 유일한 주권자요 교회의 머리인 하나님은 가정의 주권자요 머리도 됩니다. 모든 나라의 주권자들이 이 땅을 다스림으로 하나님을 영화롭게 하고 예배하는 것처럼, 각 사회도 합당한 방식으로 힘써 하나님을 예배해야 합니다. 국가와 사회가 자신의 통치와 역할을 통해 하나님을 예배하는 것은 불가능하다고 누가 반대한다면, 나는 각각의 자연적인 능력을 따라 예배해야 한다고 대답합니다. 가정도 마찬가지입니다. 각자에게 주어진 다양한 능력에 따라 다양한 방식으로 자신의 의무를 수행하는 것입니다. 국민들은 적어도 자신을 대표하는 사람들을 통해 전체로서 하나님과의 관계에 참여하고, 각자에게 합당한 방식으로 하나님을 예배합니다. 국가는 못해도 가정은 함께 모여 기도할 수 있습니다. 개 교회들은 물론 국가 교회나 지방교회라 불리는 전체 교회도 한자리에서는 아니지만 하나님을 예배합니다. 자연이라고 예배하지 못하거나 예외가 될 수는 없습니다.

  소유와 통치라는 하나님의 이중적인 권리를 생각해 볼 때 하나님을 예배하고 영화롭게 할 가정의 책임이 더 분명해집니다. 각각의 권리는 그 자체로 절대적입니다. 1. 창조주 하나님은 우리의 주인이자 통치자입니다. 2. 구속자 하나님은 우리의 주인이자 통치자입니다. 이 두 가지 사실을 통해 하나님은 개개인의 최고 통치자일 뿐 아니라 가정의 최고 통치자가 됩니다. 모든 사회도 그분의 것이고 그들을 다스리는 사람들이 가진 통치권도 그분의 것입니다. 하늘과 땅의 모든 권세가 그리스도께 주어졌습니다(마 18:18). "심판을 다 아들에게 맡기셨으니"(요 5:22). "예수는 아버지께서 모든 것을 자기 손에 맡기신 것과"(요 13:3). "하늘에 있는 자들과 땅에 있는 자들과 땅 아래 있는 자들로 모든 무릎을 예수의 이름에 꿇게 하시고 (예배를 통해서든 억지로 인정하든) 모든 입으로 예수 그리스도를 주라 시인하여 하나님 아버지께 영광을 돌리게 하셨느니라"(빌 2:10-11). 자원하여 그리스도께 무릎을 꿇고 그분을 주로 시인하는 것이야말로 하나님께 영광이 되는 참된 예배입니다. 모든 사람이 힘써 이런 참된 예배를 드려야 함은 물론 각 가정도 그렇게 해야 합니다.

  우리가 세 번째로 살펴볼 설명에서 덧붙였던 주장 역시 그 자체로 분명합니다.

주장 3: 앞에서 언급한 모든 기회와 의무들 외에도, 가정은 항상 하나님의 임재 가운데 살고 또 믿음으로 그렇게 살아야 합니다. 가정이 하나님을 예배하는 것은 하나님의 뜻입니다. 가정이 하나님의 임재 가운데 있는 것이 사실이라면 가정이 하나님을 예배하는 것이 마땅합니다.

유일하게 증명을 필요로 하는 대명제의 결론을 이 땅의 모든 통치자들에게 돌아가는 합당한 존경을 예로 하는 분명한 논거를 들어 증거했습니다. 왕이나 아비나 주인이 없는 곳에서는 그들에게 돌아가야 할 실제적인 존경을 돌릴 수 없습니다. 그 자리에서만 그들이 존경을 받을 수 있기 때문입니다. 하지만 그들이 바로 곁에 서 있는데도 존경을 돌리지 않는다면, 그것은 불경한 신하요 불순종하는 자녀입니다. 모든 개인만 항상 하나님의 목전에 있는 것이 아니라 모든 가정이 또한 그렇습니다. 그리스도께서 교회를 가리키는 금촛대 사이를 일곱 별을 지니고 다니시는 것처럼 모든 사람의 가정에 임하십니다. 특히 그 종의 가정에 은혜로 임하십니다. 그리스도께서 복 주시고 인도하시는 가정은 이 사실을 금방 압니다. "우리는 하나님을 보지 못했다. 만약 보았다면 우리 집은 날마다 하나님을 예배했을 것이다"라고 말하는 사람이 있다면 믿음으로 보이지 않는 하나님을 본다고 말해 주겠습니다. 한 아비에게 앞을 못 보는 아들이 있다고 합시다. 앞이 보이지 않는다는 이유로, 바로 앞에 아비가 있음을 알면서도 아비에게 자식으로서 합당한 경의를 표하지 않으면 그것이 핑계가 되겠습니까? 우리 육체는 눈멀고 그분을 볼 수 없지만 하나님이 우리 가정에 계신다는 사실은 알 수 있습니다.

주장 4: (앞에서 말한 모든 이점과 기회들 외에) 그리스도인의 가정은 하나님께 성별된 사회이기 때문에 가정이 하나님을 예배하는 것은 하나님의 뜻입니다. 그리스도인의 가정은 하나님께 성별된 사회입니다.

이런 결론이 도출된 이유는 하나님이 성별하신 것은 무엇이든 할 수 있는 한 가장 탁월한 모습으로 하나님을 위해 드려져야 하기 때문입니다. 사람이나 사물을 성별한다는 것은 구별한다는 뜻입니다. 일상에서 아무렇게나 사용하지 않고 하나님께만 드리고 하나님을 예배하는 데만 사용하도록 한다는 것입니다. 하나님께서 자신을 위해 구별하고 택하신 것을 하나님을 위해 사용하지 않고 오히려 하나님과 멀어지게 하는 것은 하나님에 대한 모독입니다. 전술한 것처럼 창조자이고 구속자인 하나님께서는 모든 그리스도인에 대한 이중적인 권리가 있음은 물론, 성결된 것에 대한 세 번째 권리가 있습니다. 안타깝지만 아나니아의 경우는 하나님께 성별된 것들을 감추고 더럽힌 사람에게 임하는 하나님의 진노를 잘 말해 주고 있습니다. 그리스도인 가정이 하나님께 구별되었다면 각 가정마다 할 수 있는 한 최선을 다해 하나님을 예배해야 합니다.

그리스도인의 가정이 하나님께 구별되었다는 사실을 나는 다음과 같이 증명합니다. 첫째, 거룩한 사람들이 이루는 사회는 거룩한 사회가 되어야 합니다. 그리스도인의 가정은 거룩한 사람들이 이루는 사회입니다. 둘째, 성경에서 우리는 개인뿐 아니라 사회 역시 하나님께 구별되는 것을 봅니다. "너는 여호와 네 하나님의 성민이라. 네 하나님 여호와께서 지상 만민 중에서 너를 자기 기업의 백성으로 택하셨나니"(신 7:6). 신명기 14:20-21도 그렇게 말합니다. 이처럼 이스라엘 전체 백성이 하나님과 언약을 맺었고, 하나님께서는 그들 전체와 언약을 맺으셨습니다. "네가 오늘날 여호와를 네 하나님으로 인정하고 또 그 도를 행하고 그 규례와 명령과 법도를 지키며 그 소리를 들으리라 확언하였고"(신 26:17-19; 29; 30). 신명기 28:9과 다니엘 8:24, 12:7도 같은 말을 합니다. 여호수아는 자신의 집안을 하나님께 구별했습니다. "그러므로 우리도 여호와를 섬기리니"(수 24:18). 아브라함은 할례(하나님과의 언약에 대한 확증)를 통해 자신의 모든 권속을 하나님께 구별했습니다. 그의 후손 역시 하나님께 구별했습니다(아브라함 안에서 구별된 남자들). 이 대목에서 예표가 되는 내용 외에도 가장이 될 모든 장자를 하나님께 구별할 의도도 있었는지 하는 질문을 던져 볼 수 있을 것입니다.

유월절은 집집마다 행해야 할 의무였고 이를 통해 이들은 하나님께 더욱 구별되었습니다. 특히 어떻게 신약성경을 통해 성령이 구약의 언어로 말씀하시고 하나님의 백성을 유대인과 마찬가지로 거룩한 사회라고 부르시는지 주목할 필요가 있습니다. 많은 예언을 통해서 열방과 나라들이 그분을 섬길 것을 말씀하셨습니다(이 부분에 대해서는 "세례"에 대한 나의 책을 통해 자세히 말했습니다). 복음 시대에 은혜와 간구의 영이 부어지면, 온 족속이 각기 따로 "그 찌른 바 그를 바라보고 그를 위하여 애통"하되(슥 12:10), "다윗의 족속이 따로 하고 그 아내들이 따로 하며 나단의 족속이 따로 하고 그들의 아내들이 따로" 한다고 성경은 말합니다(슥 12:12). 그래서 그리스도는 모든 민족을 제자 삼아 그들에게 세례를 주기 위해 사도들을 파송하셨고 세상 나라들은 주와 그리스도의 나라가 되었습니다. 하나님이 유대인들에게 "세계가 다 내게 속하였나니 너희가 내 말을 잘 듣고 내 언약을 지키면 너희는 모든 민족 중에서 내 소유가 되겠고 너희가 내게 대하여 제사장 나라가 되며 거룩한 백성이 되리라. 너는 이 말을 이스라엘 자손에게 전할지니라"고 하신 것처럼(출 19:5-6), 사도 베드로도 모든 그리스도인에게 이렇게 말합니다. "너희도 산 돌 같이 신령한 집으로 세워지고 예수 그리스도로 말미암아 하나님이 기쁘게 받으실 신령한 제사를 드릴 거룩한 제사장이 될지니라. 성경에 기록하였으되 보라, 내가 택한 보배로운 모퉁잇돌을 시온에 두노니 그를 믿는 자는 부끄러움을 당하지 아니하리라 하였으니 그러므로 믿는 너희에게는 보배이나 믿지 아니하는 자에게는 건축자들이 버린 그 돌이 모퉁이의 머릿돌이 되고……너희는 택하신 족속이요 왕 같은 제사장들이요 거룩한 나라요 그의 소유가 된 백성이니 이는 너희를 어두운 데서 불러내어 그의 기이한 빛에 들어가게 하신 이의 아름다운 덕을 선포하게 하려 하심이라" (벧전 2:5-7, 9).

이 말씀이 지금 우리가 다루는 모든 것을 얼마나 잘 뒷받침하는지 보십시오. 이 말씀은 "신령한 집"이라는 표현으로 사회를 이루고 있는 그리스도인들, 그것도 가장 탁월하고 돋보이는 사회를 이루고 있는 그리스도인들을 일컫습니다. 이 말은 특별히 가정이나 족속을 가리키는 것처럼 보입니다. "제사장, 나라, 백성"과 같은 말은 그리스도인들이 참여한 나라 가운데 있는 모든 질서를 함축합니다. 이 모든 점으로 미루어 볼 때 그리스도인은 택함을 받은 거룩하고 특별한 자이고, 하나님의 백성은 이런 관계와 사회로 구별된 자라는 사실이 잘 드러납니다. 하나님의 백성이 구별되는 궁극적인 목적이 무엇인지 주목하십시오. "예수 그리스도로 말미암아 하나님이 기쁘게 받으실 신령한 제사를 드릴"(5절), "이는 너희를 어두운 데서 불러내어 그의 기이한 빛에 들어가게 하신 이의 아름다운 덕을 선포하게 하려 하심이라"(9절).

본문을 보면 특별히 전체로서의 가정이 하나님께 구별되고 헌신된 것처럼 보입니다. 가족들이 성년이라고 세례를 받은 것도 아니고 신자들만 세례를 받은 것처럼 보임에도 불구하고, 가정이 회심하고 세례를 받았다는 언급이 자주 등장하는 것도 그 때문입니다. 하지만 신앙을 고백하고 세례를 받은 사람이 있는 가정은 온 가정이 함께 참여한 것으로 언급됩니다. 신앙을 갖기 시작한 가장은 아직 세례를 받지 않았는데도 자신의 회심만으로 만족하지 못하고, 온 가솔들이 자기와 함께 신앙을 고백하여 온 집안이 한꺼번에 하나님께 드려지도록 하기 위해 힘썼습니다. 그만큼 가족들의 회심에 대한 관심과 노력이 컸습니다. 하나님께서는 자신이 친히 정하신 질서와 규례에 복을 주셔서 그렇게 될 수 있도록 하셨습니다. 가장에게 의무를 부여하신 곳마다 성공을 주셨고, 결과적으로 온 가족이 회심하고 가장과 함께 세례를 받을 수 있게 되었습니다. 사도행전 18:8이 그것을 말하고 있습니다. "회당장 그리스보가 온 집안과 더불어 주를 믿으며 수많은 고린도 사람도 듣고 믿어 세례를 받더라." 바울이 간수장에게 이런 약속을 준 것도 이와 무관하지 않습니다. "주 예수를 믿으라. 그리하면 너와 네 집이 구원을 받으리라 하고 주의 말씀을 그 사람과 그 집에 있는 모든 사람에게 전하더라"(행 16:31-32). 성경은 루디아를 가리켜 "하나님을 섬기는" 사람worshiper이었고(행 16:14), "그와 그 집이 다 세례를 받았다"라고 합니다(15절). 천사는 고넬료에게 베드로가 "너와 네 온 집이 구원받을 말씀을 네게 이르리라"고 말했고(행 11:14), 과연 그의 온 집이 구원을 받았습니다. 바울은 "스데바나 집 사람에게 세례를 베풀었"습니다(고전 1:16). 그리스도는 삭개오에게 그의 집에 구원이 이르렀다고 하셨습니다(눅 19:1-10). 요한복음 4:53은 왕의 신하와 온 집안이 다 믿었다고 합니다. 제자들을 보내며 그리스도는 이렇게 말씀하셨습니다. "그 집이 이에 합당하면 너희 빈 평안이 거기 임할 것이요. 만일 합당하지 아니하면 그 평안이 너희에게 돌아올 것이니라"(마 10:13).

모든 그리스도인 가장은 온 가족을 하나님의 백성 되게 해서 국가언약 가운데 있었던 이스라엘 백성과 마찬가지로 하나님의 거룩한 나라로 드릴 수 있도록 최선을 다해야 합니다. 이는 분명한 가장의 의무입니다. 온 권속들이 그리스도께 드려질 수 있도록 세례언약을 통해 온 가족을 그리스도의 백성 되게 하려는 관심과 능력을 키우고 최선을 다해 자기 역할을 하는 것은, 모든 그리스도인 가장이 힘쓸 의무임이 분명합니다. 신자 자신이 온전히 하나님께 구별된 존재라면 그들이 누리는 모든 합법적인 관계(특히 자신이 지배력을 행사하는 관계) 역시 하나님께 구별됩니다. 하나님께 구별된 사람들은 하나님이 누리게 하시는 모든 관계 역시 주저 없이 하나님께 드려지도록 힘써야 합니다. 그리스도인이 개인적으로 하나님께 완전히 헌신된다 해도, 군인이나 장관이나 공무원이나 왕과 같은 직무에서는 헌신되어야 할 필요를 못 느끼는 경우가 있습니다. 그러나 이것은 온당치 못한 생각입니다. 혼자일 때 하나님께 헌신한 사람은 남편으로서, 아비로서, 때로는 주인으로서 하나님을 섬겨야 합니다. 하나님께 자신을 드린다는 의미는 이런 관계를 포함한 자신이 가진 모든 것으로 섬기는 것입니다.

더욱이 성경은 이렇게 말합니다. "깨끗한 자들에게는 모든 것이 깨끗하나"(딛 1:15). "하나님의 말씀과 기도로 거룩"해진(딤전 4:5) 모든 것이 하나님께 자신을 구별하여 드린 경건한 사람들의 선과 기쁨과 행위로 드러납니다. 구별되는 행위 자체는 우리 자신과 관련되지만 궁극적으로는 하나님을 향해 구별됩니다(구별된다는 것은 곧 하나님께 구별되는 것을 말합니다). 의심할 여지 없이 모든 그리스도인은 하나님께 구별되고 헌신된 사람입니다. 한 사람이 하나님께 헌신되었다는 것은 곧 그가 처한 모든 상태와 상황, 그가 누리는 모든 관계, 그가 가진 모든 능력과 소유가 하나님께 드려지고 하나님께 구별되도록 힘쓴다는 말입니다. 이를 통해 결국 모든 관계가 하나님께 구별되고 그 관계 안에서 하나님을 예배하고 높여야 하는 것입니다.

게다가 성경에 보면 하나님께 전적으로 헌신된 가정들이 눈에 띕니다. 가족은 대부분 남편과 부인, 부모와 자녀라는 이중적인 관계로 이루어집니다. 에베소서가 말하는 것처럼 남편은 그리스도가 보여주신 거룩한 사랑으로 아내를 사랑합니다. "남편들아, 아내 사랑하기를 그리스도께서 교회를 사랑하시고 그 교회를 위하여 자신을 주심 같이 하라. 이는 곧 물로 씻어 말씀으로 깨끗하게 하사 거룩하게 하시고 자기 앞에 영광스러운 교회로 세우사 티나 주름 잡힌 것이나 이런 것들이 없이 거룩하고 흠이 없게 하려 하심이라"(엡 5:25-27). "아내들이여, 자기 남편에게 복종하기를 주께 하듯 하라"(엡 5:22). "자녀들아, 주 안에서 너희 부모에게 순종하라"(엡 6:1). 부모는 자녀를 "오직 주의 교훈과 훈계로 양육" 해야 합니다(엡 6:4). 가족 간의 모든 관계는 하나님 앞에 거룩한 것이어야 하고 하나님의 영광을 위해 선용되어야 합니다. 지금은 이 본문에 대해 예배 전반과 관련한 부분만 언급하고 지나가지만, 나중에 예배로 구별되는 경우들을 이야기할 때 다시 한 번 이 본문을 자세히 다루겠습니다.

주장 5: 그리스도인 가정이 드려야 할 몇 가지 참된 예배가 성경에 나타나고 지정되고 명령되어 있습니다. 각각의 예배를 살펴보면서 예배 전반에 대한 결론을 맺고자 합니다. 먼저 성경이 말하는 몇 가지 특별한 예배를 살펴보겠습니다.

몇 가지 특별한 예배에서 가정예배와 관련된 요점 두세 가지를 발견합니다.

첫 번째, 가르침입니다. 가르침은 세 가지로 이루어집니다. 먼저 성경을 읽어 줍니다. 성경을 읽도록 가르칩니다. 일종의 교리문답과 같이 암송을 통해 성경을 배우도록 합니다. 다음으로 성경의 뜻을 풀어 줍니다. 마지막으로 가르친 내용으로 친밀하고 자애롭게 책망하고 권면하고 적용합니다.

진술 2: 가장이 가족들에게 구원의 교리를 가르치는 것은 하나님의 뜻입니다. 구원 교리와 구원에 관한 용어들과 구원을 얻는 방편과 이를 위해 우리가 해야 할 모든 의무를 가르칩니다.

이 진술을 증명하기 전에 몇 가지 주의할 점이 있습니다. 첫째, 성경을 가르친다고 할 때는 성경을 가르칠 수 있는 능력이 있음을 의미합니다. 가르칠 능력이 없는데 가르쳐서는 안 됩니다. 준비가 되지 않았는데도 성경을 가르치는 것은 죄입니다. 하나님께서는 그들이 성경을 가르치는 데 필요한 수단을 주셨습니다. 둘째, 자기가 가르치는 것이 자기 능력에 부합한 것인지 잘 살피고, 자기 능력을 넘어서는 것을 가르칠 수 있는 척하는 것은 아닌지 보아야 합니다. 자기 분수에 넘치는 것을 가르치려고 해서는 안 됩니다. 괜히 헛된 자긍심을 부추기는 불경죄만 짓게 될 뿐 아니라 거룩한 것들을 오용할 소지가 다분합니다. 예를 들어, 원전을 보고 성경을 해석할 수 없는 사람이 할 수 있는 척하거나 난해한 본문이나 의미가 분명히 드러나지 않은 예언서들을 멋대로 풀거나 아직 논란중인 본문 해석에 결론을 내리는 것처럼 해서도 안 됩니다.

셋째, 자신의 한계를 넘어서는 부분에 대해서는 탁월한 학자들의 많은 연구 결과들을 잘 살펴서 가족들에게 이렇게 말할 수 있습니다. "교부들이, 교회 회의에서, 이러이러한 탁월한 목사들은 이 문제를 이렇게 판단했습니다." 넷째, 성경에서 논란의 여지가 있거나 모호한 부분은 넘어가고 교리문답 등이 보편적으로 가르치고 있는 의미가 분명한 내용들을 가르치고 구체적인 적용을 언급하는 것이 좋습니다. 다섯째, 가정이 교회에 속한 것처럼 가정에서 가르치는 내용들은 교회의 가르침과 부합해야 합니다. 그러므로 교회의 가르침이 항상 가정의 가르침에 우선하고 서로 배치되지 않아야 합니다. 교회에서 목사의 설교를 들어야 할 시간에 집에서 가장의 가르침을 듣고 있어서는 안 됩니다. 목사가 아이들을 위해 특정한 시간과 장소를 정해서 교리문답을 가르친다면, 그 모임을 우선시하고 서로 중첩되거나 방해되지 않도록 해야 합니다. 또한 목사가 가정을 방문하면, 가장은 목사에게 자리를 내어주고 가족들은 우선 목사의 가르침을 들어야 합니다. 그렇기 때문에 혹시 어려운 본문이나 논란이 되는 주제를 만난다면, 드문 경우이기는 하지만 가장이 자기 교회의 목사보다 더 잘 배우고 성경을 잘 아는 경우가 아니라면 목사의 자문을 구해야 합니다. 물론 아주 드문 일이기는 하지만, 목회자로서 합당하지 않은 사람은 그 자리에서 물러나고 회중 가운데 가장 유능하고 탁월한 사람들이 목사가 되어야 합니다. (무엇이 되었든지 간에 다스리는 자에게 가르치는 의무가 주어진 것이 맞다면 가족들 역시 가장으로부터 배워야 할 의무가 있는 것이 분명하다는 사실을 기억하면서) 이제 여기에 대한 증거들을 살펴보겠습니다.

주장 1: 신명기 11:18-21이 그렇게 말하고 있습니다. "너희는 나의 이 말을 너희의 마음과 뜻에 두고 또 그것을 너희 손목에 매어 기호를 삼고 너희 미간에 붙여 표를 삼으며 또 그것을 너희의 자녀에게 가르치며 집에 앉아 있을 때에든지 길에 행할 때에든지 누워 있을 때에든지 일어날 때에든지 이 말씀을 강론하고 또 네 집 문설주와 바깥 문에 기록하라. 그리하면 여호와께서 너희 조상들에게 주리라고 맹세하신 땅에서 너희의 날과 너희의 자녀의 날이 많아서 하늘이 땅을 덮는 날과 같으리라." 비슷한 표현을 써서 신명기 6:7은 이렇게 말합니다. "네 자녀에게 부지런히 가르치며." 신명기 4:9도 마찬가지입니다. "너는 그 일들을 네 아들들과 네 손자들에게 알게 하라." 이런 말씀들을 통해서 우리는 가정에서 행할 의무 가운데 하나가 바로 자녀를 하나님의 율법으로 가르치는 일임을 분명히 알 수 있습니다.

주장 2: 성경은 가장이 율법을 가르쳐야 한다고 말합니다. "아브라함은 강대한 나라가 되고 천하 만민은 그로 말미암아 복을 받게 될 것이 아니냐. 내가 그로 그 자식과 권속에게 명하여 여호와의 도를 지켜 의와 공도를 행하게 하려고 그를 택하였나니 이는 나 여호와가 아브라함에게 대하여 말한 일을 이루려 함이니라"(창 18:18-19). 자녀를 하나님의 율법으로 가르치는 것은 단순히 자신이 죽고 나도 자녀들이 계속 율법을 따르도록 하기 위함이 아닙니다. 첫째, 살아 있는 동안 이 의무를 소홀히 하다가 죽을 때가 되어서야 자녀들에게 율법을 지키라고 하는 것은 거룩한 성도라면 상상할 수도 없는 일입니다. 둘째, 자녀에게 율법을 가르치는 것이 과연 어떤 효과가 있을지 자문해 볼 수 있습니다. 셋째, 하나님께서 명령하시는 대로 자녀들을 부지런히 가르치는 일만이 그 가르치는 내용과 부합하는 행동입니다. 본문은 그렇게 하라고 명령합니다. 그렇게 함으로 지식이 더해 감은 물론 가장의 권위도 더 높아진다는 사실을 잘 보여줍니다. 디모데후서 3:15도 같은 말을 합니다. 디모데후서 1:5에 나온 것처럼, 부모의 지도를 받은 디모데는 어려서부터 성경을 알았습니다.

주장 3: 에베소서 6:4이 그렇게 말합니다. "아비들아, 너희 자녀를 노엽게 하지 말고 오직 주의 교훈과 훈계로 양육하라." "훈계"라고 번역된 파이데이아(παιδεία)는 가르침과 징계 모두를 뜻하는 말로, 자녀의 신앙과 관련하여 부모는 지식과 권위로 강제할 수 있음을 보여줍니다. "교훈"이라고 번역된 누쎄이아(νουθεσία)는 자녀들이 교리를 지적으로 깨닫고 이해하고 기억하게 하는 것을 뜻합니다. 동시에 징계와 꾸지람 등의 의미도 담고 있습니다. 자녀를 주의 교훈과 훈계로 양육해야 한다는 사실에 주목하십시오. "정성들여 키운다"라는 의미를 가진 에크트레페테(ἐκτρέφετε)는 우유와 같은 음식으로 자녀를 먹이고 몸을 자라게 하는 것처럼, 주의 교훈과 훈계로 자녀를 먹이고 키워야 함을 뜻합니다. 이는 주님이 명하신 일이고 주님과 관련된 교리를 가르치는 일이요 주님이 친히 가르치신 교리요 자녀를 이끄는 교리이기 때문에 이것을 주의 교훈과 훈계로 양육한다고 합니다.

주장 4: 잠언 22:6은 이렇게 말합니다. "마땅히 행할 길을 아이에게 가르치라. 그리하면 늙어도 그것을 떠나지 아니하리라."

주장 5: 성경은 또한 자녀들이 부모의 교훈에 귀 기울여야 할 것을 말합니다. "내 아들아, 네 아비의 훈계를 들으며 네 어미의 법을 떠나지 말라"(잠 1:8). 잠언 6:20, 23:22 등 많은 말씀들이 같은 말을 합니다. 부모의 책망과 훈계를 멸시하고 계속해서 술취함과 방탕한 삶으로 일관하는 자식은 성읍 장로들 앞에서 돌에 맞아 죽기도 했습니다(신 21:18-21). 자녀들에게 부모의 훈계를 경청하라고 말하는 모든 성경 말씀은 곧 부모가 자녀를 가르쳐야 한다는 뜻입니다. 가르치지 않는데 어떻게 배우며 무엇을 듣겠습니까? 물론 가정에는 부모와 자녀 관계만 있는 것은 아닙니다.

주장 6: 성경은 부부지간에 대해서도 말합니다. 베드로전서 3:7은 이렇게 말합니다. "남편들아, 이와 같이 지식을 따라 너희 아내와 동거하고 그를 더 연약한 그릇이요 또 생명의 은혜를 함께 이어받을 자로 알아 귀히 여기라. 이는 너희 기도가 막히지 아니하게 하려 함이라." 에베소서 5:25-26은 말합니다. "남편들아, 아내 사랑하기를 그리스도께서 교회를 사랑하시고 그 교회를 위하여 자신을 주심 같이 하라. 이는 곧 물로 씻어 말씀으로 깨끗하게 하사 거룩하게 하시고." 말씀으로 아내를 가르치고 거룩하게 해야 할 것을 분명히 말하는 구절입니다. 고린도전서 14:34-35은 말합니다. "여자는 교회에서 잠잠하라. 그들에게는 말하는 것을 허락함이 없나니 율법에 이른 것 같이 오직 복종할 것이요 만일 무엇을 배우려거든 집에서 자기 남편에게 물을지니 여자가 교회에서 말하는 것은 부끄러운 것이라." 남편은 집에서 부인을 말씀으로 가르쳐야 한다는 말입니다.

주장 7: 동료 그리스도인들이 "매일 피차 권면하여……누구든지 죄의 유혹으로 완고하게 되지 않도록" 해야 한다면(히 3:13) 가장이 자기 아내와 자녀들, 종들을 권면하는 것은 더 말할 필요가 없습니다. "만일 누가 말하려면 하나님의 말씀을 하는 것 같이" 해야 함이 마땅하다면 자기 가솔들에게는 더욱 그렇게 해야 합니다(벧전 4:11). "그리스도의 말씀이 너희 속에 풍성히 거하여 모든 지혜로 피차 가르치며 권면하고 시와 찬송과 신령한 노래를 부르며 감사하는 마음으로 하나님을 찬양"하는 것이 그리스도인의 마땅한 도리라면, 자기 아내와 자녀들에게는 더욱 그렇게 해야 합니다(골 3:16).

주장 8: 집사와 목사로 세워진 사람들은 자기 자녀와 가정을 위와 같이 잘 다스려야 합니다(딤전 3:4, 12). 첫째, 이는 직분자로 서기 전에 가져야 할 그리스도인의 자질임을 주목하십시오. 직분자로 서는 사람들은 물론 모든 그리스도인 역시 마땅히 가정을 잘 다스려야 합니다. 둘째, 위에 언급된 것들은 목사들이 자기 회중을 돌보는 것과 같은, 하나님과 구원에 관한 경건하고 거룩한 일들입니다(딤전 3:5은 말합니다. "사람이 자기 집을 다스릴 줄 알지 못하면 어찌 하나님의 교회를 돌보리요"). 이 부분과 관련해서 더 많은 말을 할 수 있지만, 성경이 아주 분명히 말하고 있기 때문에 그럴 필요는 없다고 봅니다.

진술 3: 가장이 가족을 치리하는 것은 성경이 정한 바로, 하나님을 섬기는 참된 예배의 한 부분입니다. 다른 부분들과 마찬가지로 이것을 예배라고 하지는 않지만 넓은 의미에서는 예배라 할 수 있습니다. 첫째, 하나님께서 맡기신 권위를 행사하는 행위이기 때문입니다. 둘째, 하나님을 향한 불순종을 다루는 행위이기 때문입니다. 셋째, 하나님의 영광을 위한 행위이기 때문입니다. 그렇기 때문에 가족 구성원에 대한 치리는 예배의 다른 부분과 마찬가지로, 엄숙하고 진지하게 이루어져야 합니다.

가장의 치리는 첫째, 가정에 불경건이 침투해 들어오는 것을 막고, 둘째, 잘못된 것을 바로잡고, 셋째, 계속해서 불경건에 머무는 종을 집에서 내치는 행위입니다.

첫 번째 행위와 관련하여 요한이서 10-11은 말합니다. "누구든지 이 교훈을 가지지 않고 너희에게 나아가거든 그를 집에 들이지도 말고 인사도 하지 말라. 그에게 인사하는 자는 그 악한 일에 참여하는 자임이라."

채벌이든 가족으로서의 일부 특권을 누리지 못하게 하는 것이든 성경은 징계의 의무, 특히 자녀에 대한 징계를 당연한 것으로 말하기 때문에 여러분이 이미 알고 있는 바를 되풀이해서 이야기하지 않겠습니다. 엘리 제사장이 자녀에 대한 징계를 게을리해서 얼마나 큰 고통을 당했는지 우리는 잘 알고 있습니다.

계속해서 악에 머무는 자를 집에서 내치는 것에 대해서는(여기서 나는 종과 같이 집에서 내쫓을 수 있는 관계에 있는 가족 구성원에 대해 말하고 있습니다) 시편 101:2, 7이 말하고 있습니다. "내가 완전한 마음으로 내 집안에서 행하리이다.……거짓을 행하는 자가 내 집안에 거하지 못하며 거짓말하는 자는 내 목전에 서지 못하리로다."

진술 4: 그리스도인 가정에서는 하나님을 향한 진실한 찬양과 기도가(여기서 찬양은 찬양의 시편들을, 기도는 기도의 시편들을 가리킵니다) 항상 드려져야 합니다. 이는 하나님이 정하신 것입니다.

이 진술에 대한 증거로, 앞에서 언급한 예배의 의무에 대한 일반적인 주장들을 다시 살펴보기를 바랍니다. 기도와 찬양을 즉각적으로 하나님을 예배하는 가장 탁월한 행위라고 하는 것을 보아, 앞의 주장들은 예배에 대한 좋은 증거가 될 것입니다. 하지만 여기서 몇 가지 주장들을 덧붙이고자 합니다.

주장 1: 일상에서 찬양과 기도를 드릴 수 있는 합당한 기회를 놓치지 않고 선용하는 것은 그리스도인을 향한 하나님의 뜻입니다. 그리스도인 가정만큼 찬양과 기도를 드리기에 적합한 자리는 없습니다. 그러므로 그리스도인 가정이 찬양과 기도를 드리는 것은 하나님의 뜻입니다.

성경 여러 곳에서 이 부분에 대해 분명히 말합니다. "각처에서 남자들이 분노와 다툼이 없이 거룩한 손을 들어 기도하기를 원하노라"(딤전 2:8). "쉬지 말고 기도하라. 범사에 감사하라. 이

것이 그리스도 예수 안에서 너희를 향하신 하나님의 뜻이니라" (살전 5:17-18). "기도를 계속하고 기도에 감사함으로 깨어 있으라"(골 4:2). "그리스도의 말씀이 너희 속에 풍성히 거하여 모든 지혜로 피차 가르치며 권면하고 시와 찬송과 신령한 노래를 부르며 감사하는 마음으로 하나님을 찬양하고 또 무엇을 하든지 말에나 일에나 다 주 예수의 이름으로 하고 그를 힘입어 하나님 아버지께 감사하라"(골 3:16-17). "소망 중에 즐거워하며 환난 중에 참으며 기도에 항상 힘쓰며"(롬 12:12). "모든 기도와 간구를 하되 항상 성령 안에서 기도하고 이를 위하여 깨어 구하기를 항상 힘쓰며 여러 성도를 위하여 구하라. 또 나를 위하여 구할 것은 내게 말씀을 주사 나로 입을 열어 복음의 비밀을 담대히 알리게 하옵소서 할 것이니"(엡 6:18, 19). 이 외에도 성경에는 많은 구절들이 있고 각 구절들은 가정에서 드려야 할 기도와 찬양에 대해 분명히 말합니다.

첫째, 신자가 어디서든 기도해야 한다면(이는 참 편리한 일입니다) 자기 가정에서도 기도해야 하는 것은 자명한 사실입니다. 둘째, 쉬지 말고 기도해야 한다면 가정에 있을 때도 마찬가지입니다. 셋째, 범사에 감사해야 한다면 가정이 누리는 수많은 긍휼과 그 긍휼의 성격을 볼 때 가정이야말로 감사를 드릴 합당한 자리입니다. 넷째, 기도에 감사함으로 깨어 있어야 한다면 가정만큼 그렇게 기도할 수 있는 곳도 없습니다. 가정이 주는 특별한 이점을 놓쳐서는 안 됩니다. 다섯째, 항상 기도와 간구로 하나님께 아뢰어야 한다면 가족기도가 제격입니다.

반론: 그러나 이 말대로라면 반드시 가정에서만 기도해야 할 것 같습니다.

대답: 그렇습니다. 교회를 제외하면 가정이 다른 어떤 모임이나 공동체보다도 기도에 가장 합당한 자리입니다.

성경이 말하는 기도에 대한 일반적인 명령이나 언급만으로는 가족기도를 뒷받침하지 못한다고 생각해서 가족기도에 대한 특별한 성경구절을 요구하는 것은 자신의 무지를 드러내는 것입니다. 하나님께서는 크신 지혜로 우리의 보편이성과 본성의 빛만으로 합당한 결정을 내릴 수 있고, 일반적인 원리를 적용하는 것만으로도 충분한 주제나 상황에 대해서는 구체적인 언급을 하지 않으셨습니다. 성경은 누구나 적용할 수 있는 "항상 기도하라"는 보편원리를 제시합니다(엡 6:18). 기도할 수 있는 좋은 기회가 있을 때마다 놓치지 말라는 것입니다. 성경에 기도에 관한 말씀이 이 구절뿐이라고 생각해 보십시오. "하나님은 항상 기도하라고 하신 적이 없다(항상 기도하라고 하셨는데도 이렇게 말합니다). 성경 어디에도 언제 어디서 누구와 어떻게 무슨 말을 사용해서 기도해야 할지 구체적으로 나와 있지 않다"라고 주장하는 사람도 있을 것입니다. 이런 사람은 결국 어디에도 하나님이 우리에게 은밀히 기도하라고 하신 곳이 없다고 결론지을 것입니다. 가족과 함께 기도하라는 말도 없고 회중과 함께 기도하라는 말도 없고 경건한 사람과 기도할지, 악인과 기도할지에 대해서는 아무 말도 안하셨고 날마다 기도할지, 일주일에 한 번 기도할지, 성경을 가지고 기도할지, 성경 없이 기도할지 구체적으로 말씀하신 적이 없으니 결국 기도에 대해서 전혀 말씀하신 적이 없다는 것입니다. "항상 기도하라"는 말씀은 아무것도 아닌 것처럼 말입니다.

하지만 이런 사람들은 본성과 이성 역시 하나님의 빛이고, 하나님의 섭리는 때로 본성과 이성을 통해 역사한다는 사실을 알 필요가 있습니다. 일반적인 원리와 도구들을 통해 하나님의 뜻이 명백히 드러나기도 하기 때문입니다. 하나님께서 "누구든지 자기 친족 특히 자기 가족을 돌보지 아니하면 믿음을 배반한 자요 불신자보다 더 악한 자니라"고만 하시고(딤전 5:8) 어디까지가 우리의 가족인지, 어디까지 돌봐야 하는지, 무슨 음식과 무슨 옷으로 얼마나 자주 돌봐야 하는지 말씀하지 않으셨다고 합시다. 그렇다고 자녀를 헐벗게 하겠습니까? 성경을 통해 하나님이 각자 자기 가족을 부양하라고 하시고 본성을 통해 누가 우리의 가족인지, 그들을 무엇으로 부양할지, 얼마만큼 얼마나 자주 부양해야 할지를 알게 하시는 것이면 충분합니다. 그러므로 하나님이 어디서나 항상 모든 일(기도가 필요한 모든 일)에 기도하라고 하시면, 경험과 보편이성은 우리에게 가족이 이 모든 시간과 장소와 경우에 딱 들어맞는다고 말합니다. 가족기도를 위한 기회가 있고 때가 있고 사례들이 있으면 충분한 것이 아닙니까? 내가 처음에 예배의 의무에 대해 전반적으로 증거한 부분을 다시 보기를 바랍니다. 또한 자신의 불경건으로 비이성적이 되고 보편적인 본성의 빛에 역행해 버린 사람들의 반대를 두려워하지 않는 보편이성 자체를 따라 가십시오. 알려고 하지 않기 때문에 도무지 스스로 알 길이 없는 자신의 의무를 사람들이 싫어하지만 않는다면, 앞에서 했던 일반적인 주장만으로도 충분합니다. 여기에 조금만 더 덧붙이도록 하겠습니다.

주장 2: 가족에게 필요하고 또 실제로 하나님께로부터 받는 많은 복이 있다면, 그 복이 필요할 때 온 가족이 그것을 위해 기도하고 그 복을 받아 누리게 될 때 하나님께 감사를 드리는 것이 하나님의 뜻입니다. 실제로 온 가족이 필요로 하고 하나님께로부터 받아 누리는 복이 참 많습니다. 그렇기 때문에 가족 가운데 특정한 사람만이 은밀히 기도하는 것이 아니라 온 가족이 그것을 위해 기도하고 감사하는 것이 옳습니다.

전제는 너무나 분명합니다. 첫째, 가족의 존속, 둘째, 가족의 안녕, 셋째, 핵심적인 가족 구성원들의 보존과 인도, 넷째, 모든 가정사의 번창과 같은 것들입니다(이 전제는 아주 분명해서 세세하게 말할 필요는 없겠습니다). 긍휼을 필요로 하는 사람들은 그것을 위해 기도하고 긍휼을 덧입은 사람들은 그 긍휼로 인해 감사하라는 많은 성경 구절들로부터 쉽게 결론이 도출됩니다.

반론: 그렇다면 개인적으로 기도하고 감사하면 되지 않습니까?

대답: 가족은 개인으로서만이 아니라 전체 가족으로서 긍휼을 얻은 것입니다. 그렇기 때문에 가족 구성원들은 개인적으로뿐 아니라 하나의 사회로서 전체가 기도하고 감사하는 것이 마땅합니다. 이것이 바로 다 함께 모여서 드리는 가정예배입니다. 한자리에 모여서 다 함께 드리는 예배를 통해 가족 구성원 각자는 서로의 모습을 봅니다. 특히 가족을 돌보는 가장은 가족들이 한 마음으로 기도하고 하는 모습에 큰 기쁨을 맛보게 됩니다. 그러나 골방에서 각자 드리는 개인 기도를 통해서는 이런 기쁨을 맛볼 수가 없습니다. 이런 사실을 통해 우리는 자연스럽게 다음 주장으로 넘어갑니다.

주장 3: 하나님께서 가장에게 온 가족과 더불어 하나님을 예배하도록 하는 책임을 주셨다면, 가장은 온 가족이 예배에 참여하도록 진지하고 엄중하게 그들을 독려해야 합니다. 하나님께서는 가장에게 이런 책임을 주셨습니다.

그렇게 하지 않으면 가장은 가족 구성원들이 하나님을 제대로 기도하고 예배하는지 알 수 없습니다. 아무리 가장이라고 해도 가족들이 제대로 기도하는지 보기 위해 가족들의 개인 기도를 곁에서 듣는 것은 옳지 않습니다. 그렇다고 가족 구성원들이 한 사람 한 사람 가정예배 때마다 소리내서 기도할 수도 없습니다. 다만 여자나 아이들의 경우에는 그들이 기도할 때 그 기도를 듣는 사람들이 유익을 얻도록 반드시 가장의 지도를 받는 것이 필요합니다. 하지만 그렇게 하다 보면 가장은 가족들 한 명 한 명이 기도할 때마다 그것이 끝나도록 곁에서 지켜보느라 시간을 다 보낼 것입니다. 가족을 대표해서 기도하는 가장 중에 가정예배로 모일 때마다 이렇게 하는 것을 합당하게 여길 사람이 누가 있겠습니까?

전제에 대해서는 다음과 같이 증명할 수 있습니다. 첫째, 제4계명은 가장 자신만 안식일을 거룩하게 지키는 것이 아니라 그의 자녀와 남종이나 여종과 가축은(그가 할 수 있는 한) 물론, 심지어 집에 머무는 객도 함께해야 한다고 합니다. 둘째, 아브라함은 자신의 모든 권속에게 할례를 시행해야 했고 그 이후의 모든 가장들 역시 할례를 시행해야 했습니다. 자기 아들에게 할례를 시행하지 않은 것 때문에 모세는 죽을 뻔하기까지 했습니다. 셋째, 이스라엘의 가장은 자신의 온 식구들과 더불어 유월절은 물론 칠칠절을 준수해야 했습니다(출 12:2-3, 신 26:11-12). 앞서 언급한 모든 사실이 이 전제를 증명합니다. 그래도 의구심이 든다면 이 외에도 더 많은 증거를 이야기할 수 있습니다.

주장 4: 각자가 개인적으로 기도하고 찬양하는 것보다 많은 사람들이 다 함께 기도하고 찬양하는 것을 더 기뻐 받으시고 우리도 똑같이 하도록 하신다면, 가장 역시 집에서 가족들이 다 함께 모여 찬양하고 예배하는 것을 각자 개인적으로 하는 것보다 우선시

해야 합니다. 전제가 참이기 때문에 결론도 참입니다. 아니면 이렇게 이야기해 볼 수도 있습니다. 특별한 일이나 기회가 있을 때 관심을 갖고 이웃과 함께하는 것이 당연하다면 가족은 더욱 그렇습니다. 이웃 간에도 그렇다면 가족 간에는 두말할 필요도 없습니다.

앞의 주장에서는 결론의 이유를 온 가족이 함께 찬양하고 기도하는 것을 하나님이 더 기뻐하시기 때문이라고 했습니다. 그 뒤의 결론의 이유로는 가족이 이웃보다 더 가까운 관계이고 한자리에 모여 함께 예배할 기회도 더 많고 또 그렇게 할 때 더 큰 유익이 있을 뿐 아니라 공통의 관심사와 일들을 통해 더 자연스럽게 예배를 독려할 수 있기 때문입니다.

다음 주장들을 보면 전제가 의심할 여지 없이 참인 것이 분명히 드러납니다. 첫째, "모든 지혜로 피차 가르치며 권면하고 시와 찬송과 신령한 노래를 부르며 감사하는 마음으로 하나님을 찬양하고"(골 3:16). 개인이 아닌 다 함께해야 할 행위로 찬양을 말하고 있습니다. 나중에 이 구절을 좀 더 살펴보겠습니다. 둘째, "마가라 하는 요한의 어머니 마리아의 집에 가니 여러 사람이 거기에 모여 기도하고 있더라"(행 12:12). 지금 이 사람들은 전체 교회로 모인 것이 아니고 교회에 속한 사람들 가운데 일부가 모여 있는 것입니다. 이들은 지금 각자 기도하는 것보다 다 함께 모여서 기도하는 것이 더 낫다고 여겨서 함께 모인 것입니다. 셋째, 바울이 에베소 교회 장로들과 함께 있을 때 혼자만 기도한 것이 아니라 그들과 함께 기도했습니다(행 20:36). 넷째, 야고고는 병든 사람들에게 이렇게 말했습니다. "너희 중에 병든 자가 있느냐. 그는 교회의 장로들을 청할 것이요. 그들은 주의 이름으로 기름을 바르며 그를 위하여 기도할지니라"(약 5:14). 단순히 "그들에게 기도를 부탁하라"고 하지 않고 "그들이 함께 기도하도록 청하라"고 했습니다. 다섯째, 그렇다면 교회의 기도가 개인기도보다 우선합니다. 성경은 모임을 폐하는 자가 되지 말라고 합니다(히 10:25). 여섯째, 바울은 자기와 힘을 같이하여 하나님께 기도하자고 합니다(롬 15:30). 일곱째, "두세 사람이 내 이름으로 모인 곳에는 나도 그들 중에 있느니라"(마 18:20).

여덟째, 예수께서는 부활 후에 제자들이 함께 모였을 때 그 자리에 오셨고, 그들이 함께 모여 기도할 때 성령을 보내셨습니다. "더불어 마음을 같이하여 오로지 기도에 힘쓰더라"(행 1:14, 24; 2:42). "빌기를 다하매 모인 곳이 진동하더니 무리가 다 성령이 충만하여 담대히 하나님의 말씀을 전하니라"(행 4:31). 아홉째, 복수형으로 시작하는 예수님이 제자들에게 가르쳐 주신 기도문에서도 이 사실이 잘 드러납니다. "하늘에 계신 우리 아버지, 오늘날 우리에게 일용할 양식을……" 등등. 열 번째, 사람들의 필요가 이 사실을 잘 보여줍니다. 자신의 필요를 뜨겁고 간절하게 표현할 줄 아는 사람들이 있는 반면, 대부분의 사람들은 자신의 필요를 간절하게 표현할 줄 모릅니다. 하나님께서는 은혜를 많이 가진 사람들을 통해 은혜를 상대적으로 적게 가진 사람들의 마음에 뜨겁게 타오르게 하십니다. 이것 또한 하나님께서 은혜를 소통하시는 한 방식입니다. 우리는 경험을 통해 이런 유익을 잘 알고 있습니다. 온몸이 눈이나 손이 될 수 없는 것처럼 온 몸이 혀가 될 수는 없는 것입니다. 그럴 때는 교회의 혀와 가정의 혀가 온 지체를 대신하여 말할 수밖에 없습니다(그렇다고 각자 개인적으로 기도하지 말라는 뜻은 아닙니다). 때로는 은밀하게 말없이 드리는 기도가 마음을 더 잘 드러내기도 합니다. 하지만 다 함께 드리는 기도가 더 우선입니다. 더구나 성도가 서로 교통하는 것은 우리 신앙고백의 내용입니다. 이 말은 곧 성도가 교통함을 통해서 우리의 부르심을 넘어서지 않으면서 혼란스럽지도 않게 하나님의 많은 역사를 이룬다는 사실을 인정하는 것입니다.

주장 5: 우리는 하나님이 주시는 모든 긍휼을 받아 누려야 합니다. 온 가족이 함께 기도하고 찬송하는 가운데 하나님께로 나아가는 것은 우리에게 주신 큰 긍휼입니다. 본성이나 성경이 말하는 요지는 분명합니다. 반역하는 죄인이 하나님을 가장 격노케 하는 것은 바로 "내가 불렀으나 너희가 듣기 싫어하였고"와 같은 태도입니다(잠 1:24). "예루살렘아, 예루살렘아, 선지자들을 죽이고 네게 파송된 자들을 돌로 치는 자여, 암탉이 그 새끼를 날개 아래에 모음같이 내가 네 자녀를 모으려 한 일이 몇 번이더냐. 그러나 너희가 원하지 아니하였도다.…… 내가 손을 폈으나 돌아보는 자가 없었고"(마 23:37, 잠 1:24). 호의를 거절하는 것은 감사치 않는 일일 뿐 아니라 하나님을 향한 모독입니다. 가족이 함께 드리는 찬양과 기도가 무엇인지 아는 그리스도인이라면 소전제가 말하는 개념을 부인하지는 못할 것입니다. 누가 감히 함께 하나님께로 나아가는 것을 긍휼이 아니라고 말합니까? 함께하는 것이 마음을 뜨겁게 하는 데 도움이 된다는 것을 느끼지 않는 사람이 누구이며, 자기 마음을 살피는 것을 꺼리는 사람이 누구란 말입니까?

주장 6: 가족이 함께 모여 찬양하지 않는다면, 그것은 곧 그들 삶의 중요성과 탁월함을 잃어버리는 것이며 가족으로서 해야 할 의무의 일부를 저버리는 것입니다. 그렇게 해서는 안 됩니다. 나는 지금 그리스도인들이 모였을 때뿐 아니라 온 가족이 모여서 행할 의무라고 앞에서 증명한 시편 찬양에 대해 말하고 있습니다. 뿔뿔이 흩어져서 개인적으로만 찬양을 한다면, 우리 마음을 뜨겁고 기쁘게 하고 함께 모여서 할 때만 가능한 멜로디와 화음은 기대할 수 없습니다. 개인적으로만이 아니라 다 함께 모여서도 하나님을 찬양해야 한다면, 다른 의무들 역시 그렇게 해야 한다는 것을 쉽게 알 수 있습니다(혼자서 할 수 없는 가르치는 일에 대해서는 두말할 필요가 없습니다).

주장 7: 기도와 찬양은 성령이 교훈하고 거룩하게 하시는 일들 중 하나로, 이는 곧 하나님의 일입니다. 성령의 교훈으로부터 시작해 말씀의 명령으로 다시 거슬러 올라가며 주장하기보다 다음의 두 가정에 대해 이야기해 보겠습니다. 첫째, 이 경험은 매우 보편적이고 명백한 것입니다. 둘째, 가족기도에 대한 많은 성경 본문들을 이미 언급했습니다. 이 주장은 단지 이 본문들을 긍정하고 제대로 해석하기 위한 것입니다. 성경과 성령은 항상 서로 일치합니다. 하나님의 성령이 신자의 마음에 이런 의무들을 사랑하고 즐거워하도록 역사하시는 것을 증명할 수 있다면, 두말할 필요 없이 그것들이 하나님께로부터 비롯된 것이라고 할 수 있습니다. 성화sanctification는 하나님의 성령이 신자의 마음에 새겨 놓은 하나님의 말씀입니다. 그렇기 때문에 결론은 자명합니다.

전제는 두 부분으로 이루어집니다. 첫째, 성화된 사람은 가정예배의 의무로 마음이 이끌립니다. 둘째, 이런 성향은 하나님의 성령으로부터 옵니다. 첫 번째 전제는 증명할 필요가 없습니다. 이는 신자가 보편적으로 느끼는 경험의 문제이기 때문입니다. 나는 모든 견고하고 바른 신앙을 가진 그리스도인에게 과연 가정예배에 대한 확신이 있는지, 이런 의무로 이끌리고 있는지를 묻습니다. 내가 아는 한 신자치고 이런 끌림이나 확신이 없는 사람은 보지 못했습니다.

반론: 요즘에 보면 신앙이 좋다는 사람들도 가정예배를 썩 좋아하지 않습니다.

대답: 내가 아는 신자 중에는 그런 사람이 없습니다. 예전에 내가 알던 신앙 좋은 그리스도인들 가운데 가정예배의 의무를 싫어하는 사람들이 있기는 했지만, 이들도 지금은 달라졌습니다. 이 의무에 대해서뿐만 아니라 다른 의무들에서도 전혀 다른 태도를 보입니다. 그러나 내가 아는 사람 중에는 이런 의무는 물론 다른 의무들까지 팽개치고 대신에 더러운 죄악을 즐기는 사람은 없습니다. 위와 같은 반론을 제기하는 사람들은 잘 보고 판단해야 합니다. 그리스도인도 속임수에 빠지면 새로운 본성에 부합하지 않는 것들에 잠시 이끌릴 수 있습니다. 회중 가운데는 기도하는 것을 합당하지 않게 여기는 사람도 있고 또 성찬에 참여하는 것을 합당하지 않다고 생각하는 사람도 있습니다. 하지만 그들의 영혼은 여전히 이런 의무에 끌립니다. 그래서 잘못 생각할 때조차도 그들은 그것을 사랑하고, 합당한 것이었으면 하고 바랍니다.

이처럼 가정예배의 의무에 대해서 잠시 그렇게 생각하는 사람이 있을 수 있습니다. 하지만 머지않아 이들은 회복됩니다. 그렇기 때문에 나는 그렇지 않은 사람들을 은혜가 없는 사람들로 봅니다. 하나님의 성령이 신자의 마음을 거룩하게 하는 가운데 이런 의무로 이끄실 때조차도, 편견과 오류는 유혹과 마찬가지로 신자의 이런 의무를 이행하지 못하게 합니다. 셋째, 가정예배의 의무에 대한 이런 경향은 성령으로부터 오는 것이 분명합니다. 이런 경향이 모든 다른 은혜를 동반한다는 면에서 그렇습니다.

이런 경향이 성령께서 사용하시는 동일한 방편을 통해 온다는 점에서 그렇습니다. 이런 경향이 보존되는 것 역시 동일한 방편을 통해서이고, 다른 의무들과 더불어 넘어지고 자빠지고 더해지고 감해진다는 점에서 그렇습니다. 이런 경향은 성령이 지향하는 바와 동일한 것을 지향한다는 점에서 그렇습니다. 이런 경향은 모든 성도에게 공통적으로 있다는 점에서 그렇습니다. 그렇기 때문에 혈과 육은 이런 의무를 싫어합니다. 가정예배는 성경과 부합하는 의무이기 때문에 그리스도인이 이런 의무를 소홀히 하는 것은 자신의 새로운 본성을 거스르는 죄를 짓는 것입니다. 하나님은 성령을 통해 이런 의무를 향한 열망을 주시고 은혜 가운데 있는 영혼마다 이 의무를 소중히 여기도록 하십니다.

주장 8: 기도와 찬양은 사랑과 경건과 특별한 복이 함께하는 의무이기 때문에, 이는 하나님이 요구하시는 의무라고 할 수 있습니다. 결론은 분명합니다. 이 세상을 전부로 여기는 악인들이 외적으로 번영하는 일이 많기는 해도, 영혼의 번영은 그들과 상관이 없습니다.

이 주장의 전제로, 이 땅을 살아가는 모든 경건한 가정의 경험을 이야기할 수 있습니다. 가정예배의 의무를 소중히 여기는 가정치고 유익을 누리지 않은 가정이 있습니까? 하나님의 은혜와 위의 것을 추구하는 마음으로 가득한 가정치고 이 의무를 소중히 여기지 않는 가정이 있습니까? 자기 동네나 도시에서 성경을 읽고 기도하고 하나님을 찬양하는 가정과 그렇지 않은 가정을 비교하고 차이가 무엇인지 보십시오. 불경건과 욕설과 저주와 분노와 술취함과 음란과 세속으로 넘쳐나는 가정은 어느 쪽인지, 믿음과 인내와 절제와 사랑과 회개와 소망으로 넘치는 가정은 어느 쪽인지 어렵지 않게 알 수 있습니다. 영국의 귀족과 상류사회를 보면 기도하는 가정에서 자란 사람과 그렇지 않은 사람의 차이를 분명히 알 수 있지 않습니까? 영국의 목사들을 보십시오. 세상을 풍요롭게 하는 사람은 기도하는 가정에 속한 사람입니까 아니면 기도하지 않는 가정에서 자란 사람입니까?

주장 9: 모든 교회는 하나님께 진실로 기도하고 그분을 찬양해야 합니다—그리스도인의 가정은 교회입니다. 그러므로 그리스도인의 가정 역시 기도와 찬양을 드려야 합니다. 대전제는 두말할 필요가 없습니다. 하나님을 예배하고 섬기는 그리스도인의 모임이라고 하는 교회의 일반적인 본질로부터 소전제가 증명됩니다. 물론 그렇다고 가정이 곧 교회라는 말은 아닙니다. 하지만 그리스도인의 모든 가정은 그 연합에 있어서 교회와 같이 되어야 합니다. 그렇습니다. 기독교 신앙은 하나님을 섬기는 데 있어서 그리스도인들을 서로 하나되게 합니다. 성경은 말합니다. "아시아의 교회들이 너희에게 문안하고 아굴라와 브리스가와 그 집에 있는 교회가 주 안에서 너희에게 간절히 문안하고"(고전 16:19). "그 집에서 모이는 교회"라고 하지 않고 "그 집에 있는 교회"라고 합니다. 빌레몬서도 "네 집에 있는 교회에"라고 합니다(몬 2). 로마서도 "또 저의 집에 있는 교회에도 문안하라"고 합니다(롬 16:5). 골로새서도 이렇게 말합니다. "라오디게아에 있는 형제들과 눔바와 그 여자의 집에 있는 교회에 문안하고"(골 4:15). 가정을 모임 장소로 하는 일부 교회를 나타내는 언급이라고 하는 학자도 있습니다. 그러나 데오도르 베자Theodore Beza나[2] 위고 그로티우스 Hugo Grotius를[3] 포함한 많은 사람들은, 이런 표현은 터툴리안 Tertullian이[4] 이해한 대로 식구들끼리 모이는 교회를 의미하는 말이라고 인정합니다("그렇기 때문에 세 명의 신자가 모여 교회를 이루는 것이 가능합니다"). 이런 가정 교회와 많은 가족들로 이루어진 조직화된 교회가 같다는 말은 아닙니다. 그러나 다 함께 하나님을 찬양하고 그분께 기도하지 않는다면 교회라 불릴 수 없습니다.

주장 10: 자기 가정을 하나님의 말씀으로 가르치는 것이 가장이 반드시 해야 할 일이라면, 자기 가족과 함께 기도하고 그들을 가르치는 것 역시 가장이 마땅히 해야 할 일입니다. 전제는 성경에서 이미 분명히 말하고 있는 사실입니다. 시편 128:4-6을 보십시오. 목사들은 회중의 집을 다니면서 하나님의 말씀을 가르쳐야 합니다. 가장도 가족 구성원에게 말씀을 가르쳐야 합니다(행 5:42, 20:20).

결론 또한 옳은 것으로 드러납니다. 첫째, 사도들은 사적인 모임에서 그리스도인들에게 설교하고 가르칠 때마다 기도했습니다

(행 20:36과 다른 많은 구절들에서 이런 사실이 나타납니다). 둘째, 성경을 읽으면서 성경에 드러난 하나님의 마음을 알고 그것이 우리에게 유익이 되기 위해서는 하나님의 특별한 도우심이 있어야 합니다. 그렇다면 그것을 구하는 것이 마땅합니다. 셋째, 이처럼 거룩한 일을 하면서 기도하는 것이 당연합니다. 넷째, 성경은 우리에게 "모든 일에 기도와 간구로 너희 구할 것을 감사함으로 하나님께 아뢰라"고 합니다(빌 4:6). 특별히 성경을 읽고 다른 사람들을 가르치면서 기도하는 것이 당연합니다. 가족들과 함께 성경을 읽고 그들을 진지하게 가르쳐야 한다는 것을 확신하는 사람치고 더불어 하나님께서 복 주시기를 위해 기도하는 것을 의아해하는 사람은 없을 것입니다. 그렇습니다. 그리스도인은 자기가 하는 모든 일이 하나님이 받으실 만한 것이 되도록 하나님의 도우심과 복 주심을 간절하게 바랍니다.

주장 11: 기도하도록 가족들을 가르치는 것이 가장의 의무라면 가장이 가족들과 함께 기도하는 것이 마땅합니다. 가장은 가족들에게 기도를 가르쳐야 합니다.

앞의 주장에서는 가르치는 것에 대해 일반적으로 살펴보았고, 지금은 기도를 가르치는 것을 다루고 있습니다. 대전제에 대해서는 이렇게 증명해 볼 수 있습니다. 첫째, 가족을 "오직 주의 교훈과 훈계로 양육"해야 하는 가장은 그들에게 하나님께 기도하고 찬양하는 것을 가르쳐야 합니다. "주의 교훈과 훈계로 양육"

하는 것에 기도와 찬양을 가르치는 것이 포함되기 때문입니다. 둘째, 가장은 가족들에게 "여호와를 경외하는 법을" 가르치고(시 34:11) "마땅히 행할 길을" 알려 줘야 합니다(잠 22:6). 하나님께 기도하고 찬양하는 것이 바로 이런 것임은 두말할 필요가 없습니다.

결론은 분명한 것 같습니다. 가장이 가족들과 함께 기도하지 않으면 가족들은 기도를 제대로 배울 수 없습니다. 그러므로 가족들에게 기도를 가르쳐야 하는 가장은 그들과 함께 기도해야 합니다. 음악을 직접 연주하지 않으면 가르칠 수 없는 것처럼 말입니다(기도는 모범과 실천을 통해서만 제대로 가르칠 수 있습니다).

누가 의문을 제기한다면 내 경험을 통해서도 분명히 말할 수 있습니다. 기도의 모범을 눈앞에서 보지 않고도 기도를 제대로 배운 사람을 본 적이 없습니다. 혹시 그런 사람을 본 적이 있다면 내 말에 이의를 제기하겠지만, 나는 그런 사람을 본 적이 없습니다. 혹시 예외가 있어도 그런 사람은 거의 드물기 때문에 그것을 우리의 노력을 위한 보편적인 방편으로 삼아서는 안 됩니다. 몇 마디만 가르쳐도 금방 배우는 몇몇 탁월한 사람들이 있다는 이유로 가장 유용한 기술을 드러내는 작품을 직접 볼 필요가 없다고 할 사람이 없는 것처럼 말입니다. 자기 자녀에게 실천과 모범으로 가르치지 않는 가장은 가족에게 가장 잔인한 짓을 하는 것입니다.

주장 12: 디모데전서 4:4-5은 이렇게 말합니다. "하나님께서 지으신 모든 것이 선하매 감사함으로 받으면 버릴 것이 없나니 하나님의 말씀과 기도로 거룩하여짐이라."

다음 사실들에 주목해야 합니다. 첫째, 모든 음식은 고마운 생각만 갖고 먹을 것이 아니라 실제로 감사하는 기도를 하며 먹어야 합니다. 둘째, 본문은 그것을 연달아 두 번이나 이야기합니다(3-5절). 사실 세 번으로 볼 수도 있습니다. 셋째, 하나님께서 음식을 만드실 때 우리가 감사함으로 받도록 만드셨습니다. 넷째, 음식은 그것을 먹는 사람들의 유익과 복을 위해 지어졌습니다. 다섯째, 피조물이 하나님의 말씀과 기도로 거룩해진다면 하나님의 말씀과 기도로 받기 전에는 거룩해진 것이 아닙니다. 여섯째, 앞의 두 절에서 감사라는 말로 표현된 것이 5절에서는 기도라 부릅니다. 그렇지 않았으면 "하나님의 말씀과 기도로 거룩하여짐이라"는 말씀을 갖고 이런 결론을 내리지 못했을 것입니다. 이런 사실로부터 다음 두 가지 주장을 하려고 합니다. 첫째, 하나님께서 주시는 음식을 감사함으로 받는 것이 모든 가정에 마땅하다면 그리스도인 가정의 감사는 하나님이 정하신 의무입니다. 전제가 참이므로 결과도 참입니다. 전제는 명백합니다. 사람이라면 누구나 음식을 감사함으로 받아야 합니다. 그렇다면 각 가정도 마찬가지입니다. 다 함께 식사를 하는 가족은 감사도 다 함께합니다. 앞에서 살펴본 것처럼 이런 기도가 바로 본문에서 말하는 감사에 포함됩니다.

둘째, 하나님이 주신 말씀과 기도의 방편으로 모든 피조물을 거룩하게 구별하여 누리는 것이 가족의 의무입니다. 기도는 만물을 거룩하게 구별하는 방편입니다. 그러므로 기도는 가족의 의무입니다.

주장 13: "남편들아, 이와 같이 지식을 따라 너희 아내와 동거하고 그를 더 연약한 그릇이요 또 생명의 은혜를 함께 이어받을 자로 알아 귀히 여기라. 이는 너희 기도가 막히지 아니하게 하려 함이라"(벧전 3:7). 여기서는 무지하고 무심한 말과 태도 때문에 기도가 방해 받는 것을 말하고 있습니다. 특히 함께하는 기도가 방해를 받습니다. 물론 개인기도 역시 이런 것에 영향을 받습니다. 하지만 함께하는 기도처럼 직접적으로 영향을 받지는 않습니다. 서로를 나무라고 다투고 함부로 대하는 부부가 한 영으로 하나님 앞에 기도할 수 있겠습니까? 이것이 본문이 말하는 바입니다. 본문은 부부가 함께 기도하는 것을 당연한 일로 말하고 있습니다. 그렇다면 같은 이유를 들어 이들을 통해 이루어지는 가정이 함께 기도하는 것도 당연하다고 할 수 있습니다.

주장 14: 골로새서 3:16-18을 통해서 가족기도에 해당하는 많은 주장을 할 수 있습니다. "그리스도의 말씀이 너희 속에 풍성히 거하여 모든 지혜로 피차 가르치며 권면하고 시와 찬송과 신령한 노래를 부르며 감사하는 마음으로 하나님을 찬양하고 또 무엇을 하든지 말에나 일에나 다 주 예수의 이름으로 하고 그를 힘입어 하나님 아버지께 감사하라. 아내들아, 남편에게 복종하라. 이는 주 안에서 마땅하니라."

첫째, 여기서 사도는 가족기도를 염두에 두고 말하는 것처럼 보입니다. 그가 지금 말하는 것은 가족관계이기 때문입니다(16-17절에서 기도와 감사에 대해 말하던 사도는 곧이어 각 가족 간의 관계—아내·남편·자녀·부모—를 말합니다. 계속해서 사도는 가족 구성원들에게 이렇게 명령합니다. "기도를 계속하고 기도에 감사함으로 깨어 있으라"(골 4:2)). 둘째, 이웃과 더불어 시와 찬미와 신령한 노래로 화답하고 마음으로 주께 감사하고 기도와 감사를 끊이지 않게 하는 것이 마땅하다면, 이웃보다 더 가깝고 그렇게 할 더 많은 필요와 기회가 있는 가족끼리 함께하는 것은 당연합니다. 셋째, 무슨 말이나 행동이든 주 예수의 이름으로 감사와 더불어 해야 한다면 가족들은 당연히 그렇게 해야 합니다. 함께 있든 그렇지 않든 간에 가족은 날마다 말이나 행실로 함께하는 존재이기 때문입니다.

주장 15: "다니엘이 이 조서에 왕의 도장이 찍힌 것을 알고도 자기 집에 돌아가서는 윗방에 올라가 예루살렘으로 향한 창문을 열고 전에 하던 대로 하루 세 번씩 무릎을 꿇고 기도하며 그의 하나님께 감사하였더라"(단 6:10). 여기서 우리가 주목할 점은 이 의무의 본질과 필요성입니다. 먼저, 다니엘이 한 기도는 은밀히 하는 개인기도가 아니라 온 식구들이 모여서 하는 가정기도였습니다. 아니면 어떻게 이 기도의 내용을 저들이 알았겠습니까? 숨어서 은밀히 기도하면서 사람들이 다 알 정도로 크게 기도할 리도 없을뿐더러 다른 사람들이 그가 기도하고 있음을 알 리도 없습니다. 당시 대제국의 총리였던 그가 개인기도를 하는데 낯선 사람들이 함부로 방해하도록 했을 리는 없기 때문입니다. 둘째, 가족기도는 다니엘이 목숨의 위협을 당하면서도 단 하루도 거르지 않았을 만큼 꼭 필요한 일이라는 것입니다.

주장 16: "오직 나와 내 집은 여호와를 섬기겠노라"(수 24:15). 여기서 주목해야 할 점들이 있습니다. 첫째, 여기서 개인뿐 아니라 가정이 언급된다는 점입니다. 누군가 이 말이 그의 가정을 넘어선 집안이나 부족을 가리킨다는 것을 증명한다고 해도, 거기에 여호수아의 가정이 포함되는 것은 당연합니다. 둘째, 여호수아가 자기 가족에 대해 한 약속은 이스라엘 모든 가정이 행하기를 바라는 것이었습니다. 그는 지금 자신을 사람들 앞에 모범으로 제시하고 있습니다.

가정이 하나님을 섬겨야 하는 것이 맞다면 가정이 하나님께 기도하고 찬양을 드리는 것 또한 당연합니다. 결론은 자명합니다. 하나님을 섬기는 데 기도와 찬양은 필수적인 부분입니다. 기도와 찬양을 하지 않는 개인이나 가족이 하나님을 섬긴다고 할 수 없습니다. 성경은 하나님을 예배하는 것을 말할 때 종종 하나님을 부른다는 표현을 씁니다. 하나님을 부르는 것이 예배의 가장 두드러진 행위인 것처럼 묘사합니다. 반면에 무신론자들을 "하나님이 없다"라고 하는 미련한 자들이라고 합니다(시 14:1).

주장 17: 사도행전 10장에 나오는 고넬료의 기사는 그가 가정예배를 드렸다는 사실을 보여줍니다. 첫째, 성경은 "그가 경건하여 온 집안과 더불어 하나님을 경외하며 백성을 많이 구제하고 하나님께 항상 기도하더니"라고 말합니다(2절). 성경에서 그는 이렇게 말합니다. "내가 나흘 전 이맘때까지 내 집에서 제 구 시 기도를 하는데"(30절). 고넬료는 그의 친척과 가까운 친구들을 모아 기다리고 있었다고 합니다(24절). 하나님을 경외한다는 것은 기도의 행위를 포함하고 일반적으로 하나님을 예배한다는 뜻으로 쓰입니다. 그렇기 때문에 그가 온 집안과 더불어 하나님을 경외했다는 말은 곧 그가 온 가족과 더불어 예배를 드렸다는 뜻입니다. 또한 베드로가 왔을 때 그가 친척과 가까운 친구들을 모아 놓고 기다렸다는 사실은 여기에 언급되지는 않지만, 그가 정기적으로 가족들과 더불어 그런 모임을 가졌다는 것을 짐작하게 합니다. 고넬료가 "내 집에서"(ἐν τo οικο αυτου) 기도했다고 하는 이 말은 성경에서 흔히 쓰이는 것처럼 그의 가족들과 함께 기도하는 것을 가리킬 수 있는데, 주변 상황은 그가 그렇게 했다는 것을 보여줍니다.

주장 18: "자기 집을 잘 다스려 자녀들로 모든 공손함으로 복종하게 하는 자라야 할지며 (사람이 자기 집을 다스릴 줄 알지 못하면 어찌 하나님의 교회를 돌보리요)……집사들은 한 아내의 남편이 되어 자녀와 자기 집을 잘 다스리는 자일지니"(딤전 3:4-5, 12). 주목할 점은 (교회와 가정이 분명히 다름에도 불구하고) 이 본문은 가정을 다스리는 것과 교회를 돌보는 것을 같은 성격의 일로 말하고 있다는 사실입니다. 곧 가정이나 교회나 구성원들을 하나님을 예배하도록 가르치고 예배를 통해서 그들을 이끄는 것은 매한가지라는 말입니다. 가정에서 하지 못하는 사람은 교회에서도 할 수 없다고 사도는 말합니다. 이 말은 곧 교회를 돌본다는 것은 교인들의 삶을 감독하는 것은 물론, 그들이 입술을 열어 하나님께 기도하고 찬양하도록 가르치고 이끄는 것이라는 뜻입니다. 그러므로 자기 가정을 잘 다스리는 사람만이 교회에서도 이런 일에 합당한 사람으로 드러납니다.

자기 가정을 다스리는 사람은 거룩한 교훈으로 다스리고 가족들이 입을 열어 하나님을 찬양하고 기도하도록 이끌어야 합니다(이 일을 통해 교회를 돌볼 수 있는 사람인지를 어느 정도 가늠해 볼 수 있습니다). 디모데전서 3장에 언급된 사람들은 자기 가정을 그렇게 다스리는 사람이어야 합니다.

목사가 교회를 돌보는 것은 대부분 교인들에게 모범이 되고 하나님을 예배하도록 그들을 이끄는 일들로 이루어집니다. 가정을 다스리는 일도 마찬가지입니다. 그래서 가정을 잘 다스리는 것이 목회자의 자질 가운데 하나로 언급되고 있는 것입니다. 그러나 "자기 가정도 잘 다스리지 못하는 사람이 어떻게 하나님의 교회를 제대로 돌보겠는가?"라고 말할 수는 있어도 "자기 집을 잘 다스리는 사람은 하나님의 교회도 잘 돌본다"라고 결론을 내릴 수는 없습니다. 첫째, 더 낮은 차원의 다스림을 잘한다고 해서 반드시 더 높은 차원의 다스림까지 잘 할 것이라는 보장은 없기 때문입니다. 둘째, 가정을 잘 다스리는 것은 목회자의 여러 가지 자질들 가운데 하나일 뿐입니다. 하지만 가정을 다스리는 일과 목회의 유사성 때문에 가정을 다스리는 것을 통해서 어느 정도는 목회의 자질이 드러난다고 보는 것이 옳습니다. 바울이 가정을 다스리는 일과 교회를 돌보는 일을 비교한 것이 곧 이 두 가지 일이 같기 때문이라고 볼 필요는 없습니다. 바울은 결코 "휘하의 부대나 도시도 다스리지 못하는 사람이 어떻게 하나님의 교회를 돌보겠는가?"라고 하지 않았을 것입니다. 따라서 나는 결론을 내립니다. 이 본문은 목사들이 교회를 잘 돌봐야 하는 것처럼, 가정을 잘 다스리고 가족들을 바른 예배로 이끄는 것이 가장의 의무임을 잘 보여줍니다.

주장 19: 가족이 다 함께 기도해야 할 특별한 필요가 있을 때, 다 함께 가족기도로 모이는 것은 하나님의 뜻입니다. 가정에는 다 함께 기도해야 특별한 필요가 있기 마련입니다. 결론은 자명합니다. 교회 회중에게까지 공적으로 알리기에 합당하지 않아도 가족 구성원 모두가 공유할 필요는 각 가정마다 있습니다. 이런 필요를 가지고 온 가족이 함께 기도하는 것이 좋습니다. 가족들의 개인기도로만 한정할 필요는 없습니다. 첫째, 가족 간에 이야기하기는 적합하지만 교회 회중 앞에서 말하기는 합당치 않은, 그들의 직장에서 일어나는 많은 세상적인 일들과 관계가 있습니다. 둘째, 가족들의 마음과 삶에는 가정 안에서만 기도로 해결해야 할 많은 갈등과 실수와 어려움들이 있습니다. 하지만 가족의 문제들을 교회 회중에게까지 공적으로 알릴 필요는 없습니다. 셋째, 이 모든 것을 회중 앞에서 공적으로 언급한다면 할 말이 너무나 많아서 목사는 그것을 감당할 수 없을 것입니다. 분명히 공예배가 방해를 받을 것입니다. 대부분의 교회에서는 그것의 절반도 이야기하지 못하고 예배가 끝나 버릴 것입니다. 넷째, 일상적으로 일어나는 일들을 가족기도로 제한하지 않고 공적으로 하나하나 기도하는 것은 교회에 큰 불편을 초래할 것이 분명합니다.

가족 구성원의 개인기도로만 제한할 수 없는 일들이 많이 있습니다. 가족들은 종종 개인이 아닌 가족 공동으로 죄를 짓게 되는 경우가 있습니다. 이럴 때는 서로 함께 죄를 고백하고 그것을 슬퍼하는 것이 마땅합니다. 개인이 아닌 가족이 함께 은혜를 받아 누릴 때가 있습니다. 이럴 때 가족이 함께 은혜를 구하고 감사하는 것이 합당합니다. 가족은 많은 일들을 함께합니다. 그러므로 가족이 함께 복 주시기를 하나님께 구하는 것이 당연합니다. 함께 모여서 죄를 고백하고 간구하고 감사할 때, 가족들의 마음에 열정과 뜨거움이 커지고 더 열심히 죄와 싸울 마음을 갖습니다. 앞에서 열거한 근거로 볼 때 이는 꼭 필요한 일입니다. 이런 상황에서 가족이 함께 기도하지 않고 각자 뿔뿔이 흩어져 개인적으로 기도하는 것은 일종의 분열입니다. 교회 회중이 함께 기도하지 않고 개인적으로만 기도하는 것이 그런 것처럼 말입니다. 본성과 은혜 모두 연합은 기뻐하지만 분열은 싫어합니다. 본성과 은혜의 빛 모두 우리가 연합과 일치와 친교 가운데 할 수 있는 한 많은 하나님의 일을 하기를 기뻐합니다.

주장 20: 모세에게 율법을 주시기 전에도 하나님은 자신이 정한 바대로 가정에서 예배를 받으셨습니다. 그것이 달라진 것이 아니라면, 하나님은 여전히 가정에서 예배를 받으셔야 합니다. 전제가 분명하니 결과도 분명합니다.

이 전제를 부정할 사람은 없을 것입니다. 홍수 이전에는 물론 홍수 이후 제사장에 의한 제사가 확립되기까지 하나님은 의인의 가정에서만 예배를 받으셨습니다. 하나님께서 가정예배 외에 다른 공적인 예배를 받으셨는지 의구심이 들 정도로 이는 분명한 사실입니다. 교회가 가족보다 더 큰 규모의 회중으로 존재하지 않았을 때, 하나님은 분명히 가정을 통해서 예배를 받으셨습니다. 가장들은 각 가정의 제사장이었습니다. 가인과 아벨은 각각 자신들만의 제사를 드렸고, 노아와 아브라함과 야곱도 마찬가지였습니다.

전제의 후반부를 부정하는 제사장 제도가 확립되고 나서 가정예배가 폐해졌다는 반론에 대해 나는 이렇게 대답합니다. 첫째, 아론 이전에 제사장 제도가 있었는지에 대해 의심하는 사람도 있지만, 본성의 빛을 통해서든 교회의 전통을 통해서든 당시 다른 나라에도 제사장이 있었던 것을 볼 때 이 사실은 의심할 여지가 없는 것 같습니다. 멜기세덱의 제사장직이 그리스도의 모형으로 언급되고 있습니다. 가정예배가 가장 일반적이었음에도 가정예배보다 더 공적인 예배가 있었던 것입니다. 둘째, 앞에서 증명한 것처럼 아론이 제사장으로 세워진 후에도 가정예배는 계속되었습니다. 그렇습니다. 할례와 유월절은 각 가정에서 가장을 중심으로 지켜졌습니다. 기도 역시 각 가정에서 드려졌던 것이 확실합니다. 셋째, 나중에 이런 의식들이 회당이나 공적인 모임에서 행해지기는 했지만 각 가정에 속한 의식들이 공적인 것으로 옮겨졌다고 볼 수는 없습니다. 공적인 모임이 의식의 주체가 되어 행한 적이 없는 것을 볼 때, 이런 의식은 여전히 각 가정에 속한 것이라고 분명히 말할 수 있습니다. 공적인 모임이나 회당에서는 교회 기도만을 발견할 뿐이지, 가정기도 같은 것은 찾아볼 수가 없습니다. 더구나 성경 어디서도 하나님께서 가정기도나 가정예배를 위해 정하신 것을 변개하거나 철회하신 것을 찾아볼 수 없습니다. 그렇기 때문에 가정예배는 여전히 각 가정의 의무입니다.

이 부분에 대해서 이미 길게 다루었기 때문에 날마다 자기 자녀를 위해 제사를 드린 욥의 예나(욥 1:2-5) 자신의 시녀들과 더불어 금식한 에스더의 예(에 4:16)에 대해서는 더 이상 언급하지 않겠습니다. 예레미야 10:25은 이렇게 말합니다. "주를 알지 못하는 이방 사람들과 주의 이름으로 기도하지 아니하는 족속들(흠정역은 "가족들"이라고 합니다)에게 주의 분노를 부으소서." 맞습니다. "가족들"이라는 말은 족속들을 가리키고, "주의 이름으로 기도"한다는 말은 곧 참된 하나님을 예배한다는 말입니다. 크고 작은 모든 족속을 예외 없이 가리키는 말입니다. 각 족속들은 하나같이 가족으로부터(아브라함, 이삭, 야곱의 가족 등과 같이) 시작했습니다. 이런 사실에 비추어 볼 때 이 말은 곧 가족을 가리키는 말이라고 할 수 있습니다. 하나님의 이름을 부른다는 말은 예배를 가리키는 것이 분명합니다. 하나님의 이름을 부르는 것이 예배의 중심이기 때문입니다. 그렇지 않았으면 예배를 가리키는 말로 하나님의 이름을 부른다는 말을 쓰지 않았을 것입니다. 적어도 가정예배를 가족의 의무가 아니라고 할 이유는 없습니다. 그만큼 이 네 번째 명제에 대한 증거는 많습니다.

반론과 대답

반론 1: 복음 시대에도 가족기도가 각 가정의 의무였다면 그것을 요구하는 구절을 성경에서 더 많이 볼 수 있어야 할 것입니다.

대답: 성경이 이것을 명백하게 요구하고 있다는 점은 이미 밝혔습니다. 하나님께서 어떻게 말씀하셔야 되는지 사람이 하나님을

가르치려 해서도 안 되고, 소경이나 완고한 사람들의 마음에도 모든 것을 분명히 드러나게 해야 할 의무가 있다고 하나님께 요구할 수도 없습니다. 둘째, 구약성경에서 이미 분명하게 계시된 부분이고 교회 역시 아무 문제 없이 이 부분을 그대로 받아들였습니다. 복음서를 보면 심지어 그리스도를 핍박하던 자들마저도 이 부분을 당연하게 여기고 인정한 것처럼 보입니다. 셋째, 언제 어디서나 기도에 힘쓰라고 복음이 말하고 본성의 빛이 이를 증거하는데, 또 무슨 증거가 필요하단 말입니까? 넷째, 성경이 왜 더 자주 말하지 않아도 되는지 이유는 분명합니다. 그리스도가 오시기 전까지 하나님을 예배하는 것은 그 이후보다 덜 영적이고 훨씬 더 제의적이었습니다. 성경에서 기도라는 말보다 할례나 제사라는 말을 더 많이 볼 수 있는 것도 이 때문입니다. 가족이 모여 기도하는 모습은 그 후로도 계속 등장했습니다. 하지만 그리스도가 부활한 이후에 대부분의 그리스도인 가정은 박해를 당했고 가진 것을 다 팔고 공동체와 같은 방식으로 살았습니다. 더구나 성경은 특정한 가정의 모습보다는 교회들의 상태를 우리에게 보여주고 있습니다.

반론 2: 제자들이 그리스도께 기도를 가르쳐 달라고 한 것을 보면 그리스도 자신도 가족과 함께 자주 기도하지는 않은 것 같습니다. 성경도 이 부분에 대해서는 언급이 없습니다. 그렇다면 우리도 굳이 가정기도로 모일 필요가 없지 않습니까?

대답: 첫째, 성경이 언급하지 않는다고 해서 그리스도께서 그렇게 하지 않으셨다는 증거는 될 수 없습니다. 그가 하신 모든 일을 성경이 기록하고 있는 것은 아닙니다. 둘째, 그리스도께서 제자들에게 주기도문을 가르치시고 제자들이 기도의 원리를 배우고자 했던 것은, 그리스도와 일상적인 기도를 함께한 데서 비롯된 것일 수 있습니다. 처음부터 주기도문을 따라 기도한 것은 아니지만, 적어도 그것을 가르쳐 주신 후에는 제자들과 주기도문으로 기도했을 것입니다. 셋째, 나는 이런 결론을 대체로 부정합니다. 그 이유는 그 후에 그리스도께서 자신의 종들에게 이전에는 요구하지 않으신 성례나 치리나 설교나 기도와 같은 많은 의무들을 요구했기 때문입니다. 그중에서도 기도를 자주 요구하셨습니다. 특히 성령이 강림하신 후에 더욱 그렇게 하셨습니다. 그때까지는 제자들도 믿음의 여러 내용들을 제대로 이해하지 못했기 때문에, 그 이전에 제자들이 많은 의무들에 대해 제대로 이해하지 못한 것은 어찌 보면 당연합니다. 그리스도는 기적을 통해서 제자들에게 갑작스럽게 교훈하시고 그들을 더 거룩하게 하셔서 그들의 사역에 신뢰를 더하셨고 더욱더 거룩한 것으로 드러나도록 하셨으며, 이로 인해 그들의 사역은 허구나 속임수로 의심 받을 이유가 전혀 없게 되었습니다. 그리스도는 자주 제자들과 함께 식사하기 전에 축사하셨고 하나님을 찬양했습니다(눅 22:17-18, 막 14:22-23, 26, 마 26:27-28, 30). 요한복음 17장에서처럼 그리스도께서 제자들과 함께 자주 기도하셨을 것이 분명합니다. 하지만 매일 제자들

이 기도할 때마다 요한복음 17장에서 언급하는 기도를 했을 개연성은 별로 없습니다.

그리스도의 상황과 우리의 상황은 전혀 다릅니다. 제자들은 날마다 자신의 죄악을 고백하고 겸손하게 용서를 구해야 했습니다. 하지만 그리스도는 그럴 필요가 없었습니다. 제자들은 죄를 죽이는 은혜를 구하고 죄와 싸우도록 도움을 구해야 했지만, 그리스도께는 죽여야 할 죄가 없었고 죄와 싸우는 도움을 구할 필요도 없었습니다. 제자들은 성령을 주시도록 간구하고 그들에게 있는 은혜가 자라가도록 기도해야 했지만, 그리스도께는 모든 충만과 완전이 있었습니다. 제자들은 이런 일들을 위한 은혜의 방편들을 간구해야 했고, 은혜의 방편들에 힘쓰는 데 있어서도 복을 주시도록 기도해야 했습니다. 그러나 그리스도는 은혜의 방편들을 의지할 필요가 없었습니다. 제자들은 자기들이 받은 용서와 회심 등의 은혜에 감사해야 했지만, 그리스도는 그럴 필요가 없었습니다. 이처럼 죄인들과 하등의 공통점이 없는 대제사장은 그들을 위해 기도하셨지만 그들의 입술로 드리는, 그들이 하지 않으면 안 될 가족기도를 드릴 필요가 없는 분이셨습니다.

반론 3: 하나님은 공허한 기도나 억지로 하는 기도를 가증하게 보고 받지 않으십니다. 믿지 않는 자들이 억지로 하는 기도는 역겨울 따름입니다. 가족기도는 가끔 공허하고 지루합니다. 대부분의 가족들은 믿지 않거나 그들 중에는 믿지 않는 사람들이 포함되어 있기 때문입니다. 그러므로 가족기도는 하나님 앞에 가증한 것일 수밖에 없습니다.

대답: 첫째, 이런 반론은 경건한 가족들의 기도와는 상관이 없습니다. 둘째, 믿지 않는 가족이 함께하는 자리라고 해서 경건한 가장의 기도까지 역겨운 것이 되거나 공허한 것이 되지는 않습니다. 그렇지 않다면 예수님의 기도나 축복도 공허하고 가증한 것이 되었을 것입니다. 그 자리에는 위선자요 도적인 가룟 유다도 있었기 때문입니다. 더욱이 사도들의 기도와, 고린도나 갈라디아나 에베소 등지의 교회에서 사역하던 목회자들의 기도 역시 마찬가지라고 해야 할 것입니다. 셋째, 믿지 않는 악인의 기도가 가증할 때와 그렇지 않을 때는 언제인지를 다룬 "양심을 깨끗하게 지키는 방법"을 참고하기를 바랍니다. 믿지 않는 악인이 조금의 뉘우침도 없이 하는 기도는 가증한 것일 수밖에 없습니다. 하지만 자신의 악함을 회개하고 하나님께로 돌이키는 기도는 그렇지 않습니다. 하나님이 바라시는 기도는 오히려 믿음으로 드리는 회개의 기도입니다. 믿지 않는 악한 자는 기도하면 안 된다는 생각은 잘못된 것입니다. 그보다는 오히려 "가증한 기도를 하면 안 된다"로 바꿔야 맞습니다. 시몬 마구스도 돌이켜 기도하고 "여호와를 만날 만한 때에 찾으라. 가까이 계실 때에 그를 부르라"는 소리를 들었습니다(행 8:9-25, 사 55:6). 그러므로 믿지 않는 사람들도 기도해야 합니다. 그들의 기도는 결코 가증한 것이 아닙니다. 기

도하라는 명령은 곧 회개하고 악에서 돌이키라는 말입니다. 은혜를 구하는 기도를 한다는 것은 다름 아닌 은혜에 대한 갈망을 하나님께 올려 드리는 것이 아니고 무엇입니까? (자신들이 원치도 않은 것을 바라는 것처럼 하나님께 거짓말하라는 뜻이 아닙니다.) 그러므로 믿지 않는 사람들에게 우리가 기도해야 한다고 하는 것은 곧 그런 갈망을 구하라는 말입니다.

반론 4: 많은 가장들이 기도서가 없으면 가족들 앞에서 기도를 못합니다. 이는 잘못된 것입니다.

대답: 가장이 기도하지 못하는 이유가 그의 도덕적인 과실이나 잘못 때문이라면, 그가 자기 가정을 제대로 다스리기란 쉽지 않을 것입니다. 그러나 이것이 선천적인 장애나 어려움 때문이라면, 그것을 극복할 모든 방편을 강구하는 것이 마땅합니다(가족들과 기도를 전혀 안 하는 것보다는 기도서나 다른 형식을 빌어서라도 기도하는 것이 낫습니다).

가정예배의 시간과 빈도

이제 우리는 가정예배의 횟수는 어떻게 하는 것이 좋은지, 아침 저녁으로 매일 두 번씩 드리는 것은 합당한지 살펴보도록 하겠습니다. 첫째, 대체로 매일 하루에 두 번 드리는 것이 좋습니다. 아침과 저녁이 하루 중 가장 좋은 때입니다. 둘째, 때로는 가정예배보다 더 중요한 일이 생길 수도 있습니다. 이럴 때는 가정예배보다는 그 일을 하는 것이 옳습니다. 하지만 언제가 좋을지는 각 가정의 상황에 따라 다를 수 있습니다.

주장 1: 우리는 예배를 드리기에 합당한 때와 기회를 놓쳐서는 안 됩니다. 가족은 매일(아침저녁으로) 기회를 가질 수 있으므로 그 기회를 놓치지 말아야 합니다.

중심 논지와 소논지 모두 이미 앞에서 증명했습니다. 날마다 가족들이 죄를 짓고 날마다 사죄의 은총을 받아 산다는 것은, 우리가 날마다 경험하는 자명한 사실입니다. 더구나 날마다 새로운 필요가 있습니다. 그러므로 이성은 우리에게 아침마다 하나님께 지난밤의 안식에 감사하는 기도를 드리는 것이 마땅하다고 말합니다. 살아갈 한 날을 인도하시고 보호하시고 먹여 주시고 복 주시기를 기도하는 것 역시 마땅하다고 말합니다. 그렇게 할 때 우리의 마음은 두려움과 세상 염려에서 자유를 누립니다. 마찬가지로 매일 저녁 하나님께 그날 받아 누린 긍휼을 감사하고 죄를 고백하고 용서를 구하고 평안한 밤을 주시기를 기도하는 것 또한 마땅합니다. 본성과 이성은 우리가 얼마나 자주 먹고 얼마나 오래 자고 어떤 옷을 입어야 할지 알려 줍니다. 굳이 성경이 우리에게 세세하게 말해 줄 필요가 없습니다. 그러므로 성경이 기도할 것을 명령한다면, 하나님께서 섭리 가운데 언제 얼마나 자주 기도해야 할지 알게 하실 것입니다.

주장 2: 주기도문은 가족을 위한 기도를 날마다 드려야 한다고 말합니다. "날마다 일용할 양식our daily bread을 주옵시고." 여기서 '우리의our' 일용할 양식이라고 표현함으로서 복수를 사용합니다. 그러므로 우리의 이성은 이 기도가 개인의 기도일 뿐 아니라 가족의 기도라는 것을 말해 줍니다.

주장 3: 많은 성경구절이 이 부분에 대해 언급합니다. "쉬지 말고 기도하라. 범사에 감사하라. 이것이 그리스도 예수 안에서 너희를 향하신 하나님의 뜻이니라"(살전 5:17-18). "상전들아, 의와 공평을 종들에게 베풀지니 너희에게도 하늘에 상전이 계심을 알지어다. 기도를 계속하고 기도에 감사함으로 깨어 있으라"(골 4:1-2). "또 무엇을 하든지 말에나 일에나 다 주 예수의 이름으로 하고 그를 힘입어 하나님 아버지께 감사하라"(골 3:17). "아무것도 염려하지 말고 오직 모든 일에 기도와 간구로 너희 구할 것을 감사함으로 하나님께 아뢰라"(빌 4:6). "쉬지 말고 기도하라……기도를 계속하고…… 무엇을 하든지"와 같은 기도를 이루기 위해서는 적어도 하루에 두 번 이상은 기도해야 함을 쉽게 알 수 있습니다.

주장 4: 다니엘은 집에서 하루에 세 번씩 기도했습니다. 그렇다면 복음 시대를 살아가면서 하루에 두 번도 기도하지 못한다는 것은 잘 납득이 되지 않습니다.

주장 5: "참 과부로서 외로운 자는 하나님께 소망을 두어 주야로 항상 간구와 기도를 하거니와"(딤전 5:5). "주야로"라는 말은 적어도 아침과 저녁 두 번은 기도해야 할 것을 말합니다. 하지만 이 말은 과부에게 해당하고 가족기도와는 상관이 없다고 말한다면, 모든 종류의 기도가 해당될 수 있으며 과부가 이 정도 기도해야 한다면 가정이 있는 자는 더 많이 기도해야 하는 것이 마땅하다고 대답하겠습니다.

주장 6: 누가복음 6:12, 2:37, 18:7, 사도행전 26:7, 데살로니가전서 3:10, 디모데후서 1:3, 요한계시록 7:15, 느헤미야 1:6, 시편 88:1, 여호수아 1:8, 시편 1:2과 같은 말씀은 그리스도께서 주야로 기도하신 모습과 그분의 종들이 성경을 읽고 기도하고 묵상한 모습을 보여줍니다.

주장 7: 신명기 6:7, 11:19은 부모들이 "누워 있을 때에든지 일어날 때에든지" 하나님의 말씀을 자녀들에게 가르쳐야 한다고 합니다. 이런 사실에 비추어 말씀과 기도를 조합해 볼 때, 부모는 누워 있을 때에든지 일어날 때에든지 자녀들과 함께 기도하는 것이 마땅합니다.

주장 8: 시편 119:164에서 다윗은 하루에 일곱 번 하나님을 찬양합니다. 시편 146:2은 이렇게 말합니다. "나의 생전에 여호와를 찬양하며 나의 평생에 내 하나님을 찬송하리로다." 시편 5:3은 말합니다. "여호와여, 아침에 주께서 나의 소리를 들으시리니 아침에 내가 주께 기도하고 바라리이다." 시편 59:16은 말합니다. "나는 주의 힘을 노래하며 아침에 주의 인자하심을 높이 부르오리니." 시편 88:13은 말합니다. "아침에 나의 기도가 주의 앞에 이르리이다." 시편 92:12은 말합니다. "의인은 종려나무같이 번성하며 레바논의 백향목같이 성장하리로다." 시편 119:147-148은 말합니다. "내가 날이 밝기 전에 부르짖으며 주의 말씀을 바랐사오며 주의 말씀을 조용히 읊조리려고 내가 새벽녘에 눈을 떴나이다." 시편 130:6은 말합니다. "파수꾼이 아침을 기다림보다 내 영혼이 주를 더 기다리나니." 제사장들은 아침마다 제사를 드리고 하나님께 감사를 드려야 했습니다(대상 23:30, 출 30:7: 36:3, 레 6:12, 대하 13:11, 겔 46:13-14, 암 4:4). 그리스도인들은 "택하신 족속이요 왕 같은 제사장들이요 거룩한 나라요 그의 소유가 된 백성"입니다(벧전 2:5, 9). 다윗은 말합니다. "저녁과 아침과 정오에 내가 근심하여 탄식하리니 여호와께서 내 소리를 들으시리로다"(시 55:17). 아침저녁으로 제사를 드리고 번제를 드려야 했다면, 복음으로 드리는 예배가 이보다 덜 드려져야 할 이유는 없습니다(대상 16:40, 대하 2:4; 13:11; 31:3, 스 3:3, 대하 16:15, 왕상 18:29, 36, 스 9:5). 다윗의 말에서 알 수 있는 것처럼 이런 제사는 기도와 함께 드려졌습니다. "나의 기도가 주의 앞에 분향함과 같이 되며 나의 손 드는 것이 저녁 제사 같이 되게 하소서"(시 141:2). 하나님께서는 희생제사보다 기도와 찬미의 제사를 원하십니다(삼상 15:22).

이런 말씀들은 하나같이 하나님의 종들이 얼마나 자주 하나님을 예배했는지, 하나님께서 기대하시는 예배가 어떤 것인지를 보여줍니다. 더 빛나고 위대한 복음 시대를 사는 신자들이 율법의 때를 살았던 사람들보다 못할 이유가 없습니다. 그리스도도 밤이 맞도록 기도했습니다. 이 본문들이 말하는 것은 일반적인 기도이지 개인기도로 국한되지 않습니다. 그렇다면 이 말씀들은 모든 기회를 따라 드리는 모든 기도에 해당합니다. 이런 예들을 굳이 개인기도로만 국한시킬 필요는 없습니다. 두세 사람이 그리스도의 이름으로 모인 곳에는 그분도 함께 계십니다.

이런 말씀으로 볼 때 기도할 때마다 교회로 모여야 한다고 누가 말한다면, 교회는 자주 모일 수 없다고 말해 주고 싶습니다. 물론 큰 도시에 사는 사람들이 하는 것처럼 별 어려움 없이 모일 수만 있다면, 많은 사람들이 날마다 목사와 더불어 기도하는 것은 좋은 일입니다.

굳이 많은 논증을 통해 하나님을 기뻐하고 믿음과 사랑의 역사를 즐거워해야 한다고 설득할 필요가 없는, 거룩하고 의에 주린 그리스도인들은 이 주제를 다소 지루하게 다루고 있다고 생각할 것입니다. 자기 눈이 열리고 신령한 감각이 살아나 자신의 죄악들을 깨닫고 일상의 위험과 필요를 절감하고 하나님을 사랑하는 마음을 갖고 싶은 독자들 가운데 이 주제와 관련하여 내가 좀 더 이야기했으면 하는 사람이 있을지도 모릅니다. 가정예배와 같은 달콤하고 유익하고 필요한 일을 확신하기에는 위의 주장만으로도 족하다고 봅니다. 기도하는 가정과 그렇지 않은 가정의 차이를 목도하고 가족들의 영혼을 아끼고 하나님과의 교제를 사모하는 사람은 이보다 훨씬 적은 말로도 가정예배에 대한 확신을 갖게 될 것이 분명합니다. 가족들이 예배로 만족하기 위해서는 그들 안에 있는 죽은 마음과 은혜 없는 마음과 육신적 마음이 먼저 치료되어야 합니다. 신령한 미각이 있어야 이성이 살아납니다. 하나님께서 모든 사람에게 "와서 맘껏 먹어라"고 하신다면, 속이 불편한 사람들은 이렇게 말합니다. "하나님이 그렇게 말씀하시니 먹기는 먹습니다만 하루에 한 번, 그것도 아주 조금이면 됩니다." 반면에 다른 사람은 이렇게 말합니다. "하루에 세 번 먹는 것으로는 부족합니다." 건강하고 선한 마음을 가진 사람은 하나님의 말씀을 잘 이해할 수 있습니다. 특히 하나님이 하시는 명령들을 잘 깨닫고 받아들입니다. 그분의 말씀을 사랑하지 않고 지겨워하는 사람은 자신의 의무조차 제대로 믿지 못합니다. 새로운 본성과 거룩한 사랑과 갈망과 체험이 있는 바른 신자는 이렇게 설득할 필요도 없습니다. 내가 여기까지 쓴 것은 육신적인 마음을 가진 위선자를 설득하고 원수들의 입을 다물게 하기 위함입니다.

3장
거룩한 가정을 위한 지침

가정을 바로 다스리기 위해서는 가정을 다스리는 가장과 가족 구성원들이 어떤 상태에 있는지를 아는 것이 중요합니다. 이는 가정을 이루는 지침에서 이미 언급을 했습니다. 혹시 거룩한 가정을 이루고 누리기에 합당하지 않은 상태에 있는 사람들은, 먼저 전에 지은 자신의 죄와 경솔함을 회개하고 하나님께로 돌이켜 가족 구성원으로서의 의무를 다하는 데 합당하게 되도록 힘써야 합니다. 가장에게 가장 필요한 것은 권위와 숙련됨과 거룩함과 결연한 의지입니다.

첫째, 가장은 가정에서 자신의 권위를 행사해야 합니다. 그렇지 않으면 가족들에게 무시를 당하고, 가장의 말은 권위를 잃습니다. 이는 고삐가 없는 말에 올라탄 것이나 마찬가지입니다. 권위를 상실한 가장은 가정을 다스리는 권세도 없습니다. 가장은 먼저 가장에게 있는 권위의 본질과 용도, 그 정도가 어떤지를 알아야 합니다. 부인과의 관계가 다르고 자식과의 관계가 다르듯이, 각각에게 행사되는 권위도 다릅니다. 부인에게 행사되는 남편으로서의 권위는 가정의 질서를 잡고, 부부관계를 안전하고 현명하게 누리고, 부부로서의 만족한 삶을 위해 필요한 것입니다. 고압적인 명령보다는 남편으로서의 사랑하는 마음과 세심한 이해가 있어야 합니다. 자녀들에 대한 가장의 권위는 대단히 큽니다. 자녀들의 바른 양육과 행복을 위해서는 반드시 그 권위를 사랑으로 행사해야 합니다.

지침 1: 가장의 권위는 모든 질서의 하나님께로부터 온다는 것과 하나님께 순종한다는 것은 곧 가장에 대한 순종을 포함한다는 사실을 가족들은 알아야 합니다. 권세는 하나님께로부터만 오고, 오직 하나님께로부터 난 권세만이 지각 있는 피조물의 존경을 받기에 합당합니다. 하나님께로부터 온 것이 아닌 모든 유대는 (육신적으로는 모르겠지만, 적어도 영적으로는) 쉽게 끊어지고 버림을 당합니다. 일깨워진 양심은 주제넘은 강탈자에게 이렇게 말합니다. "예수도 내가 알고 바울도 내가 알거니와 너는 누구냐?"

지침 2: 지식과 거룩과 허물 없는 삶 가운데 하나님이 함께하시는 가장으로 드러날수록, 그 가장의 권위가 하나님을 경외하는 가족들에게는 더 크게 다가옵니다. 가장의 죄는 그를 수치스럽고 한심한 사람으로 드러나게 합니다. 하지만 하나님의 형상인 거룩은 가장을 더욱 영예롭게 합니다. 믿는 자들의 눈은 "망령된 자를 멸시하며 여호와를 두려워하는 자를 존대"합니다(시 15:4). 잠언은 말합니다. "공의는 나라를 영화롭게 하고 죄는 백성을 욕되게 하느니라"(잠 14:34). 하나님께서는 이렇게 말씀하십니다. "나를 존중히 여기는 자를 내가 존중히 여기고 나를 멸시하는 자를 내가 경멸하리라"(삼상 2:30). "부끄러운 정욕"과 삶에 자신을 방임하는 가장은 스스로를 비천한 자로 만드는 것이고 따라서 수치를 당하게 될 것입니다(롬 1:26). 엘리의 아들들은 "하나님을 멸시하고" 자신들의 죄로 스스로를 비천한 자로 만들었습니다(삼상 3:13). 도덕적으로나 자연적으로 비천한 사람이라 할지라도 하나님이 그에게 어떤 권세를 주셨다면 그것을 인정하고 그 권세에 걸맞게 존중하는 것이 맞습니다. 하지만 그렇게 하기가 얼마나 어려운지, 그런 경우는 거의 드뭅니다. 하나님은 자긍하는 죄인에게 엄중하셔서 다른 사람에게 비천한 자로 드러나게 함으로 그를 심판하십니다. 그가 살아 있을 때는 그 권세가 두려워 그렇게 못했다면, 죽고 나서라도 사람들의 입에 함부로 오르내리고 명성이 짓밟힙니다(잠 10:7). 페르시아나 로마, 터키와 같은 대제국의 황제들을 보면 알 수 있습니다. 하나님께서는 그들 가운데 (음란과 술취함과 탐식과 교만과 특히 박해와 같은 것들로) 스스로를 더럽히고 비천하게 한 자들의 숨기운 것들을 발가벗기셔서 사람들의 수치와 조롱거리가 되게 하십니다. 정작 자신은 하나님의 권위를 거스르면서 어떻게 집에서 가장으로서의 권위를 유지할 수 있기를 기대한단 말입니까?

지침 3: 흥분하거나 경솔한 언행으로 자기 본성의 허물을 드러내서는 안 됩니다. 이로 인해 드러난 비천한 모습 때문에 가장으로서의 권위와 선한 영향력이 현저히 줄어들 것이기 때문입니다. 사람은 본성적으로 합리적인 것을 존중하게 되어 있습니다. 그렇기 때문에 질서라는 명분으로 사람들을 설득하여 합리적인 것이 아닌 어리석은 것을 따르게 하기란 매우 어렵습니다. 합리적인 권세 아래 있고자 하는 것이 사람입니다. 아무리 사소한 것이라고 할지라도 어리석고 무의미한 말들이나 무절제함, 신중하지 못한 행실은 가족들에게 실망을 주고 가장의 권위를 떨어뜨리게 합니다.

지침 4: 가장의 권위를 행사하지 않음으로 그것을 잃어버리는 일이 없어야 합니다. 잠시라도 자녀들을 멋대로 하도록 내버려 두면 가장의 권위는 힘을 잃습니다. 가장이라고 무조건 엄하게만 대하는 것과 가장으로서의 권위를 사용하는 데 소홀하고 겨우 가장으로서 명목만 유지하는 양극단을 피할 수만 있으면, 적어도 가족들에게 권위를 잃지 않을 것입니다.

지침 5: 자녀들을 허물없이 대함으로 가장으로서의 권위를 잃어버리지 말아야 합니다. 가장이 자녀들과 친구처럼 놀아 주거나 친구처럼 말하고 자녀들도 가장을 친구 대하듯이 하도록 하면,

자녀들은 이런 관계에 금방 익숙해져서 가장을 친구 정도로만 생각하게 됩니다. 그렇게 되면 자녀들은 다른 사람의 말은 들으면서도 친구로만 여기던 가장이 이래라저래라 하는 것을 못마땅해 하고 비웃게 됩니다.

둘째, 가정을 신중하고 세련된 방법으로 다스릴 수 있도록 힘쓰십시오. 누구든 가장이 된다는 것은 한 가정의 머리가 되는 것입니다. 합당한 준비 없이 가장이 되는 것은 아주 어리석은 일입니다. 중요한 일과 관련하여 이런 모습을 보이는 것을 결코 작은 죄라 할 수 없습니다. 읽기나 쓰기를 못하는 사람이 선생이 된다거나 진단이나 치료를 어떻게 해야 하는지도 모르는 사람이 의사가 된다거나 항해에 대해 제대로 알지 못하는 사람이 항해사가 되는 것을 용납할 수 있겠습니까? 그렇다면 다른 사람의 일에 대해서는 이런 사실을 당연하게 여기고 옳고 그름을 잘 알면서 유독 자신의 일에는 그렇지 않아야 할 이유가 어디 있습니까?

지침 1: 가정을 거룩하게 다스리기 위해서는 하나님의 말씀을 연구해야 합니다. 하나님께서는 왕에게 "율법서의 등사본을…… 평생에 자기 옆에 두고 읽으라"고 하시고(신 17:18-19), "율법책을 네 입에서 떠나지 말게 하며 주야로 그것을 묵상하라"고 하십니다(수 1:8). 모든 부모는 말씀을 "자녀에게 부지런히 가르치며 집에 앉았을 때에든지 길에 행할 때에든지 누워 있을 때에든지 일어날 때에든지 이 말씀을 강론할" 수 있어야 합니다(신 6:6-7, 11:18-19). 모든 인간의 통치는 하나님의 통치에 부합하고 하나님의 율법에 대한 순종을 도모하는 것이어야 합니다. 모든 인간의 법과 교훈은 하나님의 율법에 부합해야 함은 물론 그것을 섬기는 것이어야 합니다.

지침 2: 획일적으로 자녀들을 대하지 않고, 자녀들이 가진 고유한 성정을 이해하고 그에 걸맞게 다뤄야 합니다. 지적인 자녀들이 있는 반면, 그렇지 못한 자녀들도 있습니다. 온순한 성품을 가진 자녀가 있는가 하면, 완고하고 무례한 성품의 자녀가 있을 수 있습니다. 인자와 온유로 대하는 것이 가장 좋은 자녀가 있는가 하면, 엄중하게 대하는 것이 필요한 자녀가 있습니다. 고유한 성향에 따라 자녀들을 달리 대하는 신중함이 필요합니다.

지침 3: 자녀들이 잘못을 저지를 때마다 각각 경중을 잘 따져서 합당한 견책이 돌아가도록 해야 합니다. 알면서 고의로 잘못을 저지르거나 중대한 잘못을 저지른 경우는 엄하게 꾸짖어야 합니다. 고의가 아닌 육신의 연약함이나 무능력에서 비롯된 잘못도 있습니다. 꾸지람보다 동정과 연민이 필요한 경우는 너그럽게 다뤄야 합니다. 본성의 타락이나 습관에서 비롯된 경우 특정한 잘못을 고치는 것으로는 부족하고 총체적으로 접근해야 합니다. 이런 습관을 없애고 변화시키는 데는 삶의 방향을 바꾸도록 노력하는 것이 더 효과적입니다. 중요하고 중심적인 일들에 대한 마음은 바른데 잘못된 행동을 하는 자녀들도 있습니다. 잘못을 저지르는 빈도도 자녀들마다 제각각입니다. 잘못의 경중이나 동기에 따라 책망을 달리하지 않으면, 그들의 마음을 더 완고하게 만들 뿐 책망하는 목적을 이루지 못합니다. 공공의 선을 위해서 정의가 바르게 집행되어야 하는 것처럼, 가정에도 왜곡되지 않아야 할 정의가 있습니다. 그것을 지키지 못하면 가정의 질서는 무너질 수밖에 없습니다.

지침 4: 아내에게 좋은 남편이 되고, 자녀에게는 좋은 아빠가 되십시오. 사랑으로 가정을 다스림으로써, 가장에게 순종하는 것이 가정의 복이라는 사실을 가족들이 알 수 있어야 합니다. 세상은 본성적으로 자기 사랑에 취해 있고 자기에게 이득이 되는 것을 따라 살게 되어 있습니다. 이런 세상에서 순종과 선을 이끌어 내는 가장 효과적인 길은, 가장이 가정을 다스리는 것이 결국은 자기들을 위한 것이고 인간이 가진 자기 사랑에 부합하며 그로 인한 유익이 결국 고스란히 자신들의 것임을 알게 하는 것입니다. 가족들을 위해서 하는 일은 없으면서 가족들을 늘 신랄하고 무례하고 인색하게만 대한다면, 아무도 그런 통치를 달가워하지 않을 것입니다.

지침 5: 다른 사람을 잘 다스리고 싶다면 먼저 자신을 다스리는 법을 배우십시오. 자기 자신도 자기 뜻대로 다스리지 못하면서 다른 사람 다스리기를 바랍니까? 경건하게 살지도 않고 하나님을 경외하지도 않은 사람이 어떻게 가족들이 그렇게 하도록 다스리겠습니까? 정작 자신은 집착과 정욕과 술취함과 탐식과 같은 감각적인 것들에 맥을 못 추면서 어떻게 다른 사람에게 그것들을 하지 말라고 하겠습니까? 가장 자신의 삶과 모순되는 이중적인 요구와 꾸지람을 가족들이 무시하지 않겠습니까? 설교자에게만 이런 사실이 해당됩니까? 가장도 마찬가지입니다.

셋째, 거룩한 가장이 되려면 먼저 거룩한 사람이 되어야 합니다. 마음의 경향이 분출되는 방향으로 행동은 따라가기 마련입니다. 사람이 어떠하면 행동도 그러합니다. 하나님의 원수된 자가 하나님을 위한 가정을 꾸려갈 리 없습니다. 거룩이 무엇인지도 모르거나 거룩을 싫어하는 사람이 가정에 거룩한 질서를 세우고 여러 일들을 거룩하게 처리해 나갈 리가 없습니다. 자기는 거룩하지 않으면서, 마치 거룩하게 살기라도 하는 것처럼 다른 사람에게 거룩한 삶을 살고 죄를 죽일 것을 요구하기가 얼마나 쉬운지 모릅니다. 하지만 경건하지 않은 사람들은 바라고 요구할 줄만 알지 실제로 경건한 가정을 이루기 위해 자기에게 요구되는 목적이나 원리를 따라 살려고 하지는 않습니다(물론 더러 그렇게 하는 사람도 있기는 하지만 말입니다).

지침 1: 가장은 자신의 영혼이 먼저 하나님께 전적으로 순종해야 할 것과, 가족들이 가장인 자신의 말에 순종하기를 바라는 것보다 더 엄밀하게 하나님의 율법을 순종해야 함을 분명히 하십시오. 가장인 당신도 하나님께 순종하지 않는데, 그런 당신에게 순종하지 않은 것 때문에 가족들이 두려워할 이유가 어디 있습니까? 불순종에 대해 당신이 하나님보다 더 엄중하게 벌할 수 있습니까? 순종에 대해 당신이 하나님보다 더 풍성한 상급을 줄 수 있습니까? 당신이 하나님보다 더 위대하고 더 선한 존재입니까?

지침 2: 모든 가정사나 가족을 다스리는 일이나 자기에게 맡겨진 일에서 궁극적인 목적은, 영광중에 계신 하나님을 즐거워하는 것이라는 사실과 자신은 보화를 하늘에 쌓는 사람임을 가족들 앞에서 분명히 하십시오. 자신과 그 소유를 하나님께 헌신하고 범사에 하나님을 위해 행하십시오. 오는 세상을 향한 여정을 시작한 사람처럼 모든 일을 하되, 이 땅에서 하는 세상일은 모두 천국을 준비하는 것이고 가족들의 영원한 유익을 위한 것처럼 하십시오. 이처럼 스스로 하나님께 구별되고 거룩하게 된다면, 자기가 가진 모든 것을 하나님을 위해 구별하게 될 것이고 하나님께서 받으실 만한 거룩한 것으로 드러날 것입니다.

지침 3: 가정에서 가장으로서의 자신의 권위보다 하나님의 권위를 더 소중하게 보전하십시오. 당신의 권위는 다름 아닌 하나님

의 권위로부터 비롯됩니다. 가장인 당신의 권위가 침해 당할 때
보다 하나님께 잘못하고 영광을 돌리지 않는 것을 더 엄중하게
다루고 경책하십시오. 엘리 제사장의 비극적인 전철을 밟지 마십
시오. 자녀들의 어떤 죄도, 특히 그것이 큰 죄라면 가볍게 취급하
지 마십시오. 자신의 소유를 잃어버릴 때는 작은 일도 발끈하면
서 하나님의 뜻을 저버리는 일을 경시하는 것은 정말 어리석은
짓입니다. 하나님의 영광이 가정의 가장 중요하고 위대한 것이어
야 합니다. 하나님을 섬기는 것이 모든 일의 우선이어야 합니다.
하나님을 거스르는 것이야말로 가장 용인할 수 없는 죄로 여기는
가정이 되어야 합니다.

지침 4: 가족들을 향한 신령한 사랑으로 차고 넘치는 가장이 되
어야 합니다. 가족들의 영혼을 구원하는 것이 가장의 가장 큰 관
심사이어야 하고 그들의 영적인 비참함에 가장 민감하게 반응할
수 있어야 합니다. 하늘의 신령한 양식을 나눠 주는 일에 주의를
기울이고 무엇이나 그것을 가로막지 못하도록 해야 합니다. 잠시
있다가 사라질 세상 재물과 부요함을 가족들의 영원한 부요함보
다 우선시해서는 안 됩니다. 많은 일에 분주하느라 가장 필요한
한 가지를 소홀히 하는 일이 없어야 합니다. 자신과 자녀들을 위
해서 좋은 편을 택하십시오(눅 10:42).

지침 5: 가족들이 게으름이나 육신을 기쁘게 하는 일에 사로잡혀

있지 않도록 하고, 생각과 마음을 거룩한 일에서 분산시키거나 합당하지 않게 만드는 많은 일들로 분주해지지 말아야 합니다. 하나님께서 맡겨 주신 일은 인내와 끈기로 계속해 나가야 합니다. 하지만 재물 때문에 그 일에 계속해서 이끌리고 있다면, 재물 때문에 미혹을 받아 믿음에서 떠나고 근심하다 자기를 찌른 사람들의 예에서 보듯이 자기 자신은 물론 다른 사람을 미혹하는 자가 되는 것입니다(딤전 6:10).

지침 6: 모든 일을 가능한 한 일정한 시간과 질서를 따라 하십시오. 무질서한 시간 사용으로 인한 혼란으로 경건이 방해 받지 않도록 하십시오. 정해진 시간에 일정한 질서를 따라 일을 하는 것은 모든 일에 큰 도움이 됩니다. 이렇게 하면 불필요한 장애가 없어지고 일이 쉬워져서 원하는 바를 이룰 수가 있습니다. 일이 분산되고 방해를 받으면 마음도 분산됩니다. 결국 거룩한 의무에도 집중을 하지 못합니다. 물론 일정한 질서나 방법을 따라 하기가 매우 어려운 일도 있기는 합니다만, 그 외 다른 일들은 이런 일정한 질서와 방법을 따라 신중함과 부지런함으로 하면 쉽게 해 갈 수 있습니다. 차분한 마음과 생각으로 하나님을 섬기는 일과 세상일 모두를 훨씬 잘 해낼 수 있습니다. 신중함과 능숙함은 많은 수고와 초조함을 덜어 줍니다.

4장
가정을 거룩하게 다스려야 하는 이유

가정을 거룩하게 다스릴 때 얻는 유익과 그것을 소홀히 할 때 맞는 불행을 생각해 보면, 이런 엄중한 책임을 알지도 신경 쓰지도 않는 경박하고 불경건한 가장만큼 더 밉살스럽고 화를 돋우는 사람이 없음을 알게 될 것입니다. 우리 모두는 자기 의무를 소홀히 하는 경박하고 밉살스러운 가장이 초래한 비참한 결과들을 경험하고 있기 때문에, 굼뜬 가장들의 영혼을 일깨워 그들이 자신의 의무를 감당할 수 있도록 방해 요인들을 제거하는 것이 얼마나 가치 있는 일인지 알 것입니다.

이유 1: 가정을 거룩하게 다스리는 일은 세상을 다스리는 하나님 통치의 중요한 부분이라는 사실을 기억하십시오. 그것을 방해하는 일은 마귀가 이 세상에 역사하는 가장 대표적인 방식임을 생각하십시오. 하나님은 자연적이고 정치적인 질서를 세상에 두시고, 피조물을 통해 그분의 역사를 이루심으로 피조물을 영화롭게 하기를 기뻐하셨습니다. 부차적인 동인이 전혀 없이도 모든 일을 이루실 수 있고 도구를 통하지 않고도 홀로 세상을 능히 다스릴 수 있으심에도(자신의 본성적인 한계와 부족함 때문에 신하와 사절을 쓸 수밖에 없는 세상 왕과 하나님은 전혀 다릅니다), 하나님은 자신의 탁월한 역사에 부차적인 동인들을 참여시키시고 세상에서 하나님의 뜻을 일궈 가는 동인들이 이루는 질서와 구조를 기뻐하십니다. 나라마다 왕의 신하로서 재판관들이 왕의 명을 받들어 다스리는 것처럼, 모든 가장은 하나님의 신하로서 집안을 다스립니다. 신하들을 통한 왕의 통치를 거부하고 무시하는 것은 곧 하나님에 대한 모독이자 반역입니다. 하지만 이 세상은 하나님의 통치를 거부하는 실제적인 무신론과 반역과 불경건으로 가득합니다.

하나님이 세운 권세를 악의적으로 거스를 때, 하나님의 존재를 대적할 의도가 없다 하더라도 이런 행동은 사실상 그들을 세운 거룩하고 의로운 세상 통치자인 하나님을 대적하는 일입니다. 군대에서 하사관과 사병들과 부관이 직속상관인 장교의 명을 거스르면, 장군이나 영관들이 힘을 발휘할 수 없어서 전투에 질 수밖에 없습니다. 마찬가지로 가장과 같이 하나님이 세운 권세가 자기에게 맡겨진 통치를 소홀히 하거나 잘못 행사하는 것 역시, 이 땅에서의 하나님의 통치를 더럽히고 무너뜨리는 것입니다. 하나님이 당신의 가정을 다스리지 않으시면 도대체 누가 다스리겠습니까? 하나님의 통치를 거부하는 곳은 어디나 마귀가 지배합니다. 세상과 육체는 마귀가 이 세상에 역사하는 도구입니다. 세속과 육신의 삶은 마귀의 지배를 받는 삶입니다. 믿음과 경건이 없는 가정을 다스리고 조정하는 것은 마귀일 수밖에 없습니다. 여기서 우리가 무엇을 기대하겠습니까?

이유 2: 가장이 제대로 다스리지 못하는 믿지 않는 가정은 가족 구성원들을 멸망으로 이끄는 가장 유력한 도구임을 명심하십시오. 이런 가정은 가족의 영혼을 지옥으로 급히 실어 나르는 배입니다. 무저갱의 나락으로 급히 떠내려가는 보트입니다. 마차나 배가 마부나 항해사가 원하는 곳을 향해 가듯이, 마귀가 모는 마차나 보트 역시 거기에 탄 모든 사람과 더불어 마귀가 원하는 곳으로 갑니다. 하지만 가장의 다스림을 잘 받는 가정의 가족은 영혼 구원에 큰 도움을 받습니다. 불경건과 욕설과 거짓말과 탐욕과 하나님을 조롱하려는 유혹이 불경건한 가정에 끊이지 않는 것처럼, 믿는 경건한 가정에는 항상 거룩한 삶과 믿음과 사랑과 순종과 하늘을 향한 마음에 대한 격려가 끊이지 않습니다. 경건한 가정에 죄로 이끄는 유혹이, 마귀의 작업장과 노역소와 같은 믿지 않는 불경건한 가정보다 훨씬 적은 것은 당연합니다. 가장의 권위와 가족들의 경건한 삶과 같은 모든 좋은 모범이 거룩한 삶을 살도록 항상 서로를 자극합니다.

    겁쟁이라도 용감한 병사들로 잘 훈련된 부대 안에 있으면 함께 있는 용감한 다른 전우들 때문에라도 싸움에 나설 수 있지만, 아무리 용감한 사람이라도 제대로 훈련되지 못한 우왕좌왕하는 군인들과 있다가 공격을 당하면 그들과 더불어 패할 수밖에 없습니다. 마찬가지로 악한 사람이라도 질서 잡힌 거룩한 가정에서 성도들과 함께 살면, 악하게 사는 것은 엄두도 못 냅니다. 오히려 그 사람도 거의 성도처럼 드러납니다. 이런 가정에서는 불경하고 외설스러운 말을 들을 기회도 없을 뿐 아니라, 함께 사는 사람들과 그 가정의 권위 때문에라도 계속해서 신앙적인 삶을 살게 됩니다. 오, 불경하고 세속적인 어지러운 가정에 사는 사람들과 비교해 볼 때, 은혜롭고 질서 잡힌 가정에 사는 사람들은 천국에 이르는 길을 발견하기가 얼마나 수월하고 명료한지요! 이슬람 국가나 이교 국가보다 복음이 고백되고 선포되는 영국에 사는 영혼들이 구원받을 가능성이 훨씬 더 큰 것처럼, 불경건한 가정보다는 경건한 가정에 사는 사람들이 구원에 이를 가능성이 훨씬 더 큽니다. 한 가정에서는 가르침과 교훈과 모범과 좋은 평판 등을 통해 하나님 편으로 이끌리고, 다른 가정에서는 모든 것을 통해 마귀 편으로 이끌립니다.

이유 3: 거룩하고 질서 잡힌 가정은 그 구성원들을 안전한 곳으로 이끌 뿐 아니라 그들의 삶을 평안하고 행복하게 합니다. 하나님의 법이 중심에서 다스리고 날마다 하나님 나라의 신비를 배우고 성경을 깨닫고 손에 이끌려 가듯이 생명의 길에서 성경의 인도를 받고 날마다 하나님 찬양이 울려 퍼지고 하나님의 이름을 부르고 모두가 하늘의 말로 소통하고 하나님과 그리스도와 천국이 매일 일과 여가가 되고 가장 거룩하고 경건한 것이 가장 큰 영예로 칭송받고 서로를 높이려 하고 자신은 더 많이 낮아지고 경건하고 하나님과 위의 권세에 더 순종하지 못해 안타까워하고 다른 사람의 경건에 비아냥거리지 않고 불경하고 거친 말이라고는 조금도 들을 수 없는 가정에 사는 것은 얼마나 황홀하고 행복하겠습니까! 그야말로 이 땅에서 누리는 천국입니다.

하지만 세속과 불경함과 방종과 호색으로 가득하고 하나님도 거룩도 모르고 모든 신앙적인 행위는 비아냥과 조롱의 대상이 되고 미움을 사고 비웃음거리가 될 각오를 하지 않으면 경건하게 살 수 없고 외모가 좋고 다른 사람들의 허물을 들춰내야 인정받고 합리적인 영혼이 가질 수 있는 내생에 대한 기대나 잠시 지나가는 육신의 관심을 넘어서는 즐거움이나 고상한 일은 꿈도 꿀 수 없는 가정에 사는 인생은 얼마나 추하고 역겹고 비참하고 허망합니까! 하나님과의 교제도 없는 불경하고 세속적인 삶을 사는 사람들과 더불어 문 앞에 사망과 정죄의 명패가 걸려 있고 그 누구도 거룩한 언어를 알지 못하고 손톱만큼도 천국의 영원한 희락의 향취를 느낄 수 없는 가정에 사는 것은, 다름 아닌 하나님의 호의와 면전에서 쫓겨나 흙을 씹으며 옛 뱀의 후손으로 사는 것이고 그 행한 대로 갚아 줄 심판이 임하는 그날까지도 하나님의 원수들과 더불어 악독과 정욕의 사슬에 묶여 살아갑니다.

이유 4: 거룩하고 잘 다스림을 받는 가정은 거룩한 후손을 통해 대대손손 하나님을 경외하는 법을 전합니다. 마귀에게 바쳐질 자녀를 낳아 기르느니 차라리 자녀가 없는 것이 더 편합니다. 그들의 본성적인 부패는 얼마나 마귀를 이롭게 하는지 모릅니다. 마귀 자신을 섬기게 하고 그들을 제멋대로 부립니다. 마치 부모가 자식을 마귀에게 팔아넘기기라도 한 것처럼 부모가 마귀의 편이 되어 자녀에게 거짓된 교훈을 가르쳐 마귀를 섬기게 하고, 하나님과 거룩한 삶에서 멀어지고 거짓된 확신과 구원의 방편에 대한 선입견으로 마음을 채우게 하는 데 앞장서기 때문에 이런 일이 일어납니다. 이런 부모들이 지옥의 후사들로 훈련된 흑암의 자식을 두는 것도 이상할 것이 없습니다.

누구든지 자녀를 하나님을 위해 양육하려거든, 자녀들의 마음이 많은 세상일들에 사로잡히고 세상 풍조가 자녀들의 본성의 부패를 일깨워 자라게 하기 전에 일찍 시작하십시오. 원죄는 가지가 땅에 닿기까지 아래로 굽어 거꾸로 자라다 다시 땅에 뿌리를 박고 스스로 또 다른 나무가 되는, 활처럼 굽은 인도의 무화과나무와 같습니다. 습관적인 악에서 비롯된 행위는 다시 악한 습관을 만들어 냅니다. 이처럼 죄악된 본성은 그 열매를 통해서 자신을 키워 갑니다. 다른 것들은 자랄수록 스스로 소진되지만 죄의 열매는 다시 죄에게 더해져 죄를 먹이고 살찌웁니다. 더구나 모든 죄의 행위는 죄의 습관을 공고히 합니다. 그러므로 이 세상에서 지혜롭고 거룩한 양육보다 영혼을 더 효과적으로 행복하게 하는 것은 없습니다. 이런 양육은 죄가 뿌리를 깊이 내리고 본성을 지배하기 전, 아직 잔가지일 때 죄를 다룹니다. 본성적 부패가 자라는 것을 막고, 사탄과 죄를 섬기는 데 사용될 속임수와 부패한 생각과 육신적 망상과 정욕을 사전에 멀리함으로 일찍부터 마음을 그리스도께 드립니다. 다른 사람들은 죄를 향해 자라가고 그리스도와 그분이 주시는 구원의 은혜를 대적할 사탄의 진지가 마음에서 견고해져 가는 동안, 오히려 그리스도의 학교에서 영원한 생명의 길을 배웁니다.

이유 5: 거룩하고 잘 다스림을 받는 가정은 바로 교회를 위해 준비하는 곳입니다. 가장으로서 마땅한 역할을 해서 잘 다듬어진 산 돌들을 교회에 보낸다면, 교회 목사들의 사역과 삶이 훨씬 수월하고 즐거울 것입니다. 지혜롭고 거룩한 양육으로 준비되고 자신들이 배우는 교리를 사랑하고 잘 깨닫는 회중에게 설교하고, 그들을 교리문답으로 가르치고 양육하는 것은 정말 유쾌하고 행복한 일입니다. 잘 다듬어진 돌로 건물을 짓는 것은 아주 마음 편하고 즐거운 일입니다. 이런 자녀들은 얼마나 가르치기도 쉽고 순종도 잘하는지요! 목사들의 수고는 이런 자녀들에게서 얼마나 풍성하게 피어나는지요! 이런 회중으로 이루어진 교회는 얼마나 보기 좋고 아름다운지요! 이들이 나누는 친교와 나눔은 얼마나 순전하고 위로가 넘치는지요! 교회가 부정한 짐승의 소굴이고 좋아하는 것이라고는 육신적인 것들뿐이고 알지도 못하는 것을 예배하는 무지하고 불경건한 사람들로만 이루어진다면, 그것은 다름 아닌 가정이 제대로 다스려지지 못하기 때문일 것입니다. 무슨 말인지 알아듣지 못하는 사람들에게 설교하는 것은 고역입니다. 교회는 항상 젖만 먹이고 초보적인 원리만을 가르치다 말 것입니다. 각자의 집에서 이루어져야 할 교리문답 공부 역시 교회가 떠맡을 수밖에 없기 때문입니다. 그리스도의 양무리 안에 늑대와 돼지가 많이 들어와 있고, 거룩한 것들로 거룩의 원수로 행하는 자들을 섬겨야 하고, 경건한 신자들이 하나님과 경건을 미워하는 자들과 함께 교제하는 모습을 목도하는 것은 목사들에게 정말 고통스러운 일입니다. 기독교 신앙을 고백하는 사람에게서 드러나는 이교도보다 더 악한 삶 때문에, 세상에서 기독교 신앙이 수치를 당하는 것은 심히 괴로운 일입니다.

타락한 교회는 회심에 큰 걸림돌이 됩니다. 입으로만 신앙을 고백하는 사람들의 삶을 보고 기독교 신앙을 판단하는 세상 사람들은, 사실 마음이 기독교 신앙과 원수 된 사람들의 삶을 통해 그런 판단을 내리는 것입니다. 기독교 신앙과 경건을 미워하는 사람들이 그리스도인이라 일컬어지고 믿지 않는 세상이 이들의 삶을 보고 기독교 신앙을 판단하게 될 때, 그들의 입에서 어떤 말이 나올지 짐작하는 것은 그리 어렵지 않습니다. 가정을 소홀히 하는 데서 비롯된 불경건한 무질서로 목사들은 낙담할 수밖에 없고 교회는 오명을 뒤집어쓰고 신앙은 모독을 당하고 믿지 않는 사람들은 더 완고해집니다! 모든 문법 학교들이 자신들의 의무를 소홀히 해서 학생들을 제대로 가르치지 않고, 처음 입학했던 때와 별 다르지 않은 모습으로 졸업을 시킨다면 대학이 어떻게 되겠습니까! 모든 대학 교수가 철자법과 글을 읽는 법부터 다시 가르쳐야 한다고 생각해 보십시오! 교회도 마찬가지입니다. 가장이 마땅히 했어야 할 일을 목사가 처음부터 다시 시작해야 하는 일이 벌어집니다. 그렇게 되면 목사는 혼자서 수백, 수천 가지의 일을 할 수밖에 없습니다.

이유 6: 잘 다스림을 받은 가정은 행복한 나라를 만드는 기틀이 됩니다. 좋은 양육은 좋은 지도자와 백성을 만드는 가장 중요하고 위대한 일입니다. 좋은 양육을 통해 좋은 사람이 나오기 마련입니다. 선한 사람이라도 나쁜 지도자가 될 수 있지만, 악한 사람은 결코 선한 지도자가 될 수 없습니다. 이런 사람들이 어렸을 때 함께 자란 무지나 세속이나 음란함이나 경건에 대한 증오와 같은 것들이 이들이 가는 곳과 맺는 관계에서 그대로 드러납니다. 불경건한 가정에서 악함을 따라 자란 사람은 어떤 상태에 있어도 그 모습을 그대로 드러냅니다. 거짓된 부모 밑에서 마귀를 섬기고 그 권세 아래 자란 자녀들은 어떤 상황, 어떤 관계에서도 그렇게 합니다. 불경건한 가정은 미래의 악한 지도자와 반역하고 불평하는 신하들의 모든 불의와 잔혹함과 박해와 불경건이 양육되는 학교입니다. 가정은 마귀가 탐심과 교만과 자긍함과 분냄과 악독과 음란의 엉겅퀴로 싹을 틔우고 교회와 국가로 옮겨 심기 위해 가장 먼저 씨를 뿌리고 자라게 하는 모판이요 신학교입니다. 엉겅퀴들은 요소요소에서 그들이 가진 모든 독을 내뿜고 모든 선을 대적하고 육신과 지옥의 이해를 위해 앞장서며 성령과 그리스도의 뜻을 대적합니다. 그러나 거룩한 양육으로 준비되어 정부와 각료의 자리로 나아가는 사람들은 이 세상에 얼마나 큰 복인지요! 먼저 하나님과 자기 부모에게 순종하는 것을 배운 이런 탁월한 사람들의 통치를 받고, 준비된 사람들을 백성으로 둔 나라는 얼마나 행복한지요!

이유 7: 사람들이 공적으로 신앙에 무관심하거나 신앙을 핍박하는 때에 가장들이 신실하게 자기의 의무를 다한다면, 신앙을 전파하고 보존하는 일을 하는 목사들에게 큰 힘이 될 것입니다. 그렇기 때문에 하나님을 예배하고 하나님의 말씀을 배우고 사랑하고 그 말씀에 순종하는 경건한 사람들로 이루어진 그리스도인 가정을 "교회"라 부르는 것입니다. 당신이 그리스도의 목사들에게 복음을 전파하는 설교를 못하게 하고 예배를 위해 교회로 모이는 것을 금하는 신앙의 원수들 가운데 살고 있다면, 신앙을 옹호하고 신자들이 위로를 누리고 거룩하게 되는 것은 전적으로 그리스도인 가정이 그 의무를 다하는 데 달려 있습니다. 회중에게 복음을 전하지 못하도록 나라가 목사들을 금할 때 가장들이 나서서 가족들에게 가르쳐야 합니다. 힘써 간절히 기도해야 합니다. 가족들과 함께 거룩한 삶과 교제를 이어 가고 자녀들에 대한 훈련에 힘써야 합니다. 당신을 거룩하게 하시는 복된 창조주요 구주이신 하나님을 송축하고, 할 수 있는 한 주일을 신령하고 정확하게 구별해야 합니다. 서로 사랑과 선행을 격려하고 서로의 죄를 경책하고 죽음을 준비하도록 일깨우고 영생을 향해 나아가는 순례자로서 함께 걸어가야 합니다. 핍박자들이 공적인 설교를 금하고 억제하는 곳이나 혹은 목회자가 무능하거나 불성실해서 설교가 소홀히 여겨지는 곳에 있는 거룩한 가정은, 신자의 삶을 위로하고 신앙을 고양시키고 목사들이 하지 못하는 공적인 설교의 공백을 메울 수 있습니다.

이유 8: 다른 사람으로부터 조금도 핍박이나 반대를 받지 않고 놀라운 평화를 누리는 중에도 가정이 감당해야 할 의무는 전혀 달라지지 않습니다. 이런 곳에서는 당신이 다른 사람들을 교훈하고 하는 일을 열심히 하면, 사람들은 당신이 주제넘는 일을 하고 있다고 생각하거나 너무 심하게 한다고 못마땅해 할 것입니다. 반면에 남색하는 자들에 대해 온화하게 권면만 해도 그들은 아마 "이 자가 들어와서 거류하면서 우리의 법관이 되려 하는도다"라고 말할지도 모릅니다(창 19:9). 하지만 당신의 가정은 당신의 통치 아래 있는 성입니다. 당신의 가정은 당신의 책임 아래 있습니다. 당신이 할 수 있는 한 수시로 가르칠 수 있습니다. 그렇게 하는 것 때문에 불경건한 자들이 지탄할 수는 있겠지만, 생각을 바로 하는 사람이라면 악을 가르치지 않는 한 내 가족을 다스리는 것을 가지고 당신을 정죄하거나 나무라지 않을 것입니다. 성경은 물론 본성이 이것을 가장의 마땅한 의무로 규정하고 있다는 것을 인정해야 합니다. 그렇기 때문에 박해자들이 아닌 분별 있는 사람들 가운데 있을 때도 가장으로서 우리의 의무를 잠잠히 준행하는 것이 마땅합니다.

이유 9: 가정을 잘 다스리면 사람들에게 존경을 받고 좋은 본이 됩니다. 심지어 믿지 않거나 불경건한 가정들이라 할지라도 이런 가정에 대한 좋은 마음을 가질 수밖에 없습니다. 경건한 가정에서 드러나는 거룩함과 품위는 전혀 경건하지 않은 많은 사람들의 양심에도 좋은 증거가 되기 때문입니다. 세속적이고 불경하고 무질서한 가정은 뱀들의 소굴이요, 다툼과 반목과 어리석음과 파괴의 자리입니다. 잡초와 가시만 무성한 황무지와 같습니다. 반면에 거룩한 가정은 하나님의 뜨락입니다. 하나님의 은혜로 아름답고 하나님의 통치로 정연하고 하늘의 복으로 풍성합니다. 가시 덮인 자신의 황무지를 정원으로 가꾸기 위한 고통과 대가를 치르려 하지 않는 게으름뱅이도, 자신의 황무지보다는 잘 정돈된 정원이 더 아름답고 풍성하고 쾌적하다는 것은 압니다. 바라는 것만으로 바뀔 수 있었다면 그의 황무지도 아름다운 정원과 같이 되었겠지요. 자신의 영혼과 가족을 거룩함으로 질서 잡는 데 필요한 고통과 대가를 치르려 하지 않는 불경건한 사람도 질서 잡힌 가정의 아름다움을 모르지 않습니다. 자기를 부인하는 대가와 수고 없이도 질서를 잡을 수 있다면 얼마든지 그렇게 했을 것입니다. 이처럼 거룩하고 잘 다스림을 받는 가정을 통해 드러나는 아름다움은 많은 사람들이 신앙의 가치를 인정하고 확신하게 하고, 결국 그런 가정을 본받고 싶은 마음을 갖도록 합니다.

이유 10: 마지막으로 거룩하고 잘 다스림을 받는 가정에는 하나님의 복과 임재가 함께합니다. 이런 가정은 하나님을 예배하는 교회요 하나님이 거하시는 집입니다. 하나님은 그들에게 복 주시고 보호하시고 번성하게 하겠다고 사랑으로 약속하셨습니다(시 1:3, 128). 천국으로 가는 항해가 안전한 것은 그리스도를 선장으로 모셨기 때문입니다. 그러나 그분의 통치를 거부하는 것은, 곧 그분과의 동행을 거부하는 것이고 그분의 호의를 거절하는 것이고 그분의 임재와 뜻과 계명을 멸시함으로 그분이 주시는 복을 팽개치는 것입니다.

지금 인간을 엄습하고 있는 불행은 대부분 잘못 다스림을 받는 가정에서 비롯되었다는 사실은 누구도 부정할 수 없습니다. 이런 가정은 사탄의 학교와 공장입니다. 여기서 거룩한 하나님의 길을 대적하는 모든 무지와 정욕과 음란과 악한 자긍심과 악독과 잔인함이 생산됩니다. 아담의 후손을 잔혹하게 만든 곳입니다. 이런 가정은 옛 뱀이 똬리 트는 둥지입니다. 옛 뱀은 이곳에서 탐심과 시기와 분쟁과 분냄과 광포와 불순종과 전쟁과 피흘림과 같은 알을 까고, 모든 인생을 해괴하게 오염시키는 모든 죄악의 문둥병과, 세상을 많은 재난으로 훼파하는 모든 비참함을 잉태합니다. 투르크인과 몽골인과 인도인들에 대한 이야기를 읽으면서 세상 사람들이 모두 이렇게까지 무지하고 야만적인 것은 아니라고 생각합니까? 바른 양육을 통해 마땅히 고쳐지고 치료되어야 할 모든 야만과 부패한 본성이 악한 가르침을 통해 계속해서 잉태되고 자라갑니다. 악한 가정에서 국가적인 악이 자라납니다.

남녀노소 지위고하를 막론하고 로마의 교황주의가 지배하는 나라들에 사는 이른바 그리스도인이라고 하는 사람들에게서 드러나는 엄청난 무지와 속임수, 상식적으로도 도무지 이해할 수 없는 오류에 대한 완고한 집착이 어떻게 가능한지 궁금합니까? 세속에 물든 사제들의 교만과 탐심과 악함이 주된 원인이기는 하지만, 자녀에 대한 부모의 죄악된 무관심 또한 못지않은 큰 이유입니다. 심지어 개혁교회에서조차 진지하게 신앙을 고백하며 사는 것을 싫어하는, 회심하지 않은 죄인들이 그렇게 많을 수 있는지 궁금합니까? 자녀들이 불경건한 가정에서 양육을 제대로 받지 못하기 때문입니다. 오, 그렇다면 오염된 샘에 소금을 뿌리는 것이 마땅하고 또 얼마나 중요한지요! 이런 부패한 가정을 회복하고 깨끗하게 하십시오. 그러면 이 땅에 만연한 재앙을 대부분 없앨 수 있습니다. 이 땅의 황제와 귀족들이 지혜롭고 선한 사람들이라면, 이 땅에 만연한 비참함을 없애기 위해 그들이 해야 할 일은 자기 입술로 스스로를 정죄하는 줄도 모르고 다른 사람에 대한 정죄를 일삼는 부주의하고 게으른 사람들의 쓸데없는 이야기를 없애는 것이라고 왕들에게 말해 주십시오. 이 세상에서 이교주의와 이슬람교와 교황주의와 불경건을 떠받치고 전파하는 역할을 하는 통치자와 귀족들 또한 사실은 어려서부터 자신의 부모로부터 악독을 전해 받았기 때문에 그렇게 하는 것입니다. 가정이 새롭게 되는 것이야말로 사회 전반에 개혁을 불러올 수 있는 가장 효과적이고 쉬운 길입니다. 국가적인 개혁에는 못 미쳐도, 적어도 많은 영혼을 천국으로 불러들이고 하나님을 위하는 많은 사람들을 양육해 낼 수는 있습니다.

5장

거룩한 자녀 양육

바른 자녀 양육이 가정을 돌보고 다스리는 데 있어 핵심이 되기 때문에 이제 나는 지각 있는 부모들이 이 의무에 더욱 힘쓰도록 촉구할 만한 동기들을 생각해 보려고 합니다. 이 부분에서 내가 언급하고자 하는 바는 「성도의 영원한 안식Saint's Everlasting Rest」에서[1] 이미 밝혔으므로, 여기서는 꼭 필요하다고 생각되는 부분만 간략하게 언급하고 지나가겠습니다.

동기 1: 굳이 은혜를 언급할 필요 없이 본성적으로 사람들이 자녀 양육을 위해 얼마나 세심한 주의를 기울이고 부지런히 힘쓰는지 보십시오. 자녀 양육에 힘을 쏟지 않는 것은 생각할 수도 없을 만큼 이미 우리의 일부가 되었습니다. 본성은 우리 자신 이상으로 자녀들을 사랑하고 그들의 필요를 채우고 돌보라고 말합니다. 그런데 자녀들의 관심사가 무엇인지 정말 궁금하지 않습니까?

그들의 영혼이 걱정되지 않습니까? 낳을 때까지만 새끼를 품고 있는 짐승마냥 자녀들을 그렇게 밖에 사랑하지 않으렵니까? 당신이 세상에 낳은 것은 개, 돼지와 같은 짐승이 아니라 불멸하는 영혼을 가진 자녀들입니다. 그렇기 때문에 그들의 영혼이 행복할 수 있도록 합당한 돌봄과 양육을 제공하는 것이 마땅합니다. 새가 나는 것처럼 부모된 당신이 가르쳐 주지 않아도 아이들이 본성적으로 할 수 있는 것들이 있습니다. 하지만 아이들이 가장 필요한 중요한 것을 배우는 일은 당신 손에 맡겨졌습니다. 자녀를 먹이는 것 외에 다른 것들은 모두 자연적인 본성에 맡겨 둔다면, 우리 아이들은 말하는 것조차 배우지 못할 것입니다. 부모의 무관심으로 자녀가 말을 못하면 부모가 비난 받아 마땅합니다. 무엇을 말하고 어떻게 행동해야 할지를 자녀에게 가르치지 않는 부모는 더욱 그렇습니다.

자녀들에게는 그들이 얻어야 할 영원한 행복의 기업이 있습니다. 자녀들에게 그것을 일깨워 주는 것은 부모의 몫입니다. 그들이 피해야 할 영원한 비참함을 부지런히 가르쳐야 할 사람도 역시 부모입니다. 자녀들에게 그들이 피해야 할 지옥 불을 가르치지 않는 부모가 바른 말과 행실을 가르친들 그것이 무슨 고마운 일이겠습니까? 어떻게 천국에 갈 수 있는지와 어떻게 구원을 확신하는지를 가르치지 않으면, 이 비참한 세상에서 좀 더 편하게 살도록 한들 그것이 무슨 대단한 일이겠습니까? 자녀들에게 하나님을 알도록 가르치지 않고, 어떻게 하나님을 섬기고 구원을 얻을지 가르치지 않는 부모는 사실상 자녀에게 아무것도 가르치지 않는 것입니다. 아니, 아무것도 가르치지 않는 것보다 더 못한 것입니다.

자녀에게 세상에서 가장 위대한 친절을 베풀지 아니면 가장 잔인한 짓을 할지는 전적으로 부모의 몫입니다. 하나님을 알고 구원받도록 자녀들을 돕는 부모는 자식을 귀족이 되도록 돕는 것보다 더 큰 일을 하는 것입니다. 자녀의 영혼에는 무관심한 채 무지와 세속과 불경건과 죄 가운데 그들을 키우는 부모는 사실상, 자식들을 배반하고 그들의 원수인 마귀에게 팔아넘기는 것이나 마찬가지입니다. 사탄의 노예로 팔아넘기는 것입니다. 이생에서 그들을 속이고 배반하고 학대할 뿐 아니라 내생에서마저 그들에게 영원한 고통을 안기는 짓입니다. 이 세상에서 마귀라 불리기에 합당한 사람이 있다면, 자녀를 지옥 불에 집어던지고 또 그렇게 할 존재에게 팔아넘기는 부모가 아니겠습니까? 성경을 통해 지옥으로 난 길을 알고 하나님께서 어떤 사람을 사탄에게 넘겨주어 영원히 고통 받게 하는지도 알면서 자녀들을 구원의 길로 인도하지 않고 지옥의 고통에서 건져 내기 위해 수고하지 않는 부모가 바로 괴물입니다! 죽고 난 뒤 자식들이 세상에서 먹고 입을 것을 마련하기 위해서는 얼마나 분주한지 모릅니다! 하지만 자식들이 하늘 기업을 이어받도록 하는 일에는 수고하지 않습니다! 부모든 자식이든 죽음이 서로를 갈라놓은 후에는 천국의 기쁨 아니면 지옥의 고통이 모두를 기다리고 있다는 사실을 심각하게 믿는다고 하면서, 어떻게 이런 엄중한 현실을 소홀히 여기고 자녀들이 영원한 행복을 확신하게 하는 일에 무신경할 수가 있단 말입니까? 진심으로 자녀를 사랑한다면 자녀들의 영원한 행복이 걸린 일들을 통해서 그 사랑을 보이십시오. 말로는 그들을 사랑한다 하면서 지옥으로 가도록 내버려 둬서는 안 됩니다. 그들을 살갑게 사랑하지는 못해도 그들을 정죄로 떨어지게 할 만큼 무자비하지는 말아야 할 것이 아닙니까? "그런 일이 없기를 바란다", "좋은 결과가 있기를 바란다"라고 말하는 것만으로 상황을 호전시키거나 자신의 무책임을 덮을 수 없습니다. 마귀처럼 사악하게 자신의 자녀들을 지옥으로 이끌기 위해 궁리한들 이보다 더 나쁠 수는 없습니다. 무지와 부주의함과 세속과 음란과 불경건 가운데 자식을 키우는 것이 부모가 자식에게 할 수 있는 가장 못된 짓입니다. 그런 부모인 당신이나 당신 밑에서 자란 자식들을 멸망으로 이끌기 위해서 마귀는 따로 수고할 필요가 없습니다. 죄로 당신을 꼬드기고 그들을 경건에서 멀어지게 하기만 하면 됩니다. 어느 인생도 예외가 아닙니다. 자녀들을 그런 식으로 키우면서 "그런 일이 없기를, 우리 자식이 그렇게 되기를 바라지 않는다"라고만 할 것입니까?

자신이 살아 온 대로 자식들을 키우는 것은 이상할 것도 없습니다. 자기 자신을 무질서하게 다루는 사람이 자식이라고 합리적으로 대하겠습니까? 자기 영혼을 소중히 여기지 않는 부모가 자식의 영혼을 향한 마음이 있겠습니까? 멸망 받기를 바라지 않는다고 하면서도 불경건한 삶을 산다면, 그 사람은 실제로 멸망 받기를 바라는 것입니다. 육신과 세상을 섬기고 하나님에 대한 무지 가운데 자녀를 키우는 사람은 실제로 자녀들도 그렇게 행동하도록 하는 것입니다. 이런 사람은 자신의 집에 불을 지르고 나서 "아니, 어떻게 이럴 수가! 집을 태우려고 한 것은 아닌데……"라고 말하는 사람과 다르지 않습니다. 혹은 자식을 바다에 내던지고 나서 "죽지만 말아라"고 말하는 사람입니다. 혹은 자식에게 도둑질과 강도질을 가르치면서 "니가 교수형에까지 이르라고 이러는 것은 아니다"라고 말하는 부모나 같습니다. 하지만 자식을 도둑을 만들려고 하는 것은 결국 자식이 교수형에 처해지기를 바라는 것과 다르지 않습니다. 법이 그것을 정하고 있고 판사도 법대로 판결을 내릴 것이기 때문입니다. 마찬가지로 하나님도 없고 영혼도 없는 사람마냥 자녀를 불경건으로 키우는 부모는 자녀의 멸망을 바라는 사람이라고 볼 수밖에 없습니다. 자녀를 둔 부모로서 그들을 사랑하고 비참함에 떨어지지 않도록 막아야 할 책임이 있는 당신이 자녀들을 그렇게 대하는데, 마귀가 당신의 자녀들을 당신보다 더 잘 대하기를 바라겠습니까? 영혼을 돌봐야 할 목사가 양들을 소홀히 해서 비참한 영원의 나락으로 떨어지도록 내버려 두는 것도 말이 안 되는 일이지만, 부모가 자식들을 그렇게 내버려 두는 것은 더 말이 안 됩니다. 변명의 여지가 없습니다.

동기 2: 창조와 구속 모두를 통해서 당신 자녀의 유일한 소유주는 하나님이심을 기억하십시오. 그렇기 때문에 자녀들을 하나님께 맡기고, 하나님을 위해 그들을 양육하는 것이 옳습니다. 그렇지 않으면 이는 하나님의 피조물을 도둑질하는 것이며, 그리스도께서 피로 값 주고 사신 것을 도둑질하는 것이며, 그뿐 아니라 하나님과 그들의 원수인 마귀에게 자녀들을 내어주는 일입니다. 마귀도 육체도 세상도 그들을 창조하거나 구속하지 않았습니다. 하나님만이 그렇게 하셨습니다. 아무것도 아닌 그들을 부르시고 아무것도 아닌 상태에서 그들을 구속하신 분 외에 누가 그들의 주인이란 말입니까? 그렇기 때문에 아무리 부모라 해도 자녀들을 그들의 절대 주요 아버지이신 하나님으로부터 도적질하여 종살이와 고통으로 팔아넘길 권리는 없는 것입니다.

동기 3: 세례를 통해 자녀들을 이미 하나님께 드렸음을 잊지 마십시오. 자녀들은 세례를 통해 전적으로 하나님의 것으로 선언되었습니다. 동시에 당신은 그들이 하나님을 위해 살 수 있게 하겠다고 언약을 맺었습니다. 세례를 통해 그들은 육체와 세상과 마귀를 거부했습니다. 세례와 더불어 당신은 부모로서 자식들을 경건한 그리스도인의 삶으로 이끌어, 그들이 평생 하나님의 뜻과 계명을 준행하며 살게 하겠다고 약속했습니다. 이런 맹세에도 자녀들을 무지와 불경건 가운데 자라게 하여 자녀들에 대한 약속을 저버리고, 자녀들 또한 그들이 맺은 엄중한 언약을 파기하도록 하렵니까? 하나님과 약속할 때 그것이 무엇을 의미하는지 제대로 알고

한 것이 맞습니까? 자녀들로 하여금 거룩하고 죄를 죽이는 삶을 살도록 하겠다고 얼마나 진지하게 맹약했습니까! 그렇게 해놓고 그들의 생명이 걸린 모든 것을 한순간에 파괴하려고 합니까?

동기 4: 어릴 적 받은 양육이 그들의 평생에 미치는 영향은 막대합니다. 본성과 은혜 외에 어려서 받은 양육만큼 지배적인 영향력을 발휘하는 것도 없습니다. 본성적인 사악함이 훌륭한 양육을 가로막는 때가 많은 것도 사실입니다. 자녀들을 유익하게 할 수 있는 방편이 있다면 그것은 바로 바른 양육일 것입니다. 하지만 양육을 잘못 받을 때 자녀들은 더욱 악해질 가능성이 큽니다. 그들 안에 있다가 때가 되면 싹을 틔울 사악함의 종자들이 잘못된 양육을 통해 자라갑니다. 이를 통해 많은 사람들이 교만하고 게으르고 육신을 기쁘게 하고 음란하고 호색적이고 탐욕스럽고 무가치한 모든 모양을 나타냅니다. 불경건한 양육을 통해 이미 깊이 뿌리내린 악을 근절하려고 해본 사람은 그것이 얼마나 어려운지 잘 압니다. 불경건한 부모를 둔 자녀들의 마음에 맨 처음 각인되는 것은 마귀를 아주 이롭게 하는 것뿐입니다. 나중에 자녀를 죄에서 하나님께로 돌이키는 데는 지도자와 목사와 새롭게 하는 모든 방편으로도 역부족입니다. 반면에 바른 신앙교육으로 자녀들의 마음을 먼저 하나님께로 돌이키게 하면, 지금 죄가 차지하고 있는 모든 자리에 경건이 자리하게 될 것입니다. "마땅히 행할 길을 아이에게 가르치라. 그리하면 늙어도 그것을 떠나지 아니하리라"(잠 22:6). 자녀들은 어렸을 때 부모 밑에서 자라면서 배운 말을 평생 사용하기 때문에 처음 갖은 생각과 습관을 쉽게 바꾸지 못합니다.

경건한 자녀 양육이 신자의 자녀들에게 실제적인 믿음과 다른 은혜들을 불러일으키는, 하나님이 정하신 가장 우선되는 방편이라는 사실은 분명합니다. 처음 받은 은혜는 간직하지만 계속해서 실제적인 믿음과 회개와 사랑과 같은 다른 은혜에까지 이르지 못하는 사람들이 많습니다. 예배의 자리에 나와 설교를 듣는 것과 같은 은혜의 방편조차 전혀 가질 수 없었던 사람들을 제외하고는, 공예배를 통해 듣는 말씀 설교가 가장 일차적으로 누리는 은혜의 방편은 아닐 것입니다. 다시 말하면 믿는 가정의 자녀들이 처음 접하는 은혜의 방편은 목사의 설교가 아닌 말씀을 가르치는 부모의 가르침이 되어야 한다는 말입니다. 목사의 설교는 이 첫 방편이 제대로 되지 못한 경우를 위한 두 번째 방편입니다. 이것은 명백한 사실입니다. 하나님께서는 자녀들이 공적인 목회를 통해 돌봄을 받기 전에 부모를 통해 성경 교리를 배우도록 정하셨습니다. 그렇기 때문에 자녀들이 가장 처음 대하는 가르침은 바로 부모로부터 오는 것입니다. 공적인 가르침뿐 아니라 부모들을 통한 가르침 역시 믿음과 사랑과 거룩을 그 속에 불러일으키기 위한 것입니다. 하나님께서 정하신 방편은 모두 우리를 복 주시기 위한 것입니다. 그렇다면 자녀들이 가장 처음으로 누리게 될 실제적인 은혜의 방편은 부모의 경건한 교훈과 양육입니다.

공적인 말씀 사역은 부모로부터 이런 최초의 방편을 누리지 못하거나 놓쳐 버린 사람들의 회심을 위한 것입니다. 그러므로 부모로서 자녀의 신앙 교육을 소홀히 하는 것은, 곧 자녀에게서 실제적인 믿음과 성화의 기회를 박탈하는 것입니다. 결국 이렇게 되면 두 번째 방편을 대할 때도 큰 어려움이 겪을 수밖에 없습니다.

동기 5: 다른 누구보다도 자식의 유익을 가장 크게 위할 수 있는 사람이 부모임을 기억하십시오. 사랑에서 비롯된 것만큼 큰 의미로 다가오는 것도 없습니다. 부모가 사랑으로 하는 가르침이 가장 유용한 가르침입니다. 누구보다도 부모의 사랑을 확신하는 존재가 바로 자녀입니다. 목사나 낯선 사람이 내 자녀에게 사랑으로 이야기해도 그것을 사랑으로 느끼기는 쉽지 않습니다. 하지만 자녀는 부모가 자신을 사랑한다는 사실만큼은 전혀 의심하지 않습니다. 둘째, 부모에 대한 자녀의 사랑이 또한 자녀의 양육을 성공으로 이끌 예비적인 요인입니다. 자기가 사랑하는 사람이 말할 때 더 큰 관심을 갖고 들으며 흔쾌히 따르는 것이 인지상정입니다. 부모를 사랑하는 만큼 목사를 사랑할 자녀는 없습니다. 셋째, 자녀들이 다른 데서 잘못된 생각이나 나쁜 영향을 받기 전에, 각자가 타고난 죄가 어떤 식으로든 모습을 드러내기 전에 자녀들을 품고 자라게 하는 사람이 부모입니다. 자녀들이 제일 먼저 보고 배우는 사람이 부모입니다. 자녀들이 교훈을 가장 잘 받아들이고 유순하고 배우기 쉬운 때에 품고 기르는 사람이 부모입니다. 시작부터 자기확신과 교만한 마음을 가지고 부모의 가르침에 반기를 드는 자식은 없습니다. 하지만 그들이 목사의 발 아래로 나아올 때는 이미 그 전에 배운 것들이 가득 인쇄된 종이와 같아서 그 위에 무엇을 써 넣기란 여간 어려운 일이 아닙니다. 그런 경우 목사의 가르침을 받기 전에 먼저 버려야 할 것들이 얼마나 많은지 모릅니다. 말씀을 기꺼이 받기보다는 완고하고 교만하게 저항하는 경우가 많습니다. 넷째, 어릴 때 자녀들은 음식에서부터 앞으로의 삶까지 모든 것에서 전적으로 부모에게 의존되어 있습니다. 부모를 기쁘게 하고 순종하는 것이 자기에게 유익이라는 것을 잘 압니다. 세상이 항상 자기에게 이득이 되는 쪽으로 기우는 것처럼 자녀들도 마찬가지입니다. 그런 면에서 부모는 누구보다도 자신의 자녀를 다루기 쉬운 위치에 있습니다. 아무리 어려도 자신이 괜히 부모 말을 듣고 섬기는 것이 아니라는 것을 자녀들은 잘 압니다. 다섯째, 부모에게 주어진 자녀에 대한 권위는 아주 확실합니다. 목사나 시장의 권위에 대해서는 논란의 여지가 있을 수 있지만, 자식에 대한 부모의 권위는 자명합니다. 부모를 폭군이나 강탈자라 부르거나 부모로 세워진 것이 맞는지 증명해 보라고 하는 자녀는 없습니다. 제5계명에서 자연적 권세로서 왕이나 다른 무엇이 아닌 부모가 언급된 것은 당연합니다. 여섯째, 부모에게는 자녀를 강제할 권세가 있습니다. "아이의 마음에는 미련한 것이 얽혔으나 징계하는 채찍이 이를 멀리 쫓아내리라"(잠 22:15). 사람은 검사나 다른 사람보다 자신을 사랑하는 사람이 주는 징계를 훨씬 더 잘 받아들입니다. 일곱째, 자식에게 생긴 질병이나 열과 같은 것을 가장 빨리 알아챌 수 있는 것이 부모이기 때문에 부모만큼 빠르고 효과적인 치료를 할 수 있는 사람도 없습니다. 여덟째, 자식들의 모든 잘못을 바로 알고 살펴볼 수 있는 이점이 부모에게는 있습니다. 하지만 목사는 그것을 아는 사람이 말해 주기 전까지는 알 수 없고 또 그 이상을 알 수도 없습니다. 부모는 또한 이전에 자식에게 말한 것이 잘 지켜지고 있는지 알 수 있을 뿐 아니라 아이가 계속 죄에 머무는지, 더 엄중한 구제책이 필요한지를 판단할 수 있는 자리에 있습니다. 아홉째, 부모는 자식과 가장 친밀하게 이야기할 수 있는 자리에 있습니다. 그렇기 때문에 자녀들은 강단에서 준비된 것을 말하는 목사의 설교보다 부모의 말을 더 잘 이해할 수 있습니다. 질문이나 반응을 요구하는 말을 통해 아이의 관심을 일깨워 당신이 하는 말에 주목하게 할 수 있습니다. 열 번째, 항상 자녀들과 함께 있는 부모는 교훈을 반복해서 말함으로 잘 알아듣게 할 수 있습니다. 한 번에 알아듣지 못하면 나중에라도 또 알게 할 수 있습니다. 반면에 다른 사람들은 자식들에게 자주 이야기해 줄 수 없고, 간혹 듣는 말은 쉽게 잊혀지고 간과되기 마련입니다. 열한 번째, 부모인 당신에게는 자녀들을 가장 탁월한 방편 아래 있게 하고 다른 사람들이 자녀들을 위해 하는 노력을 무색하게 하는, 그들 앞에 있는 많은 장애물들을 제거할 권한이 있습니다. 열두 번째, 자녀가 가장 가까이에서 보는 부모의 모범은 자녀들에게 끊임없이 들려지는 가장 강력한 설교입니다. 하나님께서는 다른 누구보다도 이 모든 이점을 가진 당신을 자녀들의 유익을 위한 도구요 그들의 구원을 위한 가장 중요한 후견인으로 쓰십니다.

동기 6: 경건한 양육에 힘쓰니 자녀들이 당신이 바라는 대로 하나님을 알고 사랑하고 섬기는 하나님의 자녀가 되었다고 생각해 보십시오. 얼마나 큰 위로가 되는지 모릅니다. 첫째, 단순히 자기가 낳은 자녀이기 때문에 사랑하는 것이 아니라, 하나님의 생명으로 하나님의 형상을 가진 하나님의 소유이기 때문에 사랑합니다. 이런 사랑은 본성적 사랑보다 훨씬 더 고상한 사랑입니다. 자녀들이 출세해서 고관과 귀족이 되는 모습을 보는 것도 즐겁겠지만, 그들이 성령으로 일깨워지고 영생으로 인쳐진 그리스도의 지체가 되는 모습을 보는 것은 그것과는 비교할 수 없는 즐거움입니다! 둘째, 그들이 성령으로 거듭나 하나님의 자녀가 되면 이전에 하던 염려와 걱정은 모두 털어 버려도 됩니다. 부모인 당신이 그들을 위해 할 수 있는 것보다 훨씬 더 많은 것을 해줄 수 있는 하늘 아버지의 돌보심에 그들을 맡길 수 있기 때문입니다. 당신이 당신의 자녀들을 사랑하는 것보다 하나님은 그들을 더 사랑하십니다. 그들을 보호하고 그들의 필요를 채우고 그들에게 일어나는 모든 일이 그들의 선을 위해 협력하게 하신다고 약속하십니다. 들의 백합화를 입히시고 어린 사자와 우는 까마귀 새끼도 굶기지 않으시는 분이 자기 자녀들에게 양식을 주지 않으실 리 없습니다(물론 그들이 양식을 위해 마땅히 행할 의무는 해야 하겠지만 말입니다). 그들이 사탄의 자식이고 죄의 종이었을 때는 그들이 세상의 비참한 지경에 놓일까 봐, 죄에 빠져 지옥으로 떨어질까 봐 걱정해야 했습니다. 불경건한 자녀로 있으니 차라리 호랑이와 늑대의 소굴에 떨어지는 편이 더 안전합니다. 하지만 그리스도의 성령으로 새롭게 되면 복된 삼위 하나님의 보호 아래 천사들의 돌봄을 받습니다. 사나 죽으나 그들은 안전합니다. 영원한 하나님이 그들의 기업이요 방패이시기 때문입니다. 셋째, 자녀들과 상관없어진 크나큰 재앙과 고통을 생각할 때마다 위로가 끊이지 않습니다. 생각해 보십시오. 그들이 거듭나지 않았다면 평생 얼마나 많은 욕과 거짓말과 저주를 퍼부었겠습니까? 얼마나 짐승과 같이 육신적인 삶에 탐닉했을까요? 하나님과 사람에게 얼마나 많은 잘못을 저질렀겠습니까? 마귀를 기쁘게 할 일을 얼마나 많이 했겠습니까? 이 모든 일의 대가로 지옥에서 얼마나 엄청난 격통 아래 있겠습니까? 하나님께서 얼마나 큰 긍휼로 이 모든 것을 막아 주셨는지를 묵상해 보십시오. 이 세상에서 당신의 자녀들이 어떻게 섬기며 살아야 될지, 결국 자녀들이 영광 가운데 그리스도와 어떤 삶을 살게 될지 생각해 보십시오. 하나님의 크신 긍휼을 따라 그분의 소유된 자녀들을 둔 신실한 부모들이여, 이것은 생각만 해도 즐거운 일 아닙니까?

넷째, 신앙이 있는 자녀들은 본성을 따라 자식의 도리를 하려는 자녀들보다 훨씬 더 효성스럽습니다. 신앙은 부모가 재물이 있을 때만이 아니라 자식에게 아무것도 줄 수 없을 때라도 부모를 사랑하고 섬기라고 가르칩니다. 사람들이 보기에 부모가 가난하고 멸시를 당할 때조차도 부모를 공경하라고 가르칩니다. 신앙은 부모에게 순종할 것을 가르칩니다. 부모가 궁핍해졌을 때 할 수 있는 대로 부모의 짐을 덜어 줄 것을 말합니다. 부모가 병들고 큰 고통 가운데 있을 때, 불경건한 자녀들은 부모의 눈이나 발에 박힌 가시와 같을 것이고 그들에게 가슴을 도려 내는 고통을 줄 것이고 어떤 원수보다 더 큰 슬픔을 가져다 줄 것입니다. 자기 아비의 벌거벗은 것을 덮어 주지 않은 함과 달리 은혜로운 자녀는 부모의 연약함을 담당할 것입니다. 불경건한 자녀는 가족들에게 저주로 드러나는 반면, 은혜로운 자녀는 부모와 더불어 부모를 위해 기도하고 가정에 복이 됩니다. 다섯째, 당신의 자녀가 영원한 복락을 누린다고 생각해 보십시오. 생각만 해도 즐겁지 않습니까? 자녀와 함께 영원히 산다고 생각해 보십시오. 하지만 은혜가 없는 자녀를 볼 때마다 그 앞에 놓인 비참함에 괴로워할 수밖에 없습니다. 여섯째, 당신이 자녀를 가르칠 때 하나님께서 복 주시고 당신을 통해 자녀들이 유익을 얻고 선을 행하고 영원한 행복을 누리게 된다는 사실을 생각하면 정말 즐겁습니다.

동기 7: 자녀들이 가진 원죄와 비참함은 바로 당신이 물려준 것이라는 사실을 기억하십시오. 그러므로 당신 때문에 타락한 자녀들이 구원받도록 최선을 다하는 것이 마땅합니다. 자녀가 문둥병이나 다른 선천적인 질병을 갖고 태어났다면 그 병을 치료하기 위해 동분서주하지 않겠습니까? 자녀들을 상하게 한 것만큼이나 유익하게 할 수도 있습니다! 자녀의 본성에 깊이 뿌리박은 죄는 단순히 아담의 죄만이 아닙니다. 이로 인해 심판이 그들에게 드리웁니다. 심지어 아담의 죄도 당신을 통해 아이들에게 전해졌습니다.

동기 8: 마지막으로 자녀들이 부모인 당신의 도움을 필요로 하는 부분이 무엇인지 생각해 보십시오. 육신의 질병이나 호락호락한 원수나 견딜 만한 비참함 같은 것이 아닙니다. 그것은 바로 죄와 사탄과 지옥의 세력과 싸우는 일입니다. 죄의 몸과 싸우는 일입니다. 원수가 하나만 있는 것이 아닐 뿐 아니라 하나같이 보통 원수가 아닙니다. 우리 마음을 붙잡고 있는 사악하고 간교한 원수입니다. 쉽게 근절할 수 없는 뿌리 깊은 죄악들입니다. 이런 원수와 싸우기 위해 아무리 부지런히 가르치고 힘쓰고 깨어 있어도 그들을 이기기에는 부족합니다. 이 패역하고 사악한 원수들도 그렇게 하기 때문입니다. 그들은 쉽게 사라지지 않습니다. 이제 다 끝난 싸움이라 생각할 때쯤, 그 그루터기와 뿌리는 벌써 다시 싹을 틔우기 시작합니다. 이런 엄청나고도 절박한 일을 위해서 얼마나 큰 지혜와 부지런함이 필요한지 모릅니다!

이제 자녀를 거룩하게 양육하기를 게을리하는 부주의하고 불경건한 부모들에게 몇 마디 하려고 합니다. 이들은 이 엄중한 일을 마지못해 하거나 몇 가지 형식적인 의무와 입에 발린 말들로 대신하고 지나가는, 입으로만 경건을 말하는 사람들이라고 할 수 있습니다. 자신을 통해 세상에 발을 들여놓은 영혼들을 무자비하게 대하지 마십시오! 수고할 가치도 없는 존재처럼 여기지 마십시오. 짐승을 기르듯 육신의 필요만 겨우 채워 주는 것으로 만족하지 마십시오. 그들은 짐승이 아닙니다. 당신이 세상에 낳은 사람입니다. 그들이 사람답게 그들의 창조자를 사랑하고 순종하도록 가르치십시오. 오, 당신이 낳은 타락하고 부패한 영혼을 불쌍히 여기고 그 영혼의 회복을 위해 힘써야 합니다! 오늘날과 같은 구원의 날에 구원받지 못하면 지옥에서 멸망할 수밖에 없는 자녀들의 영혼들을 불쌍히 여기십시오. 자신을 끊임없이 공격하는 수많은 원수들에 둘러싸인 영혼들을 도와주십시오! 넘어야 할 수많은 유혹이 있고 극복해야 할 수많은 어려움이 있고 극렬한 심판을 앞두고 있는 영혼들을 도와주십시오! 너무도 연약하고 쉽게 속고 넘어지기 쉬운 영혼들을 도와주십시오! 죄가 그들의 마음을 굳어지게 하고 은혜가 그들을 떠나고 그들의 마음에 사탄이 강한 군대로 자리하기 전에 부모로서 이점을 가진 당신이 도와주십시오. 너무 자라서 당신의 도움을 멸시하기 전에 아직 가르칠 만할 때에 그들을 도와주십시오. 아직 당신 품에 있고 기회가 있을 때 그들을 도와주십시오. 해마다 자녀들의 육신적 필요를 채워 주는 것은 전혀 힘들지 않게 느끼지 않습니까? 제발 그들의 영혼에게 못할 짓을 하지 마십시오! 그들을 사탄에게 맥없이 내어주지 마십시오! 그들이 가게 될 지옥도 아랑곳하지 않는 불경건한 부모가 되지 마십시오. 자녀 중 누가 멸망을 당한다 해도 그것이 그들의 유익을 위하는 일이라면 온갖 일도 마다하지 말아야 할 부모 때문이어서는 안 됩니다. 자녀들의 영혼을 멸망시키는 것은 사탄이 할 일이지, 그들의 부모가 할 일은 아니지 않습니까!

그리스도와 더불어 영혼 구원을 위해 힘쓰는 것이 얼마나 행복한 일인지 기억하십시오. 목사가 하는 일들은 행복하고 영예로운 일이라고 생각합니다. 맞습니다. 그리스도를 섬기는 최고로 고상한 일이기 때문입니다. 그 사실을 모르지 않는다면, 자기 자녀를 위해서 어떤 목사도 할 수 없는 일을 당신이 할 수 있음을 기억하십시오. 가정은 바로 당신의 설교 자리입니다. 하나님께서는 당신이 바로 여기서 가족을 거룩하게 양육하는 일을 하도록 하셨습니다. 당신에게 맡겨진 사람들이 목사의 회중보다 작을 수 있습니다. 목사는 교구에 흩어진 많은 영혼을 돌보아야 합니다. 한 지붕 아래 사는 가족들을 가르치고 돌보는 일이 너무 크게 다가옵니까? 영혼을 소홀히 여기는 불성실한 목사를 비판하면서 정작 자신은 자녀들의 영혼을 배반하는 부모인 것을 모른단 말입니까? 하나님께서 이 땅에 속한 은사를 주신다면 그것을 주의해서 사용하십시오. 나중에 자기에게 맡겨진 모든 것에 대해 결산을 해야 하기 때문입니다. 하나님께서 영혼을 맡겨 주셨는데, 그것이 자녀의 영혼이라면 어떻게 그 영혼을 소홀히 할 수 있겠습니까? 한 왕이 가정을 잘 다스리고 가족을 바르게 가르치는 것을 법으로 금한다면(다니엘 6장에서 기도를 금한 칙령처럼 말입니다), 그 왕을 인간성도 없는 불경한 괴물로 여기지 않겠습니까? 자녀들의 영혼을 팔아먹고 온 땅에서 신앙을 말살시키려고 하는 사탄과 같은 박해자가 나타났다고 목청껏 외칠 것입니다. 그러나 그렇게 못하도록 당신을 막거나 불경하고 비인간적이라고 비난하는 사람이 없으면 당신은 얼마나 쉽게 이런 의무들을 소홀히 하는지 모릅니다! 얼마나 위선적이고 맹목적이고 편파적입니까! 누가 잠잠하라고 하면 자기를 박해한다고 야단을 피우면서도, 자기가 게을러서 힘쓰지 않고 침묵하는 일은 문제 삼지 않는 목사와 같습니다. 당신이 마땅히 해야 할 일을 누가 못하게 하고 억압하는 것은 싫습니까? 당연히 해야 할 의무들이 있는데도 그 일을 회피하는 사람이 보기 싫습니까? 오, 그렇다면 당신의 자녀들을 위해 마땅히 힘써야 할 일들을 회피하지 마십시오. 자녀들의 영혼을 사랑한다면, 교회가 행복하고 사회가 안녕을 유지하기 바란다면, 그리스도의 뜻이 이루어지고 그분의 영광이 높아지기를 바란다면, 지금 누리는 평강은 물론 영원한 평강을 사랑한다면 절대 피하지 마십시오.

당신이 부지런히 노력해서 막을 수 있다면, 이 땅에서 사탄의 종 노릇 하다가 영원한 지옥 불에 들어가도록 자녀들을 방치하지 마십시오. "모든 것이 부모인 당신 때문이다! 당신이 부모로서 부지런히 가르치고 잘 돌보고 잘못을 고쳐 주는 역할을 했다면 그렇게까지는 되지 않았을 것이다"라는 양심이 자책하는 원망을 듣지 않으려거든 말입니다. 자기 밭은 제초도 하고 갈아엎어 주기도 하지 않습니까! 땅과 가축에게는 공을 들이면서 어찌 자녀들의 영혼을 돌보는 일을 위해서는 땀을 흘리지 않으려 합니까! 자녀들이 제멋대로 자라도록 놔두면 나중에 어떤 모습이 될까요? 무지하고 경박하고 무례한 짐승과 같은 삶을 살지 않겠습니까? 불경건한 부모는 세상에 얼마나 큰 재앙을 불러오는지요! 무지와 이기심과 음란과 악독이, 지혜와 자기부인과 경건과 섬김과 정의와 절제를 몰아내고 홍수와 같이 온 지면을 뒤덮고 있습니다. 이제 이 아름다운 덕들은 덕 자체의 가치 때문에 그것을 사랑하고, 악한 길을 버리면 많은 것을 빼앗길 것을 알면서도 하나님이 상 주시기만을 바라고 우직하게 그 길을 가는, 잘 드러나지 않는 겸손한 소수의 가슴에만 남아 있을 뿐입니다(사 59:15). 자녀를 악하게 길러 내는 것은 곧 세상을 타락시켜 사탄에게 내주고 지옥과 같이 만드는 지름길입니다. 오, 벨리알의 자식들이 하는 것처럼 불합리하고 끔찍하고 사악한 일들을 저지르지 않기를 바랍니다!

6장

남편과 아내의 의무

특정한 관계에 따르는 의무가 무엇인지에 대해 이해하지 못한 채 모든 관계를 오직 자신의 필요와 육신의 욕구를 충족시키는 도구로만 생각하고, 그것을 위해 관계를 맺는 불경건하고 이기적인 사람들 때문에 이 사회와 온 세상은 엉망이 되고 있습니다. 이들의 관심사는 자기가 맺는 관계를 통해 돌아올 이득과 쾌락과 명예일 뿐 하나님과 사람들이 그 관계를 통해 자기에게 요구하는 것이 무엇인지는 안중에도 없습니다(창 2:18, 잠 18:22). 온통 생각이 자기가 얻을 것에만 가 있습니다. 그 관계를 통해 자신이 어떻게 되어야 하고 다른 사람에게 어떻게 해야 할지에 대해서는 관심이 없습니다. 다른 사람이 어떻게 되어야 하고 자기에게 어떻게 해야 하는지에 대해서는 아주 예민하고 날카로운 반면, 다른 사람에 대한 의무에는 너무도 둔감합니다. 지도자와 백성, 목사와 양, 남편과 부인, 부모와 자식 등 모든 관계에서 그렇습니다. 사람들이 맺는 모든 관계에서 가장 우선적인 관심사는 관계에 따르는 의무가 무엇인지를 알고 그것을 행하는 것이어야 합니다. 의무를 행하는 가운데 하나님을 기쁘시게 하고, 거기에 대한 격려와 상급으로 하나님이 주시는 복을 바라는 것이 되어야 합니다. 자신이 지금 참여하고 있는 관계에 포함된 의무가 무엇인지를 연구하고 그 의무를 준행하십시오. 그러면 하나님 역시 당신에게 약속하신 일들을 하실 것입니다.

지침 1: 남편의 가장 우선적인 의무는 자기 아내(아내는 자기 남편을)를 참되고 온전하게 사랑하는 것입니다. "남편들아, 아내 사랑하기를 그리스도께서 교회를 사랑하시고 그 교회를 위하여 자신을 주심 같이 하라.……이와 같이 남편들도 자기 아내 사랑하기를 자기 자신과 같이 할지니 자기 아내를 사랑하는 자는 자기를 사랑하는 것이라. 누구든지 언제나 자기 육체를 미워하지 않고 오직 양육하여 보호하기를 그리스도께서 교회에게 함과 같이 하나니……각각 자기의 아내 사랑하기를 자신 같이 하고 아내도 자기 남편을 존경하라"(엡 5:25, 28-29, 33). 창세기 2:24을 보십시오. 부부관계는 곧 사랑 그 자체입니다. 하나님께서는 부부 간에 서로 돕고 위로를 누리라고 하셨습니다. 손이 눈이나 다른 지체들을 돕는 것처럼 서로를 기쁜 마음으로 위로하고 서로 달콤한 대화를 누리고 서로의 짐을 나눠지는 행복한 삶을 살도록 말입니다. 단 한 시간이라도 사랑이 사라진 부부관계는 어긋난 뼈와 같습니다. 어긋난 뼈가 다시 꼭 맞게 되기까지는 얼마나 불편하고 힘들고 고통스러운 시간을 보내야 하는지 모릅니다. 부부관계도 다르지 않습니다. 그러므로 부부 간에는 한순간도 사랑이 없어서는 안 된다는 사실을 명심하십시오.

다음은 부부 간의 사랑을 지속해 가기 위한 지침입니다.

첫째, 배우자를 택할 때 진실로 사랑스러운 사람, 특히 마음의 덕스러움 때문에 사랑하는 마음이 생기는 사람을 택하십시오. 둘째, 전심으로 서로 사랑할 수 있음을 각자가 분명히 하기까지는 결혼하지 마십시오. 그 사람에 대한 사랑이 다른 사람들도 가질 수 있는 정도의 애정이라면 둘의 결혼은 참담한 결과를 맞게 될 것입니다. 셋째, 너무 서두르지 말고 나중에 당신을 질색하게 만들 만한 부분은 없는지 상대방을 먼저 잘 살펴보십시오. 죄악된 마음으로 이런 부분을 소홀히 하고 지나가는 것은 아닌지 잘 살피십시오. 넷째, 당신만 믿고 모든 것을 떠나 당신과 하나가 되고 당신이 하는 모든 수고와 당하는 모든 어려움을 어떤 상황에서도 기꺼이 함께 나누고 죽을 때까지 당신과 함께 있기로 한 사람을 사랑하지 않는 것은 죄라는 사실을 명심하십시오. 사랑으로 하나가 된 후에 더 이상 사랑할 수 없겠다고 말하는 것은 야만인보다 더 못한 처사입니다. 이런 식으로 아내를 배반하는 것은 자기 부인을 결혼에 대한 후회와 타락의 덫으로 몰아가는 짓입니다. 부인 된 자신을 아내로서 사랑하지 못하겠다고 하는 남편과 대화하는 데 무슨 위로가 있고 결혼생활에 따르는 고통을 견딜 힘이 어디서 나겠습니까? 그럼에도 아내가 남편에 대한 사랑을 포기하지 않는다면 남편의 행위는 더욱 잔인한 행위가 되는 것입니다. 다섯째, 여자들은 대개 사랑받고 싶어 하는 마음이 많은 감성적인 존재입니다. 당신이 그런 존재와 결혼을 통해 하나가 된다는 것은 스스로에게 더 책임 있는 의무를 부과하는 것입니다. 사랑해야 할 사람을 사랑하지 않는 것은 무례하고 부당한 행동입니다. 여섯째, 당신이 하나님의 계명 아래 있는 자임을 잊지 마십시오. 남편으로서 아내를 사랑하지 않는 것은 하나님이 당신에게 요구하시는 사랑의 의무를 저버리는 것입니다. 하나님의 계명이 아내를 사랑할 것을 요구합니다.

일곱째, 당신과 아내는 이제 서로 한 몸임을 기억하십시오. 당신과 한 몸이 되기 위해 그녀는 부모를 떠났고, 두 사람의 본성과 형상을 닮은 자녀를 낳기 위해 한 몸이 되었습니다. 당신의 소유나 소출에 대해서도 마찬가지입니다. 그렇다면 이런 친밀한 관계에 사랑이 필요한 것은 당연합니다. 아내처럼 당신을 있는 그대로 사랑할 수 있는 사람은 이 세상에 없습니다. 여덟째, 아내의 나쁜 점보다 선한 부분에 더 주목하십시오. 아내의 단점이나 연약함 때문에 아내의 좋은 점을 간과하거나 잊어버려서는 안 됩니다. 사랑은 선하고 사랑스러운 모습을 통해 피어나기 때문입니다. 아홉째, 아내의 연약함이나 잘못을 보게 될 때 여자로서의 성정이나 연약함을 떠올리십시오. 그리고 남편 된 자신이 얼마나 연약한지, 아내가 얼마나 그것을 용납하고 있는지를 기억하십시오. 엄청나게 큰 잘못을 저지른 것처럼 아내를 닦달하지 말고 남편으로서 할 수 있는 한 용서하고 받아 주십시오. 열 번째, 아내의 선함을 격려하고 악함은 덮으십시오. 그렇게 할 때 아내의 선함은 더 드러나고 악함은 묻히게 됩니다. 아내를 사랑하는 것이 더 이상 어렵지 않게 됩니다. 이 땅에서는 아무리 깨끗한 것이라도 때가 묻어 있을 수밖에 없습니다. 본성이 그러한데 남편이 쉬지 않고 부인의 부족한 부분을 들춰내니 그 부인은 당연히 남편을 신경질적으로 대하고 화를 낼 수밖에요. 아내에게서 선하고 유쾌한 향기를 이끌어 내십시오. 자신의 무분별하고 급한 성격으로 아내의 부족한 점을 자꾸 드러내서는 안 됩니다. 그렇게 할 때 결점이 많은 아내라도 더욱 사랑스러워집니다.

열한 번째, 사랑으로 아내의 결점을 극복하십시오. 사랑하면 결점도 애교로 변하고, 실제로 사랑스러워집니다. 불이 불을 일으키는 것처럼 사랑이 사랑을 낳습니다. 선하고 사랑스러운 아내를 만드는 가장 훌륭한 수단은 바로 남편의 사랑입니다. 아내를 싫어할 만한 사람으로 만든 것은 다름 아닌 남편의 못된 행실입니다. 못된 행실을 일삼으면서 "그런 여자를 도저히 사랑하지 못하겠다"라고 말합니다. 열두 번째, 사랑스러운 것이 무엇인지 먼저 모범을 보이십시오. 신중하고 겸손하고 사랑스럽고 온유하고 자기를 부인하고 인내하고 유순하고 거룩하고 경건한 삶의 모범을 보이십시오. 한동안 이렇게 계속해 보십시오. 이를 통해 아내가 부끄러운 행동을 버리고 더욱 사랑스러워지는지 아닌지 보십시오.

지침 2: 남편과 아내의 또 다른 의무는 함께 사는 것입니다. 세월이 허락하는 한 부부가 함께하는 진실하고 정숙한 삶은, 부부의 사랑을 헛되게 하고 부정한 것으로 만들고 거룩한 삶을 방해하는 음란과 같은 불순한 행동을 피하게 하고 부패한 생각을 막아 줍니다. 결혼한 사람은 당연히 정욕을 품어서는 안 됩니다. 사고방식도 단정하고 합당하고 진실해야 합니다. 질병을 죽이는 것이 묘약인데 오히려 질병을 더 키워서는 안 됩니다. 생각이 정욕에 잡혀 있는 한, 결혼의 질병을 치료할 수 있는 유일한 묘약인 결혼마저도 충분한 치료책이 될 수 없습니다. 결혼을 해 놓고도 이전과 같이 정욕에 휘둘리면 정욕에 필사적으로 매달립니다. 그럴수록 더 비참한 상황으로 빠져들어 결국 결혼이라는 묘약도 정욕이라는 죄에는 더 이상 약효를 발휘하지 못하게 됩니다. 그러나 엄연히 정욕에 대한 묘약으로 주신 것이 결혼이기 때문에, 사도는 모든 불법적인 관계를 피하라고 하면서 우리에게 주어진 의무가 무엇인지 분명히 말합니다. "남자가 여자를 가까이 아니함이 좋으나 음행을 피하기 위하여 남자마다 자기 아내를 두고 여자마다 자기 남편을 두라. 남편은 그 아내에 대한 의무를 다하고 아내도 그 남편에게 그렇게 할지라. 아내는 자기 몸을 주장하지 못하고 오직 그 남편이 하며 남편도 그와 같이 자기 몸을 주장하지 못하고 오직 그 아내가 하나니 서로 분방하지 말라. 다만 기도할 틈을 얻기 위하여 합의상 얼마 동안은 하되 다시 합하라. 이는 너희가 절제 못함으로 사탄이 너희를 시험하지 못하게 하려

함이라"(고전 7:1-5).

집 여러 채를 비롯해 많은 소유를 가졌거나 장사를 크게 벌인 사람들이 사업이나 일을 이유로 아내와 떨어져서 살다가 일주일 혹은 몇 주 만에 한 번씩 만나는 경우와 같이, 오랜 시간을 아내와 떨어져 지내는 남편은 부부관계의 본질을 역행하는 것입니다. 꼭 필요한 경우가 아니면, 이는 부부로서의 책임을 방기하는 일입니다. 더구나 아내를 남겨 두고 멀리 장사를 떠나거나 해외에 오래 머무는 사람들은 대부분 남편들입니다. 물론 아내의 동의가 있었겠지만, 공공을 섬기는 것과 같은 합당한 이유가 있거나 그렇게 해서 잃어버리는 것보다 몸과 영혼에 더 큰 유익이 있고 음란에 빠질 위험이 전혀 없다고 할 수 있는 충분한 근거가 있는 경우가 아니면 합당하지 않습니다. 남편과 부인이 서로를 위해 해야 하고 또 할 수 있는 책무는, 대부분 함께 살 때만 가능한 것들입니다. 몸의 지체들이 서로가 한 몸에 연결되어 있을 때만 서로를 위한 기능을 제대로 할 수 있는 것처럼 말입니다.

지침 3: 간음은 물론, 음란과 같이 결혼서약을 거스르게 할 수 있는 모든 것을 혐오해야 합니다(음란에 대한 성경 말씀을 참고하려면 다음을 보십시오. 창 6:2-3; 34:27, 레 21:9, 민 25:1-9, 신 23:2, 삿 20:10, 삼하 12:10; 13:22, 잠 2:17; 6:32, 35; 22:14, 렘 5:7-9; 23:14, 호 4:2-3, 말 2:15, 마 5:31-32; 19:9, 요 8:4-5, 고전 6:15, 19). 간음이 결혼으로 맺어진 관계를 파기하거나 무효로 할 수 있는 것은 아니지만, 이혼의 충분한 사유가 될 만큼 결혼을 통한 하나됨을 정면으로 거스르는 일입니다. 하나님은 간음을 죽음으로 다스리셨습니다(레 20:10). 정욕을 따라 결혼한 사람들이 하나님을 경외함으로 살지 않고 육신을 따라 계속 음란하게 산다면, 결혼이 정욕에 대한 묘약이 못되는 것은 자명합니다. 짐승과 같은 육신적인 삶을 계속해 가는 것은 불에 기름을 끼얹는 격입니다. 결혼한 후에도 계속해서 허탄하고 미혹하는 사람들과 어울리며 방종하고 무절제한 생각과 말을 일삼고 방탕하고 술취하고 오락을 즐기고 게으른 삶을 이어 가면서 유혹과 위험을 피하지 않는 사람들은 결혼하기 전과 다름없이 정욕으로 타오를 수밖에 없습니다. 이들의 육체에 정욕의 불꽃을 돋우는 마귀가 이들이 계속해서 정욕을 만족시킬 수 있도록 조정합니다. 이로 인해 그들 안에 있는 악한 정욕은 물로도 끄지 못하여 바다 속에서도 활활 타는 불과 같이 됩니다. 그들에게 있는 짐승 같은 정욕은 한 명의 여인으로는 성이 차지 않습니다. 이런 사람들은 누가 봐도 더 사랑스럽고 그들과 잘 어울리는 아내는 지긋지긋해 하면서 다른 여자들을 따라갑니다. 매춘부들은 하나같이 추하고 뻔뻔하고 천박하기 이를 데 없어서, 꼭 하나님이 금하신 것 때문이 아니더라도 멀쩡한 아내를 놔두고 왜 그런 여자를 사귀는지 사람들에게 도무지 납득이 되지 않습니다. 마치 마귀가 이런 사람들이 자기 손아귀에 있음을 보여주려고 조종하는 것 같습니다. 그렇지 않다면 하나님이 계심에도 스스로에게 경멸을 불러올 일을 할 리가 없습니다.

호색에 빠져 하나님을 저버린 사람에게 진노하신 하나님이 음탕한 마음에 휘둘리도록 그를 내버려 두시면, 더러운 영이 그를 사로잡아 부정한 삶에서 허우적거리게 합니다. 이런 사람들은 미모의 이성을 볼 때마다 음란한 생각을 합니다. 혼자 있을 때는 부정한 상상을 하고 밤에는 부정한 것들을 꿈꾸고 다른 사람과 이야기할 때도 그런 것들을 말합니다. 나사로의 헌데를 핥던 개들의 혀도, 그들이 부둥켜안고 놓아주지 않는 생각보다는 더럽지 않을 것입니다. "그들은 두루 다니는 살진 수말같이 각기 이웃의 아내를 따르며 소리지르는도다"(렘 5:8). "그들의 안색이 불리하게 증거하며 그들의 죄를 말해 주고 숨기지 못함이 소돔과 같으니"(사 3:9). 이들이 더러운 죄에 빠지면, 죄가 그들의 양심을 집어삼켜 짐승이나 나무토막같이 하나님의 진노와 자신의 비참함을 전혀 의식하지 못하고 극악한 짓도 거리낌 없이 일삼습니다. 사람들의 이목이나 체면만 아니라면 경건을 증오하고 핍박하는 일도 마다하지 않을 정도입니다(잠 5:20, 벧후 2:10, 12, 14, 계 21:8).

나는 양심을 완전히 거슬러 죄를 짓고 끊임없는 절망에 스스로를 방치하고 불행한 자신의 모습에 괴로워하면서도 이미 마귀의 조롱거리로 전락해 여전히 죄를 버리지 못하고 간음을 일삼는 자들을 알고 있습니다. 앞으로 더 나은 삶을 살 수 있을 것이라는 일말의 기대를 가진 사람들은 그래도 좀 낫습니다. 반면에 완전히 감각 없는 자가 되어서 "자신을 방탕에 방임하여 모든 더러운 것을 욕심으로 행하되……특별히 육체를 따라 더러운 정욕 가운데서 행하며 주관하는 이를 멸시하고……당돌하고 자긍하며 떨지 않고 영광 있는 자들을 비방하거니와……잡혀 죽기 위하여 난 이성 없는 짐승 같아서 그 알지 못하는 것을 비방하고 그들의 멸망 가운데서 멸망을 당하"는 자들도 있습니다(엡 4:19, 벧후 2:10-12). 그러므로 이런 끔찍한 죄를 짓게 하는 원인들에 주의하고 이런 것들은 모양이라도 피하십시오. 자기 아내가 아닌 사람에게는 눈길도 주지 말고 부부의 신의와 맹약을 저버리게 할 만한 생각은 아예 고개도 들지 못하게 하십시오.

지침 4: 부부는 서로 사랑하고 함께 시간을 보내고 대화하는 것이 즐거워야 합니다. 남자의 마음 같이 과도하게 즐거움을 추구하는 것도 없습니다. 하나님께서 주신 정당한 즐거움조차 혐오스럽고 가치 없는 것으로 바꾸어 버립니다. 하나님은 당신을 죄에 빠지게 하고 하나님과 그분이 주신 의무를 저버리게 하는 즐거움을 허락하신 적이 없습니다. 남편과 아내는 서로를 통해 즐거움을 누림으로 하나가 되고 한 몸으로 각자의 의무를 행하게 됩니다. 그렇게 될 때 서로의 짐과 의무를 수월하게 감당할 수 있습니다. 부부의 삶에서 이는 결코 작은 부분이 아닙니다. "네 샘으로 복되게 하라. 네가 젊어서 취한 아내를 즐거워하라. 그는 사랑스러운 암사슴 같고 아름다운 암노루 같으니 너는 그의 품을 항상 족하게 여기며 그의 사랑을 항상 연모하라"(잠 5:18-19). 그래서 아내를 일컬어 "네 눈에 기뻐하는 것"이라고 합니다(겔 24:16). 당신이 보기에 서로에게 불쾌하고 사랑스럽지 못하게 드러날 만한 모든 일을 피하고, 만족과 기쁨을 줄 만한 모든 합법적인 방편—어리석고 우스꽝스럽고 거만한 행동을 통해서가 아니라 정결하고 기품 있고 신자다운 행위를 통해—을 사용하십시오. 추잡함과 부정함과 볼썽사나운 몸가짐과 어리석은 말투와 불쾌한 생각이나 태도는 무엇이나 남편과 아내가 서로 간에 누릴 사랑과 기쁨과 만족을 저해하는 것으로 알고 피하십시오.

사랑을 소중히 간직하고 힘써 지키지 않으면서 서로 계속 사랑할 것이라고 믿는 사람은 어리석고 육신적인 사람입니다. 몸에 장애가 생기거나 행동거지가 부자연스럽게 되었을 때 혹은 하나님이 혐오스러운 질병이나 어려움을 허락하시면, 이런 사람은 지금까지 서로 사랑하고 즐거워했음에도 사랑이 식어질 수밖에 없습니다. 어려울 때 나 몰라라 하는 사람을 참된 벗이라 할 수 없듯이, 배우자가 버겁고 대하기 거북한 질병이 걸렸다고 시들해지는 사랑은 참된 부부의 사랑이 아닙니다. 자식을 향한 사랑 때문에 어미는 자식의 불결함이나 질병에도 자식을 기뻐할 수 있습니다. 남편과 아내의 사랑도 그러해야 합니다. 머지않아 자신도 똑같은 질병에 걸릴 수 있음을 아는 사람은 배우자가 고통 가운데 있을 때, 자기가 그런 자리에 있을 때 자기와 한 몸인 배우자에게 해주기를 바랐을 것들을 생각하며 배우자를 대합니다. 배우자를 싫어하거나 사랑이 식을 만한 특별한 이유가 없는데도 함께 있는 것을 못마땅해 하면서 자기 집보다는 이웃집을 전전하고, 배우자와 함께 대화를 나누기보다는 낯선 사람과 이야기 나누는 시간을 더 좋아하는 것은 핑계할 수 없는 범죄입니다.

지침 5: 어떤 경우에도 무질서와 분노를 피하고 평온하고 화목하게 사는 것이 남편과 아내 된 자들의 중요한 의무입니다. 이 의무는 아주 중요하기 때문에 먼저 절박한 필요성을 밝히고, 준행할 수 있는 지침 몇 가지를 더 언급하고자 합니다.

 1. 부부 간의 연합과 친밀함을 위해 특별히 필요한 의무입니다. 한 몸이 된 자기 자신과 싸우렵니까? 한 몸이 된 사람과 일치를 이루지 못하겠습니까? 2. 다 낫기 전까지는 당신을 고통스럽게 할 수밖에 없는 담석이나 골절과 같이 완전히 해소되지 않은 부부 간의 불화는 서로를 고통스럽게 하고 삶을 괴롭게 합니다. 가족 가운데서도 당신과 가장 가까운 사람의 화목이 깨지면 마음에 평강을 유지하기 어렵습니다. 항상 다칠까 봐 조심하고 다쳤을 때는 빨리 상처를 치료하려고 힘쓰는 것처럼, 부부 간의 화목이 깨질까 항상 주의하고 화목이 깨졌을 경우 신속히 회복하기 위해 힘써야 합니다. 3. 부부 간의 불화로 사랑이 식습니다. 부부 간에 계속 다투게 되면 은연중에 서로를 기피하고 싫어하는 습관이 생깁니다. 상처는 불화를 낳습니다. 속으로는 서로 불화하면서 겉으로만 부부로 지내는 것은 참 힘든 일입니다. 마음에는 상대방을 향한 적개심이 여전히 도사리고 있기 때문입니다. 집과

감옥이 다른 것처럼, 잠잠하고 화목한 부부관계와 그렇지 않은 관계는 전혀 다릅니다. 즐거움과 기쁨으로 기꺼이 머물고자 하는 곳이 집인 반면, 감옥에 갇히는 것을 원할 사람은 없습니다. 부부 간의 불화는 당신의 가정을 감옥으로 전락시킵니다. 꼭 감옥이 아니더라도 부부 간의 불화로 초래된 모든 불행은 당신을 옴짝달싹 못하게 얽어매기 때문입니다.

4. 부부 간의 불화는 모든 가정사를 어그러뜨립니다. 서로 불화하는 부부는 멍에를 다르게 매서 서로 다투는 소와 같습니다. 가정을 돌보고 이끌어야 할 사람들이 불화하면 아무 일도 제대로 이룰 수 없습니다. 5. 서로 불화하는 부부는 하나님께 합당한 예배를 드릴 수 없습니다. 함께 기도할 수도 없고 하늘에 속한 일들을 함께 이야기할 수도 없고 서로의 영혼을 도울 수도 없습니다. 이 부분에 대해서는 모두가 경험을 통해 알 것이기 때문에 더 언급하지는 않겠습니다. 부부 간의 의무를 이행하는 데 필요한 사랑과 거룩한 온화함은 분노와 신경질을 통해서는 발휘될 수 없습니다. 6. 부부가 불화한 상태에서는 가정을 제대로 다스릴 수 없습니다. 부모가 다투는 것을 봐 온 자녀들은 부모의 말을 듣지 않습니다. 부모가 화목하게 살지 못하고 어리석게 다투는 모습을 본 자녀들은 그런 부모가 자신들의 잘못을 나무랄 자격이 없다고 여깁니다. 이처럼 불화하는 부부는 자신은 물론 가족들의 수치와 조롱거리입니다. 7. 불화하는 부부는 사탄의 악독한 궤계와 여러 가지 미혹에 무방비로 노출됩니다. 나뉜 집은 설 수 없고 분열된

군대는 쉽게 패하고 원수의 전리품으로 전락하는 것과 마찬가지입니다. 이런 부부는 서로를 얼마나 엄청난 죄의 위험으로 몰아넣고 있는지 모릅니다. 이제 부부 간의 불화로 초래될 수 있는 결과가 무엇인지, 왜 그것을 피해야 하는지 알았을 것입니다.

둘째, 부부 간의 불화를 피하기 위해서는 다음 지침을 따르십시오.

1. 서로에 대한 사랑을 항상 뜨겁고 열렬하게 지켜 가십시오. 사랑은 분을 누그러뜨립니다. 진정으로 사랑하는 사람끼리 사소한 잘못 때문에 씩씩거릴 수는 없는 법입니다. 욕설을 하거나 외면하고 기피하거나 학대하는 일은 꿈도 꿀 수 없습니다. 원치 않는 상처나 불화가 생기더라도, 잠잠하게 하는 사랑이 있으면 그것은 곧 아뭅니다. 하지만 사랑이 식으면 소소한 문제로도 역정을 내고 상대에 대한 악감을 품습니다.

2. 남편과 아내 모두 자기의 교만과 못된 성질을 죽여야 합니다. 이런 것들로 인해 서로에 대해 인내하지 못하게 됩니다. 겸손하고 온유하고 잠잠한 성품을 위해 서로 기도하고 힘써야 합니다. 사실 불화를 일으키는 것은 눈에 드러나는 상황이나 일 자체보다도 각자의 마음에 똬리 틀고 있는 잘못된 성품입니다. 교만한 마음은 조금이라도 자신을 무시하는 듯한 말과 행동을 보면 견디지 못하고 격분합니다. 뒤틀리고 못된 심사는 살짝 스쳐도 기겁할 만큼 쓰리고 아픈 상처와 같습니다. 성마르고 뒤틀리고 고약한 사람과 같이 사는 사람은 아이를 돌보는 마음으로 어르고

달래면서 지낼 수밖에 없습니다. 아이에게 화를 내 봐야 아무 소용이 없기 때문입니다. 고약하고 성숙하지 못한 성품의 배우자를 만난 사람은 그것을 가만하고 감당하며 살기로 결심해야 합니다. 하지만 그리스도인은 자기 안에 못되고 성마른 성품을 용납하거나 대수롭지 않게 여겨서는 안 됩니다. 일단 자기 자신의 성마른 성품을 이기기만 하면 서로 간의 화목은 수월하게 지켜 갈 수 있습니다.

3. 배우자와 자신 모두가 온전치 못하고 연약함투성이임을 잊지 말고, 그런 모습이 드러날 때 이상하게 여기지 마십시오. 전혀 예기치 못했던 일이 일어난 것처럼 반응하지 마십시오. 한쪽 다리를 쓰지 못하는 여인을 아내로 맞이해 놓고 다리를 전다고 타박하렵니까? 궤양으로 힘겨워 하는 여인을 배우자로 맞이해 놓고 입 냄새가 심하다고 불평하겠습니까? 연약함투성이인 사람과 결혼할 때 날마다 어려움과 갈등이 있을 것을 몰랐단 말입니까? 상대방의 연약함을 감당하지 못할 것이었으면 결혼하지 말았어야 합니다. 그러나 결혼하면서 그런 부분을 전부 감수하기로 했다면, 지금도 그렇게 해야 합니다. 그러므로 서로의 연약함을 감당하기로 결심하십시오. 상대방이 천사나 완전한 사람이라도 되는 것처럼 대하지 말고, 죄악되고 연약하고 불완전한 사람임을 인정하십시오.

4. 서로가 한 몸임을 기억하십시오. 상대방을 자기 몸과 같이 여긴다면, 배우자의 말이나 잘못에 더 이상 발끈할 필요가 없습

니다. 아내의 잘못이 곧 남편의 잘못이라면, 아내가 잘못했을 때도 자신이 잘못했을 때처럼 다툴 필요가 없습니다. 이렇게 하면 상대의 잘못이나 허물에 화를 내거나 못마땅해 하기보다는 오히려 그것을 보완하고자 할 것입니다. 화가 변하여 연민이 되고 민첩하고 부드러운 마음으로 상대방의 연약함을 치료하려고 할 것입니다.

5. 한 사람이 안 좋은 상태에 있을 때, 다른 한 사람은 상대방의 마음이 회복될 때까지 좋은 마음으로 그것을 감당하며 잠잠히 기다리기로 미리 약속을 하십시오. 어느 쪽이든 즉시 분을 내서는 안 됩니다. 상대방이 흥분했을 때 온유하고 부드러운 말과 행실로 흥분을 가라앉혀야 하지 날카로운 언사로 비꼬거나 똑같이 화를 냄으로 기름을 부어서는 안 됩니다. 당신이 부름 받은 일은 죄를 악화시키는 것이 아니라 죄를 죽이는 것입니다. 배우자를 상하게 하기보다는 싸매고 자신이 옳다고 주장하기보다는 함께 온전함을 이루는 것입니다. 상대방이 넘어지고 다쳤을 때, 당신이 해야 할 일은 밟고 올라서는 것이 아니라 일어나도록 돕는 것입니다.

6. 부부는 죽을 때까지 서로 동고동락해야 하는 존재임을 기억하면, 서로 불화하고 상대방을 못마땅해 하는 것이 얼마나 어리석은 일인지 금방 알게 될 것입니다. 화는 보복하려는 성질이 있습니다. 다툼은 분리를 가져옵니다. 앙갚음하지 않으려거든 분을 내지 마십시오. 서로 헤어질 수 없는 것을 안다면 다투지 마십

시오.

7. 할 수 있는 한 가족 간의 문제로 다투거나 화를 낼 수 있는 모든 경우를 피하십시오. 어떤 가족은 게으름으로 궁핍을 자초해 놓고 그것을 못 견뎌 항상 서로를 탓하고 힘들어 합니다. 이런 괴팍함 때문에 항상 서로 티격태격합니다. 또 어떤 가족은 감당할 수도 없을 만큼 많은 일들을 벌여 놓고 거기서 초래되는 여러 일들과 분주함 때문에 서로를 성마르게 대합니다. 어떤 가정은 자기 일을 제대로 할 수 있는 능력도, 성실함도 없어서 항상 일들이 꼬입니다. 무질서하게 살면서 서로를 탓합니다. 죄를 짓지 않으려면 이런 상황이 초래되지 않도록 하고, 피할 수 없는 상황이라면 인내로 감당할 수 있어야 합니다.

8. 못된 성질을 당장 해결하기 어렵다면 최소한 말이라도 조심하십시오. 힐난하는 말이나 상대를 힘들게 하는 말을 하지 마십시오. 그런 식으로 내뱉는 말은 불과 같아서 더욱더 화를 돋웁니다. 잠잠하십시오. 이내 평정을 되찾을 것입니다. 잘못된 말은 사람을 더욱 불쾌하게 합니다. 소크라테스는 자기 아내가 먼저 욕을 퍼붓고 연이어 구정물을 끼얹자 "천둥이 치는 것을 보고 내 비가 올 줄 알았지"라고 말했다고 합니다. 잘못되고 합당하지 않은 말을 내뱉으면 뒤이어 더 열악한 상황이 전개될 것을 아십시오. 정말 화를 누르고 싶은데도 뜻대로 되지 않으면 말이라도 하지 마십시오.

9. 남편과 아내 중에 흥분하지 않고 바른 상태에 있는 사람이

기꺼이 낮아져서 덕이 되는 말로 상대를 설득해야 합니다(그러지 않고 거슬리는 말로 하게 되면, 상황은 더 악화될 수밖에 없습니다). 대개 조금만 의젓하고 바른 태도만 있어도 화는 가라앉힐 수 있습니다. 흥분한 배우자에게 이렇게 말해야 합니다. "당신이 알다시피 우리가 서로에게 이래서는 안 됩니다. 사랑이 흥분을 가라앉힙니다. 우리의 이런 모습을 하나님은 인정하지 않으실 것입니다. 우리도 이런 모습을 용납해서는 안 됩니다. 회개해야 합니다. 지금 우리의 마음은 기도할 때의 마음과 전혀 다르고 우리의 말도 기도할 때와 전혀 다릅니다. 우리 지금 하나님께 기도합시다"라고 말해야 합니다. 조금만 침착하고 겸손하게 분별력을 갖고 말할 수 있어도 격한 감정이 누그러지고 감정에 억눌렸던 합리적인 사고가 되살아납니다.

10. 마음먹은 것과 달리 서로 감정적이 되려고 할 때, 각자의 잘못을 상대방에게 고백하십시오. 서로 용서를 구하고 함께 하나님의 용서를 구하십시오. 이렇게 하면 다음에 이런 일이 또 생길 때 함부로 반응하지 않을 수 있게 됩니다. 이전에 죄를 고백하고 하나님과 사람에게 용서를 구했던 일을 똑같이 되풀이하는 행동을 부끄러워할 것이기 때문입니다. 이런 열 가지 지침을 잘 실천하면, 사랑스럽고 화목한 결혼생활과 가정의 평화를 보전할 수 있습니다.

지침 6: 남편과 부인의 중심적인 의무는 하나님을 알고 예배하고 순종하는 가운데 각별한 관심을 갖고 부지런하고 세련되게 서로를 도와 구원에 이르도록 하는 것입니다. 이는 의무일 뿐 아니라 서로에게 큰 도움과 복이 되는 방편입니다. 우선 이 의무를 깊이 깨닫도록 서로에게 어떻게 이 의무를 준행할지를 살펴보겠습니다.

첫째, 부부가 서로의 영혼을 소홀히 하는 것은 부부 간의 합당한 사랑에 전혀 부합하지 않습니다. 자신이 불멸하는 영혼을 갖고 있고 희락이든 비참함이든 영혼을 위한 영원한 삶이 기다리고 있음을 잘 알 것이라고 믿습니다. 그렇다면 당신의 관심을 사로잡는 가장 중요한 일은 이런 영원한 삶을 위해 준비하는 것일 수밖에 없습니다. 배우자를 사랑한다고 하지만, 이런 중요한 일에 서로를 돕지 않는 사랑이 무슨 사랑이란 말입니까? 세상에 있는 모든 것은 그 효용만큼의 가치를 가집니다. 쓸모없고 유익 없는 사랑은 가치 없는 사랑입니다. 사랑한다고 말은 하지만 하찮고 유치하고 저급한 수준으로 서로를 대한다면 그것은 누가 뭐라고 해도 하찮고 유치하고 저급한 사랑일 뿐입니다. 아내를 사랑한다면서 사탄의 권세 아래 내버려 두고 그녀의 영혼 구원을 위해 애쓰지 않는단 말입니까? 아내를 사랑하는데 지옥에 가도록 내버려 둔다고요? 아내의 구원을 위해 신경 쓰고 애쓰는 것이 귀찮아서 그대로 가면 결국 멸망에 이를 줄 알면서도 내버려 둔다고요? 남편이라고 하면서 아내가 몸이 아파 힘들어 하는데도 그녀를 낫게 하려고 애쓰지 않는다면, 아무리 평소에 칭찬하고 친절하게 대했어도 부인은 당신의 사랑을 싸늘하고 무익한 사랑으로 여길 수밖에 없습니다. 마귀도 그런 종류의 사랑은 합니다. 마귀는 사람들의 영혼이 파국으로 치닫도록 쾌락과 부와 명예를 제공하고는 내버려 둡니다.

정작 자신이 사랑한다고 하는 배우자는 죄 가운데 죽어 가고 있는데 세상의 안일을 누리는 것에만 신경을 썼지 그 이상의 일에는 무관심하다면, 당신이 배우자에게 보이는 친절은 마귀의 것이나 다름 없습니다. 오, 당신이 그토록 사랑하는 사람이 처한 위험을 안다고 하면서 거기서 건져 내기 위한 노력을 하지 않는단 말입니까? 멸망의 길로 빠져드는 절친한 벗을 끌어내기 위해 자기가 할 수 있는 일이 있는데 아무것도 하지 않는다는 것이 말이 됩니까? 오는 세상에서 그들과 영영 헤어지렵니까? 그들과 영원히 천국에 있고 싶지 않습니까? 그들의 구원을 위해 수고하지 않는다면 그들을 사랑한다고 말하지 마십시오. 그들이 지옥에 내려가거나 그들이 지옥으로 내려가는 것을 당신이 보게 된다면, 당신이나 그들 모두 당신이 그들을 사랑한다고 한 만큼 애쓰지 않았다고 탄식할 것입니다. 사랑한다는 영혼을 영원한 비참함으로 내려가도록 방치하는 것을 보고 사랑이라 할 수 없습니다.

배우자의 구원에 도움이 되기는커녕 아담과 하와처럼 서로의 거룩과 구원에 걸림돌이 되는 사람들에 대해서 더 말해 무엇하겠습니까!(왕상 11:4, 욥 2:9, 행 5:2) 이런 일이 우리 주변에 얼마나 자주 일어납니까!(이 비참한 세상을 하나님이 불쌍히 여기시기를!)

무지하고 불경건한 아내는 남편을 자기와 똑같은 상태로 만들거나 그런 상태로 머물게 하기 위해 온갖 악한 일을 다할 것입니다. 불을 꺼뜨리는 물처럼 하나님이 남편의 마음에 심으신 거룩한 경향을 시들어지게 할 것입니다. 남편이 그런 아내와 같이 죄악되고 비참한 상태까지 이르지는 않는다 해도 서로 간에 바람 잘 날이 없을 것입니다. 하나님께서 악한 남편을 둔 여인의 눈을 열어 거룩한 삶의 절박한 필요와 아름다움을 보게 하심으로 이 여인이 주님께 순종하고 구원을 얻기로 결심한다면, 이내 그 남편은 그녀에게 폭군과 원수로 드러날 것(하나님께서 막지 않으시면)입니다. 마귀가 영혼 구원을 싫어하는 것 이상으로 불경건한 남편과 아내는 서로의 구원을 싫어합니다.

둘째, 부부가 서로의 영혼을 돕지 않는 것은 결혼의 목적에 전혀 부합하지 않는 삶을 사는 것입니다. 육신적 필요를 위해서만 서로를 돕는 것은 짐승으로 같이 사는 것입니다. 무릇 부부는 "생명의 은혜를 함께 이어받을 자로" 사는 것입니다(벧전 3:7). "남편들아, 아내 사랑하기를 그리스도께서 교회를 사랑하시고 그 교회를 위하여 자신을 주심 같이 하라. 이는 곧……자기 앞에 영광스러운 교회로 세우사 티나 주름 잡힌 것이나 이런 것들이 없이 거룩하고 흠이 없게 하려 하심이라"(엡 5:25-27). 이는 당신의 삶의 목적이자 일상적 부부관계의 목적입니다.

서로의 영혼을 소홀히 하는 부부는 서로에게 크나큰 원수일 수밖에 없다는 사실과 나중에 서로가 감당해야 할 슬픔이 어느 정도일지 생각하십시오. 천국에서 기쁨으로 만날 것을 준비해야 하는 시간에 영원한 끔찍함의 토대를 다지고 있는 자신을 생각해 보십시오. 지옥의 불구덩이 속에서나 그리스도의 심판대 앞에서의 끔찍한 만남을 생각해 보십시오. 그때는 자신들이 얼마나 잘못했는지 뼈저리게 느낄 것입니다!(창 35:2, 4, 레 19:18, 고전 7:5, 히 12:15, 엡 4:16, 살전 5:11) 영광 가운데 함께 하나님을 송축하는 것이 끔찍한 두려움에 사로잡힌 채 이를 갈며 서로의 면전에 대고 비난하는 것보다 훨씬 낫습니다. "무자비한 남편 같으니라고! 몰인정하고 기만적인 여편네야! 당신을 만나고 얼마 되지도 않아서 이렇게 비참하고 끔찍한 결말에 이르렀다! 당신만 아니었으면 나도 이 끔찍하고 고통스러운 불구덩이 속에 있지 않을 것이다. 성도들과 더불어 그리스도와 함께 기쁨을 누리고 있을 것이다! 하나님은 남편인 당신에게 내 죄와 비참함을 경고하고 내가 죄 가운데 안심하지 못하도록 하고 그리스도께로 돌아오기까지 나를 가르치고 설득해서 지옥의 끔찍한 고통을 겪지 않도록 할 책임을 주셨다! 하지만 당신은 비아냥거릴 때 말고는 구원과 하나님에 대해서 나에게 말해 준 적이 없다. 집에 불이 났으면 불을 끄려고 난리를 쳤겠지만, 내 영혼이 지옥에 떨어지는 것에는 관심도 없었다. 단 한 번도 거듭나지 못한 본성적인 상태의 비참함에 대해 진지하게 얘기해 준 적이 없다! 거듭나 거룩하게 사는 것이 얼마나 중요한지에 대해서는 입도 뻥긋하지 않았다! 적어도 천국이나 지옥 같은 결정적인 문제에 대해서는 말을 했어야 하지만 그것조차 하지 않았다! 그저 세상 돌아가는 이야기가 아침저녁으로 하는 이야기의 전부였다(민 16:27, 32). 허구한 날을 거들먹거리면서 농담이나 일삼고 음담패설과 같은 아무짝에도 쓸모없는 이야기로 소일했다! 구원에 대한 진지한 말이 우리 사이에 오간 적이 단 한 번이라도 있는가? 이런 날이 올 거라고 말한 적도 없고, 함께 성경을 읽거나 기도하거나 좋은 책들을 읽어 본 적도 없다. 나를 가르치려고 하거나 완고한 내 마음을 겸손하게 하거나 그리스도를 믿는 믿음으로 나를 하나님의 사랑과 거룩하심으로 이끌려는 수고는 전혀 하지 않았다. 가장으로서 거룩하고 경건한 모범이 되기는커녕 불경건하고 육신적이고 세속적인 못된 모습만 보였다. 당신 자신의 영혼도 돌보지 않았을 뿐 아니라 내 영혼에도 전혀 무관심했다. 나 또한 다르지 않았다. 당신이나 나나 경건과는 담을 쌓고 살았고, 이제 우리는 그 대가를 치르고 있는 것이다!" 오, 이 땅에 사는 동안 불경건과 부주의함 때문에 서로를 끝없는 비통함과 참혹함으로 몰아가는 사람들은 얼마나 어리석고 비참한 영혼인지요! 그러므로 지금 즉시 하늘의 후사로서 서로를 돕고 살아가기로 결심하십시오! 이렇게 할 수 있도록 몇 가지 지침을 드리겠습니다. 이 지침들을 따라 실천하면 부부가 서로를 위하는 복으로 드러날 것입니다.

지침 1: 부부가 서로의 영혼을 구원하는 데 도움이 되려면, 먼저 자기 영혼을 아낄 줄 알아야 하고 서로에게 이야기해 줄 수 있을 만큼 영생에 관한 중요한 문제를 생생하고 깊이 있게 이해하고 있어야 합니다(창 2:18). 영혼을 팔아서라도 이 땅에서 잠시 육신적 즐거움과 편안함을 맛보려고 할 만큼 자신의 영혼도 귀한 줄 모르는 사람이, 다른 사람의 영혼을 귀히 여겨 구원에 필요한 도움을 주고자 애쓸 리 없습니다. 한 번도 스스로 심각하게 생각하거나 중요하게 여겨 보지 않은 문제들에 대해 이전과는 전혀 다른 태도로 진지하고 심각하게 이야기하기를 기대하기는 어렵습니다. 무엇보다도 상대방을 유익하게 하려고 언급하는 문제의 중요성을 당신 자신이 먼저 절실히 느껴야 합니다. 다른 사람을 설득하려고 하는 바로 그런 존재가 되어 당신이 하는 말들이 마음 깊은 곳에서 나오는 것임을 사람들이 알 수 있어야 합니다. 당신이 경험하여 이미 분명히 알고 있는 것들을 말하도록 하십시오.

지침 2: 친밀하고 가까운 관계가 하나님과 구원에 대해 말하는 것에 방해가 되기보다는 오히려 진지하게 서로 이야기할 수 있는 좋은 기회가 되도록 하십시오. 함께 자고 깰 때를 세상일에 대한 말로 일관하지 마십시오. 전부는 아니더라도, 하나님과 영혼에 대한 이야기가 처음과 나중이 될 뿐 아니라 가장 자유롭고 감미로운 이야깃거리가 되어야 합니다. 일상적인 일들에 대해 필요한 만큼 이야기를 했다면, 하나님 앞에서 여러분 영혼의 상태와 의무 여러분이 가진 천국의 소망에 대해서 함께 이야기를 하되 이런 일들을 가장 소중한 일로 여기는 사람처럼 이야기하십시오.

경박하고 무례하고 불경하게 다투듯 말하는 것이 아니라 이 세상에서 이루어야 할 가장 중요한 문제를 서로 조언하는 사람들답게 엄숙하고 진지하게 말하십시오.

지침 3: 남편이든 부인이든 둘 중 어느 한 사람이 거룩한 일들에 대해 진지하게 이야기하고 있다면, 다른 한 사람은 그 말을 중간에 끊거나 못하게 해서는 안 됩니다. 깊이 새기고 귀담아들어야 합니다. 이런 대화를 깊이 새기는 방법은 두 가지입니다. 첫째, 균형을 갖추고 진지하고 지혜롭게 대화에 참여하는 것입니다. 물론 모두가 이렇게 할 수는 없습니다. 전적으로 듣고 배우는 입장에 있는 사람도 있을 것입니다. 이들을 위한 것이 바로 두 번째 방법입니다. 여전히 의구심이 일거나 이해가 안 되는 부분이 있으면 답을 구하고 계속해서 관련된 것들을 물어봅니다. 경건한 대화가 점점 사라져 가는 것도 두 가지 양상이 있습니다. 첫째, 듣는 사람이 아무런 반응도 없이 일방적으로 듣기만 합니다. 아무런 반응도 질문도 없습니다. 벽에 대고 말하는 것 같습니다. 결국 말하는 사람도 멋쩍고 지쳐서 그만둡니다. 둘째, 사사건건 시비를 걸고 따지고 말을 끊고 이야기를 다른 데로 돌립니다. 세속적이고 부적절한 말을 하고 불필요한 말로 진지한 분위기를 흐려 놓고 불경까지는 아니어도 허탄하고 세상적인 말들로 가득 찬 대화는 모든 거룩하고 유익한 대화를 망칩니다. 심지어 종교적인 대화라 할지라도, 자기 마음을 살피는 경건한 대화가 아닌 형식적이고 추상적인 논의나 마음이나 천국과는 전혀 상관이 없는 논쟁거리와 같은 것들은 경건한 대화를 그치게 합니다. 서로가 경건으로 나아가는 것을 돕기를 바란다면 그런 대화를 하지 않도록 주의하십시오.

지침 4: 서로의 마음과 삶을 잘 살피고 서로의 영혼이 어떤 상태에 있는지, 각자에게 있는 연약한 죄가 무엇이고 각자가 가진 은혜의 능력은 무엇인지, 서로의 삶에서 드러난 약점은 무엇인지를 분별하기 위해 애써야 합니다. 그렇게 해야 서로에게 꼭 필요한 도움이 될 수 있기 때문입니다. 서로를 잘 알지 못하면 큰 도움이 될 수 없습니다(마 27:19). 어디가 잘못되었는지 알지 못하면 병을 고칠 수가 없듯이, 서로의 상태에 대해 제대로 알지 못하면 지혜롭고 신뢰할 만한 권면을 하기 어렵습니다. 서로를 사랑으로 돌보고 불필요한 오해를 하지 않고 서로를 기만하거나 소홀히 하지 못할 만큼 하나님께서 서로를 가까운 관계로 살게 하신 것이 부부입니다. 그래서 남편과 아내 각자의 상황에 가장 필요하고 꼭 들어맞는 묘약을 서로가 항상 주고받을 수 있어야 합니다.

지침 5: 지각없는 맹목적인 사랑으로 상대에게 아부하거나 모욕적이고 경솔한 질책으로 서로의 마음을 상하게 하지 않아야 합니다. 맹목적인 사랑 때문에 남편이나 아내나 자녀에게 있는 해로운 죄악과 비참함을 보지 못하는 이들이 있습니다. 다른 사람들에게서 좋지 않은 것들이 드러나도, 자기 남편이나 자기 부인이나 자기 자식만은 모든 것이 잘되리라 생각합니다. 하지만 결국 이런 태도는 자기를 사랑하는 이기적인 죄인들이 자기 영혼에 대해 갖는 기만적이고 파멸로 이끄는 태도와 다르지 않습니다. 다른 사람을 추켜세우든 스스로 우쭐하게 되든 이런 태도는 회개하지 못하게 하고 구원에 이르지 못하게 하려는 마귀의 술책입니다. 진통제나 마약을 통해 얻는 안정은 오래가지 못합니다. 반면에 상대방의 잘못을 지적할 때 항상 악독함과 신랄함으로 듣는 사람의 마음을 상하게 하고 약도 소용이 없을 정도로 속을 뒤집어 놓아서, 잘못을 인정하기는커녕 반발하고 마음을 더 굳어지게 하는 사람들이 있습니다. 잘 알지 못하는 사람을 나무랄 때도 사랑으로 하는데, 하물며 가장 친밀한 사이는 더 큰 사랑으로 해야 하지 않겠습니까?

지침 6: 부부가 서로를 점점 무시하는 것이 아니라 오히려 부부 간의 진실된 사랑이 더해 가도록 하십시오. 서로를 무시하게 되면, 서로가 주고받는 조언이나 책망도 받아들이지 않을 것입니다. 부부 간의 온전한 사랑이 서로의 훈계를 달게 받도록 하는 반면, 상대방을 경홀히 여기고 지겨워하는 사람은 상대방이 하는 권면이나 책망도 무시할 것입니다.

지침 7: 상대방의 교훈과 책망을 왜곡하고 무례하고 완고하게 받아서, 상대방이 이런 역할을 할 마음을 잃도록 해서는 안 됩니다. 교훈을 통해 배우려 하지 않고 고치려 하지 않으면, 교훈하고 책망하는 사람이 무력감을 느낍니다. 사람은 무례한 반응을 보거나 퉁명스러운 대답을 듣거나 자신의 수고가 쓸모없다고 생각하면 하던 일을 그치기 마련입니다. 교훈과 책망을 그치고 죄인들을 내버려 두시는 것이 하나님께서 이 땅에 내리시는 가장 큰 형벌이듯이, 사람의 관계에서도 무지하고 죄를 일삼기를 그치지 않아 사람들이 더 이상 상관하지 않고 스스로 모든 것을 결정하고 알아서 해야 하는 것처럼 서글픈 일도 없습니다. 우리가 함께 살아가는 동안에는 절대 이런 일이 있어서는 안 됩니다. 생명이 있는 동안에는 여전히 소망도 있기 때문입니다.

지침 8: 서로 여전히 교훈하고 재촉할 수 있는 관계라면, 더 나은 도움을 주고받을 수 있도록 하십시오. 영혼을 일깨우고 확증시키는 책들을 함께 읽고 말씀의 능력으로 사역하는 교회에 함께 참여하고 경건한 사람들과의 유익한 대화를 즐겨 하십시오. 그렇다고 서로에 대한 의무를 소홀히 하라는 말은 아닙니다. 하지만 오히려 이 모든 일은 서로를 향한 의무에 더 효과적으로 작용합니다. 당신의 말이 여러 사역과 다른 그리스도인들과의 교제를 통해 들은 내용과 일치할 때, 상대방은 보다 쉽게 당신의 말을 받아들입니다.

지침 9: 서로에게 각자 영혼의 상태를 숨기거나 자신의 허물을 감추지 마십시오. 부부는 한 몸이고 한마음입니다. 사람이 자신의 필요를 모르면 위험에 처하게 되듯이, 남편과 아내가 서로의 필요를 모르면 큰 어려움이 생깁니다. 상대를 배려한다고 유익한 친구와 유능한 의사에게까지 자신의 병을 숨기는 것은 어리석은 짓입니다. 부부만큼 서로를 배려하고 도움이 되는 관계도 없습니다. 물론 자신의 허물이나 비밀을 드러내는 것이 서로의 사랑을 사그라지게 하고 상대방에게 유익이 되지 않기 때문에 그대로 마음에 담고 있는 것이 지혜로운 경우도 있습니다. 하지만 그런 경우는 드뭅니다. 서로의 유익을 위해서라도 각자의 마음을 활짝 열어야 합니다.

지침 10: 가능하면 신앙과 관련해 서로 상반되는 생각을 줄여 가야 합니다. 자신이 중요하다고 여기는 문제에 대해 상대와 다른 판단을 하는 경우, 서로를 비난하고 불평하거나 함부로 대할 수도 있고 급기야 서로의 도움조차 받기를 꺼리게 될 수 있기 때문입니다. 부부가 각각 다른 교파에 속하고 다른 가르침을 받으면, 집안의 분란과 혼란은 불가피합니다. 이는 사탄만 이롭게 하는 것이고 서로에게 영적으로 아무런 유익이 되지 않습니다.

지침 11: 부부 간에 의견이 다를 경우, 교만과 인색함과 분란과 같은 육신적인 방법이 아닌 거룩함과 겸손과 사랑과 화평으로 풀어 가야 합니다. 첫째, 의견의 차이를 거룩하게 극복하는 길은 하나님을 재판관으로 모시고 문제를 그분의 말씀에 비춰 보고 그분을 기쁘시게 하고 영화롭게 하기로 마음을 정하고 견해차를 좁히기 위해 하나님이 주신 모든 방편을 사용하는 것입니다. 성경을 살펴보고 신실하고 유능한 목회자들의 조언을 구하고 인내를 갖고 진지하게 문제를 논의하는 가운데, 성령의 조명하심을 구하며 함께 기도하는 것입니다. 반면에 육신적인 논쟁은 서로의 차이를 심화시킬 뿐입니다. 진리로 사람을 평가하는 것이 아니라, 자기가 속한 분파나 자신이 따르는 사람들의 의견을 갖고 사람과 진리를 재단하거나 이기적이고 육신적으로 선망하는 개인의 의견이나 원리를 따라 문제를 해결하려고 하는 것입니다. 남편이 교황주의자거나 다른 잘못된 신앙을 가진 사람이라면, 대부분 그의 부인은 쉽게 자기 남편의 잘못된 신앙의 영향을 받습니다. 합당한 증거를 대기보다는 무작정 자신의 잘못된 신앙을 강요하기 때문입니다. 남편을 사랑하는 부인은 남편의 생각을 기꺼이 받아들일 수밖에 없습니다. 이처럼 하나님 대신 사람을 주인으로 모신 신앙을 가진 사람들이 많습니다.

둘째, 자신의 이해에 대한 타당한 의구심을 갖고 겸손하게 상대방과 논의하고 온유함과 유순함으로 서로 다른 부분을 다룰 때, 서로 간의 차이로 인한 어려움을 극복할 수 있습니다. 상대방의 이해는 고려할 가치도 없는 양 자신의 의견만을 믿고 다른 사람의 주장을 무시해서는 안 됩니다. 셋째, 서로 다른 의견을 다룰 때 사랑으로 다뤄야 합니다. 의견이 옳든 그르든 간에 사랑한다고 해서 그 사람의 의견을 무작정 따라갈 필요는 없습니다. 서로 같은 마음을 품으려고 노력하되 그럴 수 없을 경우에는 서로 다른 부분을 안타깝게 여기고, 각자가 서로의 실수를 자신의 연약함을 대하듯 용납하고 잘 감당해서 이런 차이로 인해 사랑이 식어지거나 소원해지지 않도록 해야 합니다. 오히려 측은히 여겨 부드럽게 싸매고 서로에게 유익이 되도록 힘써야 합니다. 넷째, 차이가 있더라도 다툼이나 불화로 번지지 않도록 하고 이로 인해 가족들까지 영향을 받지 않도록 해야 합니다. 모든 참된 그리스도인은 신앙의 문제에서 서로 다른 점을 잘 해결해야 하되, 부부 간에는 더욱 그렇습니다.

지침 12: 서로의 잘못을 무턱대고 넘어가거나 서로의 상태에 대해 지나치게 비판적으로 접근하지 말아야 합니다. 이로 인해 사탄이 틈타 서로의 애정과 관계를 소원하게 할 수 있습니다. 사랑하는 사람의 허물을 대수롭지 않게 여기는 것은 오히려 상대를 해롭게 하는 눈먼 사랑에서 비롯된 것이고, 이런 사랑은 상대에게 덕이 되지 못합니다. 서로의 잘못을 너무 크게 생각하는 것 또한 서로의 사랑을 식게 만들고 서로의 관계를 소원하게 하는 사탄을 이롭게 할 뿐입니다. 이처럼 신앙에 무관심하거나 세상적인 사고방식에 빠져 있거나 나쁜 친구들과 어울리거나 시간을 허비하는 남편을 둔 선량한 여인들이, 처음에는 남편 안에 있을 수 있는 은혜의 씨앗을 간과하다가 그를 불경건한 사람으로 치부하여 냉랭하고 불성실하게 대합니다. 이런 두 가지 극단을 피하기 위해서는 큰 지혜와 경성함이 요구됩니다.

지침 13: 전혀 신앙이 없는 불신자나 불경건한 사람과 결혼했다 할지라도 부부인 이상 합당한 사랑을 지켜 가야 합니다. 참된 그리스도인으로서 그들을 사랑할 수는 없을지라도 남편이나 아내로서 사랑할 수는 있습니다. 이교도들조차 남편과 아내는 서로를 사랑할 의무가 있습니다. 배우자가 불신자라도 그리스도인은 자신의 배우자를 사랑해야 한다고 사도는 말합니다(고전 7장). 배우자의 잘못이 당신의 의무까지 없애는 것은 아닙니다. 성만찬에 대한 원리들을 교란시킴으로 사탄이 사람들을 속여 하나님이 정하신 정당한 규례들까지 부인하게 한 것처럼, 가족관계에서도 사탄은 사람들을 기만해서 서로의 선을 위해 마땅히 해야 할 의무들까지 부인하게 만듭니다.

지침 14: 함께 간절히 기도하는 시간을 자주 가지십시오. 기도는 생각을 차분히 가라앉히고 진지하게 하고 마음을 하나님의 임재와 위엄 앞에 있게 합니다. 개인기도 시간에 상대방의 마음에 역사했으면 하고 가장 크게 바라는 일들을 위해 하나님께 기도하십시오.

지침 15: 마지막으로 서로에게 삶의 모범이 되십시오. 배우자에게 바라는 삶을 당신도 살아가십시오. 신앙을 고백하는 것만큼이나 온유함과 겸손과 사랑과 성실함과 근면과 자기부인과 인내에서도 탁월한 진보를 이루십시오. 사도 베드로는 말씀에 순종하지 않는 자라도 말만이 아닌 그 말에 부합하는 아내의 행실로 인해 구원을 받게 될 수 있다고 말합니다(벧전 3:1). 아내 신앙의 열매를 통해 아내가 가진 신앙의 탁월함이 남편에게 증거되고, 이를 통해 그가 신앙에 대해 좋게 생각할 뿐 아니라 믿어야 할 이유에 대해서 물어 올 것이라는 말입니다. 이런 일은 공적인 목회 사역과는 별개로 일어납니다. 참된 거룩과 하늘의 소망과 자기부인과 온유함과 사랑과, 죄를 죽이는 삶은 그 자체로 강력한 설교입니다. 함께 사는 사람에게 끊임없이 보여지는 이런 강력한 설교는 좋은 결과를 거둘 수밖에 없습니다. 말뿐이 아닌 말과 부합하는 행실이야말로 가장 분명하고 큰 호소력이 있습니다.

지침 16: 결혼한 부부의 또 다른 중요한 의무는 서로 육신의 건강과 안락함을 돕는 것입니다(창 2:18, 롬 13:13-14, 엡 5:29, 31). 다시 말해 서로의 육신적인 욕망을 채워 주거나 교만과 게으름과 탐욕이나 성도착과 같은 악에 빠져 살도록 하는 것이 아니라, 몸의 건강과 활력을 증진하고 몸이 하나님과 영혼을 위해 드려질 수 있도록 가꾸는 것입니다. 그 자체로도 불법인 각 사람 안에 있는 육신적인 생각을 수종드는 것 또한 불법입니다. 하지만 자기 자신을 위해 육신을 사용할 수 있는 것처럼, 배우자를 위해서도 사용할 수 있습니다. 분수에 넘치는 삶을 살거나 본성의 욕구나 충동에 이리저리 휘둘리지 말되, 맛있는 음식으로 서로의 식욕을 돋우고 건강을 잘 돌보십시오. 건강하지 않으면 하나님을 섬기기 어려울 뿐 아니라 모든 것이 어렵습니다. 아프나 건강하나 자신을 끔찍이 아끼고 위하는 것처럼 서로를 대하는 사랑에서 비롯되는 것이 바로 이 의무입니다.

첫째, 건강할 때는 인류를 죽음으로 몰아가는 대표적인 두 살인자인 게으름과 탐식에 빠지지 않도록 서로를 격려해야 합니다. 당장 입맛에 맞고 자기가 원하는 음식보다는 건강하고 몸에 유익한 음식을 먹을 수 있도록 신경을 쓰고, 건강을 해치는 음식을 먹지 않도록 해야 합니다. 허기와 추위와 헐벗음으로 신음하는 가난한 사람들을 구제하는 것이 마땅하다면 자기와 한 몸인 배우자를 위해서는 더 말해 무엇하겠습니까?

둘째, 아플 때도 서로를 사려 깊게 대해야 합니다. 상대방이 건강을 회복하고(혹은 영혼을 강건하게 하고) 서로가 위로를 누리기 위한 것이라면 아무리 비용이 많이 들고 힘들어도 기꺼이 감수해야 합니다(창 27:14). 상대가 아무리 끔찍한 질병에 걸렸어도 서로를 귀찮아 하거나 질색해 하지 말고 자신이 그 병에 걸린 것과 같이 대해야 합니다(욥 2:9; 19:17, 엡 5:29, 31). "친구는 사랑이 끊어지지 아니하고 형제는 위급한 때까지 위하여 났느니라"(잠 17:17). 죽음이 서로를 갈라놓기 전까지 병들 때나 건강할 때나 한 몸인 부부 간에는 더욱 그렇습니다. 아프거나 고난 중에 있는 벗을 지겨워하고 단지 부담과 곤경에서 벗어나기 위해 하나님이 하루 빨리 데려가시기만을 바라는 것은 아주 역겨운 죄입니다. 이런 사람은 대개 자신이 헤아린 대로 헤아림을 받습니다. 힘들어 위로와 도움을 구해도 사람들 역시 그가 한 대로 지겹게 생각하고 빨리 사라져 버리기만을 바랄 것입니다.

지침 17: 남편과 아내는 모든 일에서 서로를 기꺼이 도와야 합니다(창 31:40, 잠 31장, 딤전 5:14; 5:8, 딛 2:5). 세상적인 마음과 목적을 따라 돕는 것이 아니라 일용할 양식을 위해 기도하는 것은 물론 그것을 위해 일할 수 있게 하시고 날마다 땀 흘려 일해서 양식을 먹게 하시고, 일하지 않는 자는 먹지도 말라 하실 정도로 엿새 동안 힘써 일하게 하신 하나님께 순종하기 위해 돕는 것입니다. 집안일을 돌볼 책임은 부부 모두에게 있습니다. 일방적으로 한쪽에 맡기고 나 몰라라 해서는 안 됩니다(이성적으로나 육신적으로 돌볼 능력이 부족하거나 돌볼 수 없게 된 경우는 제외하더라도).

지침 18: 서로를 존경하고 격려해야 합니다(창 9:22, 25, 삼상 25:25, 삼하 6:20, 잠 32:28, 전 7:1, 마 1:19; 18:16). 다른 사람에게 알려 치료받게 하거나 잘잘못을 분명히 가릴 문제가 아닌 한, 아비가일이 했던 것처럼 상대방의 허물을 비난하지 말고 오히려 덮어 줘야 합니다. 부부로서 상대방의 명성은 곧 자신의 명성이나 다름 없습니다. 온유함과 친절로 덮어 줘야 할 한 몸 된 배우자의 허물을 사람들과 모인 자리에서 헐뜯는 사람들이 많습니다. 이는 죄악되고 진실하지 못한 태도입니다. 배우자를 망신시키는 것이 곧 자신을 망치는 것이라는 사실을 모르는 사람들처럼 행동합니다. 사랑은 허다한 죄를 덮습니다(벧전 4:8). 잘 알지 못하는 사람에게조차 배우자에 대한 험담을 늘어놓고 과장하는 무정하고 마음이 뒤틀린 사람들이 얼마나 많은지 모릅니다. 심지어 욕도 하고 사실이 아닌 것을 사실처럼 말하기도 합니다. 시기심이 많고 성마른 부인을 둔 남편들이 주로 그렇습니다. 공공연한 원수보다도 자기 품에 있는 부인으로부터 더 큰 어려움을 당할 수 있습니다. 쉽게 믿게 되는데다가 누구보다도 남편을 잘 알기 때문입니다.

지침 19: 자녀를 양육하고 가정을 다스리기 위해서는 남편과 부인이 서로를 도와야 합니다(창 18:19; 35:2, 수 24:15, 시 101편, 딤전 2:4, 12). 자녀 양육 문제는 아예 아내에게 떠맡기는 남편들이 있습니다. 무분별하게 자녀에게 집착하는 아내들 때문에 남편들이 자녀를 양육하는 데 어려움을 겪기도 합니다. 자녀를 잘 양육하는 것은 부부가 함께해야 할 중요한 일들 가운데 하나입니다. 가정을 잘 다스리는 것이 남편 된 자의 중요한 의무라는 데는 의문의 여지가 없습니다. 하지만 크게 보면 이는 아내 된 자의 의무이기도 합니다. "젊은이는 시집가서 아이를 낳고 집을 다스리고 대적에게 비방할 기회를 조금도 주지 말기를 원하노라"(딤전 5:14). 밧세바는 솔로몬을 가르쳤습니다(르무엘, 잠 31:1). 아비가일은 남편인 나발보다 집을 더 잘 돌보았습니다. 한 몸으로 같은 관심사를 갖게 된 부부는 동등한 입장도 아니고 각각 맡은 일 역시 다르지만, 집을 다스리는 일에서는 함께해야 합니다. 하지만 각자가 맡은 영역을 따라 신경 쓰는 일들을 나누고 서로를 도와야 합니다. 가정을 불경건하고 무질서하게 만드는 주된 원인이 되는 사람들이 그런 것처럼, 어느 한쪽도 가정을 경건하게 질서 잡고 선을 행하는 데 걸림돌이 되어서는 안 됩니다.

지침 20: 부부 간에 행할 또 다른 의무 가운데 하나는 함께 구제와 손대접을 하는 것입니다(창 18:6, 욥 29:13; 31:20, 잠 11:20, 28; 19:17, 느 8:10, 눅 16:9, 행 20:35, 롬 12:13, 고후 9:6, 히 13:2, 딤전 3:2; 5:10). 기회가 있을 때마다 선을 행하되, 특히 믿음의 가정들에게 그렇게 해야 합니다. 성령께 씨를 뿌려야 합니다. 그러면 성령으로부터 영생을 거둘 것입니다. 그렇습니다. 많이 뿌린 자는 많이 거둘 것입니다(갈 6장). 형편이 허락하는 대로 도움이 필요한 가정을 보살피되, 특히 주님을 위해 힘쓰는 그리스도의 종들을 보살펴야 합니다. 주께서 이렇게 약속하십니다. "선지자의 이름으로 선지자를 영접하는 자는 선지자의 상을 받을 것이요 의인의 이름으로 의인을 영접하는 자는 의인의 상을 받을 것이요 또 누구든지 제자의 이름으로 이 작은 자 중 하나에게 냉수 한 그릇이라도 주는 자는 내가 진실로 너희에게 이르노니 그 사람이 결단코 상을 잃지 아니하리라 하시니라"(마 10:41-42). 엘리사를 돕기 위해 자기 남편에게 "항상 우리를 지나가는 이 사람은 하나님의 거룩한 사람인 줄을 내가 아노니 우리가 그를 위하여 작은 방을 담 위에 만들고 침상과 책상과 의자와 촛대를 두사이다. 저가 우리에게 이르면 거기에 머물리이다"라고 말한 수넴 여인이 잃은 것은 아무것도 없습니다(왕하 4:9-10). 반면에 오늘날 이런 생각을 하는 사람은 거의 없습니다. 부부 중에 한 사람이 구제에 열심을 내면, 다른 사람은 탐심으로 그것을 못하게 합니다.

지침 21: 마지막으로 부부가 서로에게 행해야 할 중요한 의무는 서로가 안전하고 행복한 죽음을 맞이할 수 있도록 끊임없이 서로에게 도움과 위로가 되어 주어야 합니다. 첫째, 서로가 건강할 때에 죽음이 서로를 갈라놓을 수도 있다는 사실을 진지하게 자주 상기시킬 수 있어야 합니다. 결별의 순간을 준비하는 사람들처럼 일상의 담소를 누리며 함께 살아야 합니다. 죽음의 순간에 각자에게 필요한 모든 은혜를 준비할 수 있도록 서로의 영혼을 일깨워야 합니다. 항상 변화를 준비하며 살아야 합니다. 서로에게 있는, 죽는 순간에 후회를 불러일으킬 만한 좋지 못한 모든 요소를 지적해 주어야 합니다. 죽음을 준비하는 데 소홀하고 게으를 뿐 아니라 죽음이 이내 다가올 것이라는 사실을 망각한 사람처럼 세속과 허영을 좇아 게으르게 사는 사람이 있다면, 그날을 맞이하기 위해 필요한 모든 준비를 지체 없이 할 수 있도록 채근해야 합니다. 둘째, 죽음이 찾아왔을 때, 그토록 친한 평생의 벗을 떠나보내는 마지막 일을 해야 하는 사람에게는 얼마나 많은 다정함과 진지함과 능숙함과 부지런함이 필요한지 모릅니다! 오, 이때야말로 당신의 가장 지혜롭고 신실하고 부지런한 도움이 필요한 때입니다. 배우자가 육신의 고통에 정신을 차릴 수 없고 본성의 능력이 아무런 도움이 되지 않고 그 속에 미혹하는 생각들이 거세게 일어나고 쇠약한 육신과 의심하고 두려워하고 요동하는 마음이 일어나 당신의 연민과 도움이 절실한 이때가 당신의 거룩한 진지함과 능숙함이 제 역할을 할 수 있는 때입니다!

죽음을 준비하도록 배우자를 돕거나 위로가 되는 진지한 조언 한 마디도 할 줄 모르는—마지막 숨을 몰아쉬는 당신 곁에 그저 멍하니 서서 슬픔만 삼킬 뿐, 당신이 이제 막 들어가려고 하는 새로운 삶에 대해서, 마지막으로 해야 할 일이 무엇인지에 대해서 혹은 영혼이 맞닥뜨릴 수밖에 없는 끔찍한 시험과 두려움에 대해서 의미 있는 말 한마디 못하는—남편이나 부인을 둔 사람에게 이런 결정적이고 절박한 순간은 한마디로 재앙입니다. 자신의 죽음에 대해 제대로 준비하지 못한 사람은 다른 사람이 죽음의 순간을 맞이할 때 아무런 도움도 줄 수 없습니다. 하지만 하늘 기업을 함께 이을 상속자로 약속의 땅을 향한 순례의 길을 함께 걸어 온 부부라면 서로의 영혼을 격려하고 도울 뿐 아니라, 다시 속히 만나 영원한 삶을 살 것을 기대하면서 기쁨으로 죽음을 맞이

합니다.

다음 장에서는 어떻게 부부로서 남편과 부인이 서로를 대해야 하는지 살펴보겠습니다. 우선, 자신과 한 몸 된 사람을 향한 완전한 사랑으로 대해야 합니다. 둘째, 서로를 향한 용납과 인내로 대해야 합니다. 셋째, 소원함이나 거리감이나 비뚤어진 마음이나 가식이 아닌 서로에 대한 친밀함으로 대해야 합니다. 넷째, 은밀함 가운데 대해야 합니다. 은밀함이 필요한 때와 그렇지 않은 때는 언제인지 나중에 설명하겠습니다. 의심과 질시와 불신으로가 아니라 신뢰 가운데 대해야 합니다. 여섯째, 분별력 있게 서로를 대하되 예상되는 여러 어려움과 불편을 내다보고 피해 갈 수 있어야 합니다. 일곱째, 거룩함으로 서로를 대하되 하나님이 처음과 나중이 되어야 하고 모든 것의 모든 것이 되어야 합니다. 마지막으로, 생명이 다하기까지 한결같은 마음으로 대해야 합니다.

7장
아내를 향한 남편의 의무

아내가 남편에 대한 의무를 다하기를 바라거나 아내로부터 편안함을 기대하는 남편은 신실하게 자신의 의무에 힘써야 합니다. 남편이 자기 역할을 하지 않을 때 아내 역시 남편에게 제대로 할 수 없습니다. 어떤 식으로든 그 결과가 고스란히 자기에게 돌아가게 되어 있습니다. 그렇게 될 때 부인이 많은 일들을 제대로 하지 못하는 것과는 비교도 할 수 없이 아프고 쓰라린 고통을 맛보게 됩니다. 좋은 남편이 좋은 아내를 만듭니다. 또 그렇게까지는 못하더라도 아내의 잘못된 것들을 자신의 유익이 되도록 잘 감당합니다. 그러므로 여기서는 남편인 당신의 행복과 직결된, 남편으로서의 당신의 의무에 대해 말해 보겠습니다.

지침 1: 남편은 온 가족을 다스리는 역할에서 중심을 차지하고 아내 역시 남편의 다스림 아래 있습니다. 남편은 이런 역할을 잘 감당하기 위해 진력해야 합니다. 가정을 잘 다스리는 능력은 첫째, 거룩함과 신령한 지혜에서 나옵니다. 이런 남편은 가정을 다스리는 것이 어떤 것인지, 가정을 다스리는 목적이 무엇인지, 무엇을 따라 다스려야 하는지를 잘 압니다. 불경건하고 신앙이 없는 남편은 가정을 다스리는 중요한 일에 문외한일 뿐 아니라 원수입니다. 둘째, 가장으로서의 부르심에 합당한 일들이 무엇인지와 가족 구성원들이 해야 할 일들이 무엇인지를 알아야 가정을 잘 다스릴 수 있습니다. 이런 일들이 무엇인지 모르는 가장은 가정을 잘 다스리고자 하는 마음은 있어도 잘 다스릴 수가 없습니다. 그 역할을 결국 자기 아내에게 미루고 맙니다. 셋째, 가족 구성원들 각자의 성품과 연약함과 장점을 이해하고 가장의 권위를 어디까지 행사해야 할지 알기 위해서는 인간의 보편적인 기질과 연약함에 대해 잘 알고 있어야 합니다. 넷째, 가장은 가족들을 대하는 태도에 신경을 쓰고 각 구성원을 합당하고 공평하게 대하고, 할 수 있는 한 그들의 몸과 영혼에 유익이 되는 일을 위해 힘써야 합니다. 이를 위해서는 가장의 역할을 매일의 일과로 삼고 자신을 잘 다스림으로 스스로가 가족들의 모범이 되어야 합니다.

지침 2: 남편은 권위와 사랑으로 다스려야 합니다. 둘 중 어느 것 하나도 빠지거나 감추어져서는 안 되고, 이 둘은 항상 함께 발휘되어야 합니다. 권위를 행사하는 것이 무색할 정도로 무분별하게 사랑만 강조해서는 안 됩니다. 부부 간 사랑의 관계가 침해될 정도로 고압적이고 오만하게 권위를 행사해서도 안 됩니다. 아내에 대한 사랑이 다스리는 사랑이 되어야 하는 것처럼 다스리는 일 역시 사랑의 다스림이 되어야 합니다. 권위를 잃지 마십시오. 권위를 잃으면 아내에게 남편으로서의 책무를 다할 수 없습니다. 남편의 권위는 부부 간의 사랑과 모순되게 행사되어서는 안 됩니다. 그렇기 때문에 남편의 권위는 잔인하거나 거칠게 행사되어서도 안 되고 위협이나 폭력으로 드러나서도 안 됩니다(이성적이고 합리적으로 행동하는 데 장애가 있어서 남편으로서 합당하게 아내를 대할 수 없는 경우가 아니면 그래서는 안 됩니다). 부부 간에는 남편으로서의 권위를 행사할 필요가 없는 경우가 많습니다. 그러나 부부 간에 사랑이 필요하지 않는 경우는 없습니다. 어떤 경우에도 사랑이 도외시되어서는 안 됩니다.

지침 3: 남편은 자녀들 앞에서 아내의 권위를 지켜 주어야 합니다. 자녀들에게 부부는 가정을 함께 다스리는 지도자입니다. 하지만 아내에게 있는 여자로서의 연약함 때문에 자녀들이 어머니의 권위를 무시하는 경우가 많습니다. 이럴 때 남편이 아내의 권위와 존경을 지켜 주지 않으면, 자녀들이 아내의 권위를 가볍게 보고 순종하지 않을 수 있습니다. 하지만 그렇게 하기 위해서는 염두에 두어야 할 점이 몇 가지 있습니다. 첫째, 아내의 잘못이나 죄나 연약함을 정당화해서는 안 됩니다. 물론 아내의 약한 부분이 드러나지 않을 때도 있고 드러났을 때 바로 용서할 수 있지만,

그것을 옹호하거나 유야무야해서는 안 됩니다. 둘째, 아내의 옳지 않은 요구에 자녀들이 순종하도록 강요해서는 안 됩니다. 어느 누구도 하나님의 율법과 하나님의 통치를 거스르는 요구를 할 권세가 없습니다. 무엇이든 하나님의 권세를 거스르는 일을 용인하는 것은 분별 있는 사람들에 대한 스스로의 권위를 무너뜨리는 짓입니다. 하지만 아내의 요구가 정당함에도 자녀들이 그 말에 순종하지 않으면, 아무리 마음이 불편하더라도 자녀들의 불순종을 책망해야 합니다. 자녀들이 아내의 말을 경시하거나 "싫어요"라고 하며 자기 뜻대로 하도록 내버려 두어서는 안 됩니다. 자녀들의 불순종을 방치하면서 가정을 잘 다스릴 수 있을 것이라 생각하지 마십시오.

지침 4: 아내의 권위는 물론 체면도 지켜 주어야 합니다. 아내의 허물을 있어도 그것을 자녀들 앞에서 문제 삼지 마십시오. 우리 몸에서도 가장 수치스런 부분은 가리려고 애를 쓰지 않습니까? 물론 자신 있는 부분에 대해서는 그럴 필요가 없지만 말입니다(고전 12:23-24). 아내의 경우에도 마찬가지입니다. 자녀들이 아내를 무시하고 함부로 말하고 예의 없이 대하는 것을 결코 용납해서는 안 됩니다. 남편은 모든 상처와 업신여김에서 아내를 지켜 주어야 합니다.

지침 5: 구원의 문제와 관련하여 남편은 자기 아내보다 더 깊이 알아서 그녀를 가르칠 수 있어야 합니다. 하나님의 말씀을 가르치고, 마땅히 행할 의무로 이끌고, 자신의 부패한 본성을 억제하도록 돕고, 모든 유혹을 물리칠 수 있는 힘이 되어 주어야 합니다. 아내가 궁금한 것이 있어 남편의 도움을 구하면, 남편은 그녀가 회중 가운데 있을 때 묻지 못했던 것들을 잘 알 수 있도록 가르쳐 주어야 합니다(고전 14:35). 물론 남편이 아직 그럴 만한 준비가 되어 있지 못한데 굳이 그것을 남편에게 물어볼 필요는 없습니다. 하나님의 말씀을 멸시하고 고의로 말씀을 배우지 않는 남편은 자신의 영혼은 물론 온 가족을 팽개친 사람입니다. 이런 사람은 남편으로서 자신의 의무를 제대로 하지 못할 뿐더러 사람들의 멸시를 받기가 일쑤입니다. 하나님께서 엘리 제사장에게 이렇게 말씀하셨습니다. "나를 존중히 여기는 자를 내가 존중히 여기고 나를 멸시하는 자를 내가 경멸하리라"(삼상 2:30).

지침 6: 남편은 가정의 선생이 되어야 합니다. 남편은 가장으로서 하나님을 섬기는 일은 물론 하나님과 관련된 것들을 가르치고 점검하고 또 그것들을 가지고 다스려야 합니다. 가족들이 주일을 잘 지키고 예배를 잘 드리는지 살펴봐야 합니다. 남편은 자신의 역할에 대한 이해와 능력을 갖추도록 힘써야 합니다. 이런 일을 소홀히 하거나 제대로 하지 못하는 것은 죄이고 수치입니다. 아내가 남편보다 더 지혜롭고 이런 일을 잘해 주도한다면, 남편은 이를 수치로 알아야 합니다. 물론 남편과 아내 모두가 이런 일에 무지하고 제대로 하지 못한다면, 이는 두 사람 모두의 죄요 수치요 고통이 됩니다.

지침 7: 가족들과 함께 날마다 드리는 기도에서 남편은 가족의 입이 되어야 합니다. 남편은 기도할 수 있어야 하고 항상 기도하는 마음을 가져야 합니다. 가정의 제사장인 남편은 거룩한 삶을 살아서 가족들의 대표자로 하나님 앞에 서서 기도할 수 있어야 합니다. 아내가 이 일을 한다면 이 또한 남편의 부끄러움입니다.

지침 8: 남편은 가족의 생계를 책임져야 합니다. 몸과 마음을 명민하게 유지해서 가정의 소유를 잘 관리할 수 있어야 합니다. 남편은 할 수 있는 한 부인과 자식들이 부족함이 없도록 힘써 돌봐야 합니다.

지침 9: 남편은 가정에서 인내의 모범이 되어야 합니다. 아내의 연약함은 물론 감정적인 부분까지도 잘 감당해야 합니다. 하나님을 거슬려 짓는 죄를 소홀히 여겨서는 안 되지만, 연약함에서 비롯된 어려움들을 하나님을 향한 큰 죄나 되는 것처럼 확대 해석해서도 안 됩니다. 그래서 부부관계의 요체인 사랑과 화목을 잘 지켜 가야 합니다.

지침 10: 남편이 이런 의무들을 행할 때 그 방식 또한 신중하게 고려해야 합니다. 첫째, 어리석음과 성급함과 부주의함이 아닌 신중함으로 해야 합니다. 둘째, 남편으로서 의무를 행할 때 연약한 그릇을 대하는 것처럼 부부 간의 사랑과 부드러움을 잃지 말고, 자녀들을 나무라고 가르치듯 아내를 대해서는 안 됩니다. 셋째, 아내와 거리를 두어서는 안 됩니다. 넷째, 부부 간의 애정은 저급한 의심과 부주의한 질시가 없는 신뢰에 찬 것이어야 합니다. 다섯째, 남편으로서의 모든 의무는 거칠고 신랄한 혈기가 아닌 부드러움으로 해야 합니다. 여섯째, 부부는 불필요하고 부당하게 서로에게 숨기는 것이 없어야 합니다. 일곱째, 아내가 아직 감당할 준비가 안 되서 실족할 수 있는 부분을 무분별하게 이야기해서는 안 됩니다. 여덟째, 부부만이 알고 있어야 할 일들을 다른 사람에게 알리지 마십시오. 부인이 남편에게 책망 받고 훈계 받는 것은 부부만이 간직할 일입니다. 아홉째, 남편은 한결같이 사랑과 의무를 다해야 합니다.

8장
남편을 향한 아내의 의무

남편으로부터 위로를 얻고자 하는 아내는 먼저 남편에 대한 자신의 의무가 무엇인지를 잘 알아야 합니다. 성마르고 고집 센 아내라도 신실하게 사랑하고 친절하게 대하는 것이 남편의 의무이지만, 그런 남편에 대해 아내가 그런 것처럼, 이런 일을 버거워하고 힘들어하기는 남자들도 매한가지입니다. 위로와 의무는 서로 함께 갑니다. 이것은 하나님께서 정하신 바입니다. 아내로서의 의무를 행하지 않으면 위로 누리기를 바랄 수 없습니다.

지침 1: 남편을 특별히 사랑하십시오. 남편을 바라보는 아내의 본성을 촉구하는 것이 아닙니다. 사랑은 사랑을 먹고 자라기 때문입니다. 남편은 아내 된 자의 연약함에서 비롯되는 모든 어려움을 감당해야 하기 때문에, 아내가 남편을 사랑하는 것이 마땅합니다.

지침 2: 남편에게 기꺼이 순종하며 사십시오. 남편의 성격이 부드럽고 유순해서 자신의 권위를 주장하지 않고 갈등이 싫어서 웬만하면 아내의 뜻에 수긍하는 남편을 두었다 할지라도, 남편을 당신의 머리요 다스리는 자로 세우신 분은 하나님이라는 사실을 잊지 마십시오. 권위를 제대로 발휘하지 못할 정도로 지각이 없는 사람이었으면, 애초에 그를 남편으로 선택하지 말았어야 했습니다. 남편으로 받아들인 이상 남편이 주장하거나 고압적인 자세가 아닌 순종하는 마음으로 자신의 역할을 제대로 할 수 있도록 도와야 합니다. 어리석은 주인을 둔 종은 주인 행세를 하며 주인을 좌지우지할 것이 아니라, 주인이 자신의 역할을 할 수 있도록 종으로서 돕는 것이 마땅합니다. 실제로는 모든 일을 자기 멋대로 하면서 말로만 남편이 머리라고 하지 마십시오. 이것은 자신을 기만하는 것입니다. 순종이 아니라 놀리는 것입니다. 순종은 자신의 생각이나 바람이 있음에도 자신을 다스리는 사람의 이해와 의지를 앞세우고 따라가는 것입니다. 자기 뜻을 고집하는 태도는 순종이나 복종이 아닙니다.

지침 3: 스스로 지혜롭게 여기거나 자긍하지 말고 남편을 하나님께서 정하신 선생으로 알고 필요한 조언을 구하고 배우십시오. "여자는 교회에서 잠잠하라. 그들에게는 말하는 것을 허락함이 없나니 율법에 이른 것 같이 오직 복종할 것이요. 만일 무엇을 배우려거든 집에서 자기 남편에게 물을지니 여자가 교회에서 말하는 것은 부끄러운 것이라"(고전 14:34-35). 물론 남편이 가르칠 수 없을 정도로 무지—이는 그의 죄요 수치입니다—하지 않은 경우에 해당되는 말씀입니다. 그런 남편에게 무엇을 배우는 것을 기대할 수 없기 때문입니다.

지침 4: 남편이 권면하고 책망하면 달게 받고 그것을 고치도록 하십시오. 남편에게 책망 받는 것을 잘못 받아들이면 안 됩니다. 남편이 잘못하거나 해를 가하는 것처럼 생각하고 악감을 품어서는 안 됩니다. 책망을 거부하는 것은 좋은 조짐이 아닙니다(잠 10:17; 15:10, 31-32; 17:10). 남편이 책망한 잘못을 고치려 하지 않고 그것을 마음에 담아 두고 돌이키지 않으면 남편의 다스림이 무슨 의미가 있습니까? 당신이 자신을 아는 것처럼 당신의 허물을 잘 알 뿐 아니라, 당신이 기꺼이 마음을 열고 받아도 될 만큼 당신을 사랑하고, 당신에게 항상 진실해야 할 책무가 있는 남편이 당신을 책망하는데 그것을 달게 받는 것이 마땅하지 않습니까? 그럼에도 남편에게 그저 부드럽고 좋은 말만 듣기를 바라는 것은 어리석고 참 안타까운 일입니다. 특히 당신의 영혼의 유익과 안전에 관한 것이라면 더욱 그렇습니다.

지침 5: 남편을 당신 위에 있는 권세로서 존중하십시오. 호칭이나 말이나 행실에서 남편을 무례히 대하거나 무시하지 마십시오. 성품으로서는 당신의 존경을 받을 만하지 않을지 몰라도 남편의 위치는 존경을 받아 마땅합니다. 남편이 모욕당하는 것은 곧 자신이 모욕당하는 것과 다르지 않습니다. 사람들 앞에서 부주의하게 남편의 흉을 보는 것은 곧 남편의 수치를 배나 더하게 한다는 사실을 모르고, 한담꾼처럼 사람들 앞에서 남편의 허물을 늘어놓고 남편이 없는 자리에서 남편의 흉을 보지 마십시오. 조용히 당신 말을 듣던 사람들도 곧 자기 남편을 욕하고 험담이나 하는 미련한 여편네라고 뒤에서 욕할 것입니다. 당신과 가장 가까운 사람 때문에 고통을 당하게 하신 분이 하나님이라면 훨씬 더 먼 관계의 사람에게 불평을 늘어놓을 이유가 어디 있습니까?(절박한 필요를 따라 진정한 친구들에게 조언을 구한 경우가 아니라면 말입니다)

지침 6: 지금 당신이 처한 상황을 기쁘게 받고 만족하며 살 뿐 아니라, 오래 참지 못하고 불평하는 마음을 갖지 않도록 조심하십시오. 성마르고 항상 불만에 찬 아내와 함께 산다는 것은 남자에게는 천형처럼 느껴집니다. 많은 가난한 남편들이 가난은 잘 견뎌도 아내의 성마른 성격은 견디지 못합니다. 매일 밤낮으로 불평과 신뢰하지 못할 말만 하고 하루도 조용히 넘어가는 날이 없는 아내의 모습은 가난보다 더 버거운 짐입니다. 아내가 남편과 마찬가지로 가난의 짐을 함께 질 수 있다면 남편에게 그 짐은 훨씬 더 가볍게 느껴질 것입니다. 의를 위해 고난을 감수하는 남편을 오래 참지 못하는 아내는 그에게 고난보다 더 큰 시련입니다. 그리스도를 위해 재산과 명성을 잃어버리는 것도 기꺼이 감수하고, 심지어 감옥도 마다하지 않는 남편도 인내하지 못하는 아내 때문에는 양심을 저버리고 죄에 빠지기도 하고, 그가 능히 감당할 수 있을 만한 것조차도 어떻게 해보지 못하는 경우를 자주 봅니다. 하지만 만족할 줄 아는 명랑한 아내를 둔 남편은 어떤 상황에서도 만족하고 밝은 모습을 지켜 갈 수 있습니다.

지침 7: 혈기를 이기고 온유와 진실함으로 모든 말과 행동을 할 수 있도록 특별한 노력을 기울여야 합니다. 남자보다 더 섬세한 여자의 감정이 남편을 불안정하게 하고 관계를 어렵게 할 수 있습니다. 아내가 바른 사고를 하지 못하고 혈기를 부리면 혈기를 이기지 못하는 한 가정이 잠잠할 날이 없을 것이고, 이는 남편을 불안하게 하고 서글프게 합니다. 이런 아내 때문에 흥분한 남편은 아내의 감정을 더 돋웁니다. 가정은 소란스러워지고 가정생활이 큰 부담으로 다가갈 수밖에 없습니다. 감정과 혈기를 이기고 차분하고 인내하는 마음을 가지십시오.

지침 8: 교만하고 다투기 좋아하기보다는 겸손하고 화평한 품성을 갖도록 노력하십시오. 교만은 당신의 남편을 불안하게 할 뿐 아니라 이웃과의 관계도 어렵게 합니다. 명예와 자긍하는 마음을 좇아 살고 자기보다 앞선 사람들을 시기하고 그들과 경쟁하다가 더 어리석고 우스꽝스럽게 됩니다. 한마디로, 이는 마귀의 죄입니다. 당신을 세상 사람들 앞에 수치와 골칫거리로 드러나게 합니다. 반면에 겸손은 평강과 건강으로 영혼을 아름답게 덧입힙니다. "오직 마음에 숨은 사람을 온유하고 안정한 심령의 썩지 아니할 것으로 하라. 이는 하나님 앞에 값진 것이니라"(벧전 3:4). 날마다 볼 수 있도록 당신의 침실과 벽들에 이런 말씀을 붙여 놓으십시오. "너희는 하나님이 택하사 거룩하고 사랑받는 자처럼 긍휼과 자비와 겸손과 온유와 오래 참음을 옷 입고 누가 누구에게 불만이 있거든 서로 용납하여 피차 용서하되 주께서 너희를 용서하신 것 같이 너희도 그리하고"(골 3:12-13). 모든 성도들이 서로 간에 이렇게 대하는 것이 마땅하다면 부부 간에는 더욱 그렇습니다. "서로 겸손으로 허리를 동이라. 하나님은 교만한 자를 대적하시되 겸손한 자들에게는 은혜를 주시느니라"(벧전 5:5). 교만한 아내 때문에 자기 소유와 안정을 잃고 영혼이 황폐해지는 남편들을 종종 봅니다.

지침 9: 화려하고 유치한 옷이나 장신구로 자신을 치장하거나 집안을 비싸고 신기한 것들로 꾸미기를 좋아하는 허탄한 호기심을 버리십시오. 부정함이나 추잡함도 큰 잘못이지만, 교만하고 허망한 호기심에 비할 것이 못됩니다. 하찮고 사사로운 것들에 마음을 빼앗길 만큼 유치한 성향은 자기 자신이나 여성성에 대한 크나큰 모욕입니다. 자랑하고 싶은 것이 있다면 하나님의 형상으로 지음 받은 인격으로서 자신에게 걸맞은 것을 갖고 자랑하십시오. 똑똑하고 지혜롭고 많이 배우고 선행을 했다는 것으로 자랑하는 것도 나쁜 일인데, 패션과 비싼 옷 입은 것을 자랑하고 허영으로 무지로 가득한 것을 자랑하고 집을 고급스러운 가구로 치장하고 쾌락을 자랑하는 것은 얼마나 더 나쁜 일이겠습니까! 이는 자신의 수치와 벌거벗음을 자랑하는 것이나 마찬가지입니다. 입고 꾸미고 즐기고 또 그런 허탄한 호기심을 채우는 데 드는 비용과 시간(오, 시간은 얼마나 소중한지요!) 때문에 나중에 하나님이 눈을 열어 당신이 허비한 시간들과 시간을 허비하느라 놓쳐 버린 일들이 얼마나 귀한 것이었는지를 보게 하시면, 그 슬픔과 수치를 결코 감당하지 못할 것입니다. 허탄하고 공허한 말로 당신의 호기심과 대담함을 부추기는 사람의 말을 들으면, 합리적이고 진지한 판단을 하는 사람이 하는 말은 귀에 들어오지 않습니다.

지침 10: 혀를 잘 다스려야 합니다. 말을 하기 전에는 잘 생각하고 너무 많은 말을 하지 않도록 하십시오. 이를 위해서는 두 배로 노력을 해야 합니다. 여자들이 가장 취약한 부분이기 때문입니다. 재갈 물리지 않아 제멋대로 지껄이는 혀는 큰 수치를 가져다 줍니다. 말을 많이 하는 사람치고 친구들의 연민을 사고 다른 사람들로부터 무시를 당하지 않은 사람을 본 적이 없습니다. 면전에서는 무시를 당하지 않지만, 뒤에서는 다들 제정신이 아니고 어리석은 사람이라고 놀립니다. 아무리 바른 말이라도 시도 때도 없이 함부로 이야기하면 장황하고 어리석게 들릴 뿐입니다. "말이 많으면 허물을 면하기 어려우나 그 입술을 제어하는 자는 지혜가 있느니라"(잠 10:19). 당신이 한 모든 "부주의한 말들"에 대해 심판 날에 심문을 당할 것입니다(마 12:36). 누군가 자신을 미련하다고 하거나 자기에 대해 비아냥거리는 것을 좋아하지 않으면서, 정작 당신은 사람들에게 어떻게 하고 있는지 성경을 근거로 판단해 보십시오. "걱정이 많으면 꿈이 생기고 말이 많으면 우매자의 소리가 나타나느니라.…… 꿈이 많으면 헛된 일들이 많아지고 말이 많아도 그러하니 오직 너는 하나님을 경외할지니라"(전 5:3, 7). "지혜자의 입의 말들은 은혜로우나 우매자의 입술들은 자기를 삼키나니 그의 입의 말들의 시작은 우매요 그의 입의 결말들은 심히 미친 것이니라. 우매자는 말을 많이 하거니와 사람은 장래 일을 알지 못하나니 나중에 일어날 일을 누가 그에게 알리리요"(전 10:12-14). 하지만 신중하게 말을 아끼는 여인은 대개 지혜로운 여인으로 존경을 받습니다. 사람들에게 좋은 인상을 주고 존경 받기를 바란다면 말수를 줄이고 입을 함부로 놀리지 마십시오. 이것만큼 확실한 길도 없습니다. 말을 아끼는 것이 죄와 불안정한 상태를 피할 수 있게 한다면, 우리는 기꺼이 그렇게 할 수 있고 그렇게 해야 합니다.

지침 11: 가정을 돌보는 아내의 역할을 자원하는 마음으로 하십시오. 가족을 부양하고 밖에서 생계를 책임지는 사람이 가장이라면 아내는 집안에서 가족을 돌보는 사람입니다. 잠언 31장을 계속해서 읽고 또 읽으십시오. 특히 자녀들이 어렸을 때 그들을 양육하고 가르치고 돌보는 일과 남편이 출타했을 때 집에서 가족들을 잘 돌보는 일에 신경을 써야 합니다.

지침 12: 남편이 모르거나 알더라도 동의하지 않은 상태에서 남편의 소유를 마음대로 처분하지 말아야 합니다. 그 일 자체가 옳고 필요한지는 물론, 자신에게 그럴 권한이 있는지 자문해 봐야 합니다.

질문: 남편의 동의가 없으면 아내는 아무것도 누구에게 주거나 처분할 수 없습니까?

대답: 첫째, 남편이 암묵적으로 혹은 대체로 동의한 것이라면 상관없습니다. 다시 말해, 남편이 아내에게 그런 결정을 할 수 있는 재량을 주었거나 아내의 뜻대로 할 수 있도록 정한 부분이라면 아무래도 좋다는 말입니다. 또한 어떤 일에 대한 남편의 입장을 익히 알고 있는 경우도 괜찮습니다. 둘째, 법적으로나 남편의 동의를 통해서 아내가 그런 결정을 할 수 있는 일정한 권한을 인정받았다면 필요한 경우에는 그렇게 할 수 있습니다(여인들이 이렇게 하는 것에 대해 대체로 반대하는 윌리엄 가우지William Gouge가 쓴 가족관계에 대한 글을 보십시오).[1] 남편을 가장으로서, 아내의 머리로서 존중해야 합니다. 가장인 남편만이 가정의 소유에 대한 결정을 내릴 수 있습니다. 하지만 남편이 인정하고 그 나라의 법이

허락하는 한 아내 역시 공동 소유자로서의 권한을 행사할 수 있습니다. 그러나 어떤 경우에도 남편이 아내의 머리라는 사실을 없애지는 못합니다. 그렇기 때문에 아내는 남편의 뜻을 거슬러 자의로 무엇을 결정할 수 없습니다. 그것이 아내에게 속한 것이라도 말입니다. 물론 하나님이 아내의 의무로 정하신 것과 상반되거나, 남편의 권한이 아닌 것을 금할 때는 예외입니다. 남편과 공동으로 소유권을 행사할 수 있는 것에 대해서 아내는 자신의 몫을 넘어서지 않는 한 남편의 허락 없이도 다른 사람에게 줄 수 있습니다. 그것이 끼니조차 제대로 해결하지 못하는 절박한 처지에 있는 사람이나 갇힌 자들을 돕는 일과 같이 그리스도인으로서의 의무에 관한 일이라면, 남편이라도 그것을 금할 권한은 없습니다.

셋째, 남편의 소유와 전혀 상관없이 전적으로 아내에게만 속한 것에 대해서 아내는 남편의 조언은 구할 수 있지만 허락을 받을 필요는 없습니다. 하지만 아무리 아내의 소유라 할지라도 그것을 오용하거나 남용하는 경우에는 남편이 조언하는 것을 넘어서 그것을 금할 수도 있습니다. 자신의 것이라 해서 그것을 오용하거나 남용해서는 안 됩니다. 이는 하나님 앞에서 평계할 수 없습니다. 넷째, 꼭 필요한 용도에만 사용할 수 있습니다. 서로 부부이기 때문에 공동의 소유를 가지고 사용할 수 있습니다(왕하 4:9, 22, 삼상 25:18, 29-30, 잠 31:11-13, 20). 예컨대 남편이 아내 자신과 자녀들의 건강을 지키고 생활을 유지하기 위해 필요한 의

복과 음식을 허락하지 않을 경우에 그럴 수 있습니다. 자녀가 제대로 먹지 못해서 생명에 위협이 될 만한 질병에 노출되도록 하느니 차라리 남편의 허락을 받지 않고 그 뜻을 거스르는 것이 낫습니다. 먹을 것이 없어서 죽어 가는 이웃의 생명을 구하기 위해서도 마찬가지입니다. 아내는 남편의 소유와 상관없는 제삼자가 아니기 때문입니다. 하지만 이런 경우와 달리 남편을 인색하고 깐깐한 사람으로 여긴 나머지 남편 몰래 재산을 나눠 주거나 허비하거나 혹은 뇌물로 사용하는 것은 도적질입니다. 남편에게 불순종하는 행위이고 불의한 일입니다.

질문 1: 아내에게도 공동 소유권이 있습니까?

대답: 적어도 다음 세 가지 방식으로 아내 역시 소유권을 갖습니다. 첫째, 결혼하기 전부터 이미 부인의 소유였던 것에 대해 결혼할 때 남편의 동의가 있을 경우, 그대로 부인의 소유로 할 수 있습니다. 둘째, 자신들이 살고 있는 나라의 법이 허용하는 한에서 소유권을 가질 수 있습니다. 셋째, 남편이 그것을 인정하거나 기부한 것에 대해 소유권을 가질 수 있습니다. 나라의 법에 대해서는 법률 전문가들이 잘 알아서 하겠지만, 결혼할 때 남편 될 사람이 하는 "내 모든 소유를 당신에게 맡깁니다"라는 말은 재산을 아내와 공동으로 소유한다는 말과 다르지 않습니다. 이 말이 형식이나 의례가 아니고 신부가 사전에 그렇게 인지하지 않는 한, 결혼

서약을 할 때 이루어지는 동의로도 남편의 소유를 아내가 함께 소유한다는 것을 가리키기에 충분합니다. 법에서 이혼이나 사망의 경우에만 부인을 제삼자로 정하는 것을 보면 부인의 공동 소유권을 인정하고 있는 것입니다.

질문 2: 남편이 사기나 도둑질이나 탈취와 같은 불법을 일삼으며 사는 것을 안다면, 그렇게 모은 남편의 재산을 공동으로 소유하는 것 역시 불법이 아닙니까? 이럴 경우 아내는 남편을 고소해야 합니까? 아니면 남편이 그렇게 얻은 것들을 다시 배상해야 합니까?

대답: 이런 경우 아내의 의무는 먼저 남편에게 그것이 얼마나 위험한 죄인지 알려 주고, 남편이 부당하게 취득한 것들을 거부하면서 그의 회개를 위해 힘써야 합니다. 그래도 남편이 회개하고 돌이키기를 거부하면 아내는 이중적인 의무를 갖습니다. 남편 때문에 손해를 보거나 상해를 입은 사람들을 정당한 방편을 통해 세심하게 돌보는 것이 하나요, 앞으로 계속해서 남편이 저지를 일들에 대해서 동일하게 대처하는 것이 다른 하나입니다. 하지만 이런 일이 쉽지는 않습니다.

첫째, 아내가 보기에 남편이 잘못한 것을 드러내는 것이 서로에게 도움이 되기보다는 남편을 못 견디게 하고, 손해를 입은 측의 잔인한 앙갚음을 통해 일이 더 복잡해질 것처럼 보이는 경우 별 다른 어려움이 없는 한 아내는 그것을 드러내기보다 은밀하고 간접적인 방식으로 피해자가 손해를 회복하도록 돕는 편이 나을 것입니다.

둘째, 남편을 설득해서 회개하고 돌이키게 하지 못할 것 같으면, 그가 더 이상 죄를 짓지 않고 다른 사람들에게 피해를 주지 않도록 당국에 고발하는 편이 나을 것입니다. 하나님의 율법과 그 나라의 법과 공공의 질서와 안녕을 지키고 이웃들이 강도와 사기를 당하지 않도록 하고 정직과 정의의 가치를 지키는 것이, 이런 가치들을 거스르는 남편에 대한 의무나 자신의 안위보다 중요하기 때문입니다. 물론 이는 공의를 집행하는 당국자들이 정의롭다는 것을 전제로 하는 말입니다. 법이나 그 법을 집행하는 당국자가 사형에 해당하지 않는 죄를 사형으로 다스릴 만큼 불의한 경우에는, 남편을 당국자의 손에 맡기기보다 다른 방법으로 이웃들의 안전을 도모해야 합니다.

아내는 남편을 고소하는 것을 포함해서 어떤 경우에도 남편에게 해가 될 일을 해서는 안 된다고 생각하는 사람이 있다면, 하나님께서 제멋대로 구는 자녀들에게 어떻게 하라고 하시는지 알려 주십시오(신 21:18-21). 하나님의 이름과 우리 이웃의 삶이 가해자의 삶보다 우선하고, 이웃의 소유가 가해자의 재산보다 더 우선시되어야 한다는 사실을 기억하십시오. 아내라 해도 남편이 왕에 대한 역모를 꾸미고 있다면 그것을 숨겨서는 안 된다고 이성은 우리에게 말합니다. 왕의 국고를 도적질하거나 중대한 일을 속이는 행위에 대해서도 마찬가지입니다. 가장 가까운 관계가 불편해진다 해도 법과 공공의 안녕과 이웃의 행복은 지켜져야 합니다. 공공의 선과 정의에 부합하는 한, 남편의 명예와 편안한 삶도 존중 받을 가치가 있는 것입니다.

질문 3: 남편이 말리는데도 아내는 교회에 가서 설교를 들어야 합니까?

대답: 듣지 말아야 할 설교가 있습니다. 설교를 듣는 것보다 더 중요한 일이 없는 경우, 들어도 되는 설교가 있고 또 반드시 들어야 할 설교가 있습니다. 듣지 말아야 할 설교로는 이단적이고 부적절한 적용을 하는 무익한 설교들이 있습니다. 설교를 듣는 것보다 더 중요한 의무가 앞에 놓여 있을 때도 마찬가지입니다. 공예배 때 듣는 설교나 하나님이 정하신 설교가 아니고 또 우리가 반드시 들어야 할 설교가 아닌 강의나 비공식적인 모임 때 하는 설교는 들을 수도 있고 듣지 못할 수도 있습니다. 날마다 혹은 매 시간마다 설교를 들을 수 있는 곳에 사는 사람은 상황과 여건에 따라 설교를 선택할 수 있습니다. 남편에게 불편을 초래하고 남편의 말을 거역할 가능성이 있는 경우가 그런 경우입니다. 하지만 우리가 하나님을 부인하거나 우리 영혼을 저버리지 않도록 하는 공예배와 교회의 성례와 성화를 위한 목회적 가르침에는 반드시 참여해야 합니다. 이런 일을 위해 특별히 구별된 날이 주일입니다. 남편이라 해도 이런 일을 금할 권한은 없습니다. 부인 역시

남편의 이런 요구까지 순종할 필요는 없습니다. 모든 상황에서 남편에게 동의해야 하는 것도 아니고 맹목적으로 의무를 준행해야 하는 것도 아닙니다. 주일이라도 집에 불이 났다든지 사람의 생명에 관련된 일이라든지 적의 공격으로부터 나라를 구하는 일이라든지 (교회가 공격을 받고 있는 것을 아는 상황에서) 생명을 보존하기 위해서라든지 더 위대한 섬김을 위한 자유를 보존하는 일 등과 같은 급박하고 중요한 일이 있을 때는, 설교를 듣고 성례에 참여하는 여러 형태의 공예배에 참석하지 못할 수도 있습니다. 이 교훈이 뜻하는 바가 무엇인지 그리스도가 말씀하셨습니다. "나는 자비를 원하고 제사를 원하지 아니하노라"(마 12:7). 그렇게 함으로 재난을 피할 수 있습니다. 이렇게 하는 것을 두고 의무를 이행하지 않았다고 하기보다는 의무가 바뀌었다고 해야 할 것입니다. 이것은 노골적인 불순종이 아니라 또 다른 방식의 순종이고 스스로를 보존하는 지혜입니다.

질문 4: 제멋대로 행동하는 남편 때문에 오랫동안 힘들게 지내온 부인이 남편의 뜻을 거스를수록 상황이 더 나빠지고 남편이 자기를 더 괴롭힌다는 것을 알았을 때, 그래도 계속해서 남편의 말을 거스르는 것이 낫습니까? 아니면 그냥 받아들여야 합니까?

대답: 아무 유익이 없는 의무는 없습니다. 그런 의미에서 의무는 유익을 얻는 방편입니다. 우리가 앞에서 살펴본 것처럼 의무는

아무런 도움이 되지 않고 해로움만 가져다주는 도구가 결코 아닙니다. 열악한 상황이 아닌데도 게으름과 싫증과 불평으로 상황을 악화시켜서는 안 됩니다. 부부라고 하는 친밀한 관계임에도 이방인이나 이웃을 대하듯이 맥없이 포기해서는 안 됩니다. 거룩한 것을 개에게 주지 말고 하나님의 말씀이라는 진주를 돼지에게 주어 짓밟히게 하지 않을 자유에 관한 말씀은 관계에서도 적용될 수 있습니다. 신랄한 견책에도 끄떡 않는 남편 때문에 낙담한 사람이 있다면 온유하고 겸손함으로 남편을 설득해 보십시오. 공개적으로 아무리 자주 핀잔을 들어도 말을 듣지 않는 남편 때문에 실망하지 말고, 오히려 간혹 친밀하고 개인적인 방식으로 온유하게 이야기하면 들을 수도 있다는 소망을 가지십시오. 남편을 위해 한 가지 방식을 계속 시도하다가 실망했다면 그것 외에 다양한 방식을 시도해 봐야 합니다(예컨대, 남편이 조금이라도 존경하는 마음을 가진 목사들에게 남편과 이야기를 해보도록 부탁하거나 또 남편에게 도움이 될 책을 쥐어 주도록 부탁하는 것처럼 말입니다). 지금 실망한다고 해도 포기할 필요는 없습니다. 나중에 또 해보면 되는 것입니다. 혹시 남편이 병이 들거나 약해져서 여러 가지 상황을 통해 말을 더 잘 받아들일 수 있게 될 수도 있습니다. 하지만 그런 때가 오기까지 아내는 결혼생활과 아내로서의 의무에 더욱 충실해야 합니다. 그런 아내를 통해 남편의 마음이 효과적인 증거를 얻을 수 있고 더 잘 준비될 수 있기 때문입니다.

질문 5: 신앙 문제에 대해 남편과 아내의 생각이 다를 경우 아내는 어떻게 해야 합니까?

대답: 모든 선한 그리스도인이나 진지한 사람들에게는 더 이상 문제가 되지 않을 일로 논란거리를 삼는 사람들이 있습니다. 그 가운데 어떤 것은 극복하기 어렵지 않지만 실제적인 어려움을 가져다줍니다. 둘째, 아주 중요하고 필요한 문제에 관한 것이기도 하고, 그보다 덜 중요한 문제에 관한 것이기도 합니다. 셋째, 단지 의견의 차이에 불과하거나 다른 사람들에게 혹은 우리 자신에게 자주 일어나는 일에 대한 것일 때도 있습니다.

1. 의견이나 판단의 차이가 있을 때, 아내는 먼저 자신의 생각을 다시 살피면서 겸손하고 순종적인 태도를 잃지 말아야 합니다. 이렇게 하는 것이 여성으로서 자신의 연약함과 남편에 대한 순종을 제대로 인식하고 있는 아내의 태도일 것입니다. 2. 남편과 생각이 다른 문제에서 남편보다 더 높은 권세에 있는 존재가 그것을 금하지 않는 한, 생각이 다를지라도 남편에게 순종해야 합니다. 3. 왜 생각이 다른지 겸손한 마음으로 남편과 이야기할 수 있습니다. 4. 그러나 이것이 다툼이나 불평으로 이어져서는 안 될 뿐 아니라 아내로서 남편에 대한 의무를 거스르는 것이 되어서도 안 됩니다. 5. 모호하거나 어려운 내용이 있을 때 아내는 자기 확신에 차서 단정적으로 말하거나 남편을 억지로 설득하려고 들지 말아야 합니다. 하지만 아내가 믿음이 있다면(남편보다 신앙에 대

해서 많이 아는 경우), 그것을 마음에 담아 두고 기존에 알고 있는 지식에 오류가 없도록 더 많이 알기 위해 잠잠히 힘써야 합니다. 6. 남편의 판단을 따르는 것은 좋지만, 진리가 아닌 것을 말하거나 죄인 줄 알면서 따라가서는 안 됩니다. 7. 남편의 판단이 죄라는 의구심을 떨쳐 버릴 수 없을 때는 그냥 따라갈 것이 아니라 더 나은 길이 있는지 찾아보는 것이 옳습니다. 아무리 남편이라도 자기 아내에게 죄를 강요해서는 안 된다는 사실을 아내는 잘 알기 때문입니다. 이런 부분에 대해서 아내는 남편의 권한을 더 이상 신뢰하지 않고 자신이 합당하다고 확신하는 바를 더 신뢰하는 것이 맞습니다. 8. 아내가 잘못된 것으로 드러나면, 회개하기 전까지 아내는 잘못된 것으로 남편을 거스르는 이중적인 죄 가운데 있게 됩니다. 9. 남편이 아주 위험한 죄 가운데 있을 때, 아내는 자기 스스로든지 아니면 다른 사람을 통해서든지 지치지 말고 지혜롭게 남편의 변화를 위해 계속 힘써야 합니다.

이혼과 별거

질문 1: 남편과 아내가 서로 떨어져 있을 수 있습니까? 그렇다면 어떤 경우에 얼마 동안 떨어져 있을 수 있습니까?

대답: 바울이 말한 것처럼 기도하기 위해서나 서로의 상태에 따라 필요한 경우, 떨어져 있어도 서로에 대한 의무를 소홀히 하지

않을 수 있거나 떨어져 있음으로 얻는 유익이 그로 인해 초래되는 손실보다 더 큰 경우라면, 정신적으로나 육체적으로 성적 유혹에 빠지지 않을 만큼 떨어져 있을 수 있습니다. 사람들의 마음과 몸의 상태, 상황에 따라 대답은 달라질 수밖에 없습니다. 정숙하고 안정적이고 지혜로운 성품의 아내를 둔 남편은 여러 합당한 이유가 있는 경우 몇 달, 몇 년씩이라도 서로 떨어져 있을 수 있습니다. 예를 들어, 변호사로 일하는 사람은 필요한 경우 여러 곳을 다니며 재판을 해야 할 수 있습니다. 장사를 하는 사람도 사업상 중요한 일로 수년을 다른 곳에 있어야 할 수 있습니다. 돈을 버는 것이 부부가 서로 떨어져 있을 이유가 되는지 누군가 물어 온다면, 아내가 스스로를 잘 다스릴 줄 알고 가족을 부양하기 위해 떨어져 있는 것이 꼭 필요하고 떨어져 있어서 얻게 되는 유익이 그로 인해 초래될 위험이나 손실보다 더 크다면 떨어져 지낼 수도 있다고 생각합니다. 하지만 떨어져 있는 것이 탐욕에서 비롯된 것이고 부인이 그것을 감당할 수 없거나 이로 인해 얻는 유익보다 손해가 더 크면 떨어져 있는 것은 합당하지 않습니다.

질문 2: 왕이 목사나 재판관이나 군인과 같이 특수한 일에 종사하는 사람은 특정한 상황에서 부부가 서로 떨어져 살도록 명령하고 그것을 법으로 정할 때는 어떻게 해야 합니까?

대답: 법원의 명령이나 법은 물론 그런 명령을 내린 이유나 목적

을 잘 분별하고 합당한 명령과 불법적인 명령을 잘 구분해야 합니다. 특정한 경우에 한하여 부부가 일정 기간 혹은 영속적으로 떨어져 살아야 한다는 법원의 명령이 정당할 때도 있고 정당하지 않을 때도 있습니다. 법원이 합당한 이유도 없이 권위를 내세우며 부부의 별거를 명한 경우 공적으로 그것을 따라야 하는지에 대해 물어 오면, 나는 아니라고 대답합니다. 하나님께서 하나되게 하신 것을 사람이 나눌 수 없기 때문입니다. 왕이나 교황 혹은 어떤 성직자도 당신의 결혼서약을 없애지 못합니다. 그것은 그 사람 개인의 행위일 뿐 권세 있는 공적인 행위라 볼 수 없습니다. 하나님께서 그런 권세를 주신 적이 없기 때문입니다. 그렇기 때문에 그런 명령이나 법은 무의미합니다. 왕이 "재판관이나 법관이 될 사람은 자기 부인과 떨어져 살아야 한다"라고 말한다면 그 직무를 내려놓음으로 법을 거스리지 않도록 하는 것이 옳습니다. 그런데 왕이 모든 복음 사역자에게 "자기 아내를 버리든지 목사직을 내려놓든지 하라"고 한다면 두 가지 모두 따를 필요가 없습니다. 이 두 가지는 모두 하나님께로부터 온 것이기 때문입니다. 아무리 왕이라도 이런 일들을 금하거나 없앨 권한이 없습니다.

하지만 그런 명령을 내린 목적이 너무나 위대하여 그 명령이 합당한 것으로 드러날 경우, 그 명령을 내린 정부의 권위는 물론 궁극적으로 그 목적 자체의 위대함 때문에 그 명령을 공적으로 받들어야 합니다. 예를 들어, 결혼한 사람이라도 공공의 안녕이 위협 받는 상황이라면 가족의 품으로 다시 돌아오지 못할 수도 있고 부인과 함께 전장에 나간다고 해도 그에 따르는 위험과 고통을 피할 수 없지만, 그럼에도 남자들은 당국의 명령에 따라 부인과 사별한 사람처럼 스스럼없이 전장에 나서야 합니다. 이렇게 하는 것은 전혀 결혼서약에 위배되지 않습니다. 아무리 결혼한 부부 사이라도 서로 떨어져 있을 수밖에 없는 예외적인 경우가 있기 때문입니다. 이런 경우가 바로 예외적인 경우라 할 수 있습니다.

질문 3: 복음을 전하기 위해 목사가 아내를 남겨 두고 타국으로 가도 됩니까?

대답: 본국에서 하나님의 일을 할 수 없을 뿐 아니라 부인을 데리고 다닐 수 없는 상황에서 가족에 대해 걱정하지 않도록 그 일을 대신 해줄 사람이 있다면, 그렇게 할 수 있습니다. 아니, 그렇게 해야 합니다. 이런 경우 교회와 많은 영혼들의 필요가 가족과 아내보다 우선합니다. 이미 기존의 교회를 섬기고 있는 사람은 하나님의 분명한 부르심과 필요가 아닌 한, 양떼와 가족을 두고 떠나서는 안 됩니다. 그러나 몇 가지 예외가 있습니다. 본국에 박해가 있다거나, 그렇게라도 가서 복음을 전하지 않으면 복음을 들을 기회가 없는 외딴 지역으로 들어가야 한다든지 불신자들과 이단자들과 우상숭배자들을 위한 회심의 문이 열렸다든지 자기 외에는 그 일에 적합한 사람이 나타나지 않는 경우에는 그렇게 해

야 합니다. 세상 어느 곳에서든 하나님의 뜻을 이루는 데 자신의 도움이 필요한 경우에는 목사도 아내와 가족들을 남겨 두고, 심지어 목양하던 회중을 남겨 두고 떠나갈 수도 있습니다. 거룩한 보편 교회와 공교회의 유익을 위해 섬기는 것이 가장 큰 의무이고, 가장 큰 의무가 가장 우선적입니다. 왕이 국민의 안위를 위하여 자신을 먼 나라에 대사로 임명하여 보낸 경우, 아내와 가족들을 데려갈 수 없는 상황이라면 혼자라도 가야 합니다. 마찬가지로 교회를 섬기기 위해 구별된 그리스도의 목사는 교회의 유익이 되지 못하고 그 일에 걸림돌이 될 모든 얽매이기 쉬운 것을 벗어 버려야 합니다. 결혼서약에는 이런 예외적인 경우 가족에 대한 관심과 가족으로부터 얻는 위로보다 공교회의 필요를 우선하고 모든 것을 하나님께 의탁하는 것을 전제로 합니다.

그렇기 때문에 목사들은 섣불리 결혼을 결정하지 말아야 하고, 목사의 아내가 될 마음이 있는 여인은 길든 짧든 남편과 떨어져 살 수 있음을 감안하고 마음의 준비를 하는 것이 지혜롭습니다.

질문 4: 개인적인 박해나 위험이 있을 때 목숨을 지키기 위해 아내를 두고 떠나 있을 수 있습니까?

대답: 아내가 함께할 수 없는 경우라면 그렇습니다. 이 땅에서 사람들이 구원의 생명을 얻도록 돕는 방편인 목사는 자신의 생명을

보존할 줄도 알아야 합니다. 그가 살아야 하나님을 더 섬기고 아내와 가족들에게도 다시 돌아갈 수 있기 때문입니다. 하지만 생명을 잃으면 이 모든 것을 더 이상 할 수 없습니다.

질문 5: 떨어져 지내는 것이 서로에게 유익한 것으로 드러날 경우에는 서로 동의하에 떨어져 지내도 됩니까?

대답: 서로의 관계를 부정하는 것이 아니라 단지 서로 잠시 떨어져 있는 것을 의미한다면 떨어져 지낼 수 있습니다. 하지만 그렇게 하는 것이 불화나 불만에서 비롯된 각자에게 있는 악한 본성과 흥미를 불러일으키는 기회가 되지 않도록 해야 합니다. 그렇게 될 경우 서로 떨어져 사는 것이나 그런 결정을 내린 것 모두 죄가 됩니다. 하지만 함께 살수록 삶이 더 비참해질 만큼 도무지 회복을 기대하기 어려운 상황이라고 해서 서로 함께 지내지 않아도 되는 것인지는 잘 모르겠습니다. 하지만 다른 방법들을 모두 동원했는데도 아무 소용이 없다면 서로 동의하에 잠정적으로 떨어져 지낼 수도 있습니다. 하지만 둘 중 한 사람이 거짓으로 혹은 상대방을 윽박지르거나 해서 강제로 동의를 얻어 낸 것이라면 그것은 불법입니다. 회복할 수 있는데도 인내하지 못해서 일을 그르쳐서는 안 됩니다. 함께 지내는 것이 끊임없이 서로에게 재앙으로 드러나기 때문에 차라리 서로 떨어져 사는 것이 육신적으로나 하나님을 섬기는 일에서 더 낫게 여겨지는 안타까운 경우가 얼마

나 많은지 모릅니다. 그렇다고 별거하는 것이 죄가 아니라는 말은 아닙니다. 부부가 서로 불화하는 것은 그 자체로 죄입니다. 하나님께서는 화해와 사랑으로 함께 사는 것이 의무인 부부가 계속해서 서로 화해하지 못하도록 하는 죄를 내려놓게 하시고, 부부가 서로 별거하는 것을 허락하지 않으십니다. 서로가 더 이상 함께 살 수 없다는 데 동의한다고 해서 그들이 자신의 의무에서 자유로운 것은 아닙니다. 하지만 전술한 것처럼 도덕적 무능력으로 인해 서로 별거하는 것이 함께 지내는 것보다 죄를 덜 짓는 경우가 있을 수 있습니다.

질문 6: 쌍방 간에 동의가 있었다고 해서 부부관계가 없어지는 것은 아니기 때문에, 동의하에 함께 살지 않는다고 해서 다른 사람과 결혼할 수 있는 것은 아니지 않습니까?

대답: 부부로 살겠다고 서약을 했기 때문에 그 관계는 여전히 유효합니다. 혈연이나 인척관계에 의한 혼인의 제한이 없는 한, 이런 어려움은 부부관계가 방해를 받는 것일 뿐 부부관계를 부정할 근거는 아닙니다. 그렇기 때문에 그들은 여전히 부부이고 부부로 사는 것이 마땅합니다. 다른 사람과 결혼할 수도 없습니다. 첫째, 부부가 맺은 언약이 일생 동안 유효하고(롬 7:2) 하나님의 법도 그것을 요구하기 때문입니다. 결혼은 서로가 떨어져 지내기로 동의한다고 무효가 될 수 있는 것이 아닙니다. 결혼을 했다가 다시

헤어지는 것은 하나님이 정하신 결혼이 아닐 뿐만 아니라 그것에 반하는 것입니다. 둘째, 이런 사람들은 자신들의 결혼생활의 장애가 여전히 상존하는지, 사라졌는지조차 알 수가 없습니다. 셋째, 부부로 살겠다고 서약을 한 사람이 별거중에 처녀나 이혼한 여인과 결혼을 하는 것은 간음죄를 범하는 것입니다. "둘 중 어느 쪽이든 자신의 욕구를 이기지 못하면 어떻게 합니까?" 하고 묻는다면, 결혼하기 전에 충분히 주의를 기울이지 못했기 때문에 그것은 본인이 잘 이겨 내야 할 문제라고 말합니다. 자신의 정욕을 채우기 위해 어리석게 행동해서는 안 됩니다. 모든 가능한 수단을 사용해서 자기가 마땅히 해야 할 바를 한다면 단정한 삶을 살 수 있을 것입니다. 넷째, 공적인 책임과 유익이 개인의 사욕보다 우선합니다. 그렇기 때문에 개인적으로 보면 부당해 보이는 일도 공공의 유익을 위해서는 의무가 될 수 있습니다. 백주 대낮에 자국에서 강도를 당한 모든 사람에게 국가가 보상을 해야 한다고 하면 부당하게 들릴지도 모르지만, 국가는 치안에 대한 책임이 있기 때문에 마땅히 보상해야 합니다. 이렇게 하는 것이 공공의 선에 부합합니다. 공공의 일원이 되기로 동의한 사람은 자신의 권리를 공공의 유익에 부합하도록 사용해야 합니다. 그런데 모든 사회 구성원이 서로 동의만 있으면 다른 사람과 결혼할 수 있게 된다면, 사회는 금세 혼란에 빠지고 정욕에 빠진 남편은 부인으로부터 헤어지겠다는 동의를 얻어 내기까지 자기 아내를 학대하고 괴롭히려 들 것입니다. 그렇기 때문에 자신의 어리석음이 초래한 결과에 대해서는 상대방에게 피해가 가지 않도록 스스로 책임을 져야 합니다.

질문 7: 간음이 결혼을 무효로 할 수 있습니까? 윌리엄 에임즈 William Ames는 무효로 할 수 있다고 했습니다.[2] 하지만 윌리엄 훼이틀리William Whately는 그렇게 말했다가 나중에 다른 목사들의 영향을 받아 자신의 입장을 철회했습니다.[3]

대답: 대답만 다를 뿐 본질은 다르지 않습니다. 에임즈가 그렇게 말한 이유는 배우자의 간음으로 피해를 본 사람의 입장에서는 더 이상 결혼에 매여 있을 의무가 없기 때문입니다. 훼이틀리가 그렇게 말할 수 없었던 이유는 간음한 이후에도 결혼생활을 계속 유지해 간다면 그것은 간음이 아니기 때문입니다. 부부로서의 관계도 계속됩니다. 이렇게 볼 때 한 사람은 부부관계bond를 "부부로서 서로의 관계와 의무를 계속해 갈 언약적 책무"라는 관점에서 보았고, 다른 사람은 "피해를 입은 사람이 결혼 관계를 계속해 가기를 원한다면 계속할 수 있는 관계 그 자체"로 보았기 때문입니다. 전자의 관계는 깨어졌지만 후자의 관계는 그렇지 않습니다. 배우자의 간음으로 피해를 본 사람은 본인이 원하는 한 배우자와 갈라설 수도 있고 결혼 관계를 계속해 갈 수도 있습니다. 우리는 모두 이 사실에 동의합니다. 그러므로 이로 인해 서로 갈라서든 아니면 계속 부부로 살든 피해를 본 배우자의 동의가 있다

면 어느 쪽도 가능합니다.

질문 8: 피해를 본 배우자는 이제 자유롭게 되었기 때문에 그 관계를 떠나는 것이 마땅하지 않습니까?

대답: 일 자체만 놓고 보면 피해를 본 배우자는 자신이 원하는 대로 할 자유가 있습니다. 하지만 처한 상황과 여러 일들에 따라서 이혼하는 것이 마땅한 사람도 있고 관계를 지속해 가야 할 사람도 있습니다. 어느 것이 더 유익한지에 따라 모든 것이 달라집니다. 다른 사람들도 똑같은 죄에 빠지지 않도록 하고 더 큰 재앙을 피하도록 죄를 공개해 부끄러움을 당하게 할 때도 있습니다. 더 큰 회개와 소망을 불러일으킬 수 있는 경우에는 죄를 사람들 앞에 드러내지 않고 그냥 용서할 수도 있습니다. 더 합당하고 자기에게 해당하는 경우가 어느 쪽인지 신중하게 분별해야 합니다.

질문 9: 간음한 아내를 내보내는 것은 남편만이 할 수 있는 일입니까? 부인은 간음한 남편을 떠날 수 없는 것입니까? 이렇게 묻는 것은 그리스도가 남자의 경우만을 언급하셨기 때문입니다(마 5, 19장).

대답: 그리스도가 남자의 경우만 말씀하신 것은 당시에 아내가 간음 때문에 남편을 떠나는 경우는 없었고 오히려 남자들이 무고

하게 자기 아내를 내치는 악습이 팽배해 있었기 때문입니다. 그런 관습을 악용해서 아내를 상하게 하고 학대하는 것을 그리스도께서 금하신 것입니다. 권세를 사용하는 것과 관련된 경우는 남자에게만 해당하지만, 자유와 관련해서는 언약을 거스른 남편 때문에 피해를 입은 여자도 남자의 경우와 동등한 자유를 갖는 것처럼 보입니다. 사도는 고린도전서 7장에서 음행과 독신에 관해 말하면서 남자와 여자 모두에게 동등하게 해당하는 것으로 이야기합니다. 인간의 기만적인 습성으로 하나님의 율법을 해석하는 척하면서 인간의 법을 하나님의 법으로 둔갑시키지 못하도록 하기 위해서는, 겉으로 보기에 비슷하다는 이유만으로 성경이 뜻하는 바를 성경이 말하는 의미 이상으로 확대 해석하지 않는 것(위증자들이 자신들을 합리화하기 위해 레위기 27장을 이용하는 것처럼)이 안전합니다. 성경 본문이 명백하게 남편이 자기 아내를 쫓아내도 된다고 적시하고 있는 경우만 가지고 여인의 자유를 제한하는 근거로 사용하는 사람은 하나님의 율법을 왜곡하는 것입니다. 자신이 처한 상태와 비슷한 정황이 문맥에서 분명히 드러나고 본문을 판단할 합리적 근거가 있다면, 율법을 좀 더 심도 있게 찬찬히 살펴보는 것이 안전합니다. 결혼언약에 참여함에 따라 부부는 남편과 부인으로서의 고유한 신분을 갖고 그에 걸맞은 의무를 갖게 되는데, 이는 당사자들의 행복을 위해 꼭 필요합니다. 그러므로 가장으로서 그리고 거처의 소유자로서 아내를 쫓아내는 쪽은 대개 남편이지만, 반면에 떠나가는 아내는 자유를 얻습니다. 남편만이 아니라 부인에게도 이혼 소송을 할 수 있는 권리를 법적으로 보장하는 나라들을 비난할 이유는 없습니다.

질문 10: 합법적인 절차 없이 남편이 부인을 쫓아내거나 부인이 남편을 떠나갈 수 있습니까?

대답: 자국의 법이 무고한 상해를 금하고 하나님의 율법에 반하는 결정을 하지 않는 한, 그 법을 준수하는 것이 그리스도인의 의무입니다. 그러므로 합법적인 절차 없이 부부가 서로 헤어지는 것이 불법이라면 헤어지지 말아야 합니다. 다스리는 자리에 있는 사람은 자기가 다스리는 사람들 가운데 상해를 입는 사람이 없게 하는 것이 당연합니다. 사람들이 자기 멋대로 사람을 쫓아내거나 떠나간다면, 이로 인해 사회 전체가 손해를 입고 약해질 것입니다. 법적으로 이런 문제를 개인의 선택 문제로 여기는 곳에 사는 사람은 하나님의 율법을 따라 결정을 해야 합니다. 그러나 대개 세속 권력의 판결은 피해자가 고소를 했을 때만 필요합니다. 그러므로 혹시 둘 사이에 잘못된 것이 있다면 치안판사가 그것을 바로잡도록, 공적으로 이혼한 것이 아니더라도 서로 떨어져 있을 수 있습니다. 아직 공개적으로 간음 사실이 알려지지 않았고 피해를 입은 측이 공개하지 않고 가만히 헤어지기를 바란다면(요셉이 마리아에게 하려고 했던 것처럼), 그렇게 하는 것은 법에 저촉되지 않고 가해자로 경고를 삼을 필요에도 배치되지 않습니다. 다

른 부정이나 잘못이 없는 경우 그렇게 하는 것이 맞습니다. 이 질문에 대해서는 고린도전서 7장과 마태복음 5:31-32에 대한 그로티우스의 심도 있는 주석을 보십시오.

질문 11: 간음뿐 아니라 남색이나 수간 역시 합당한 이혼사유가 아닙니까?

대답: 그렇습니다. "부정함uncleanness"을 가리키는 성경 말씀이 (마 5:31-32) 이 부분에 대해 직·간접적으로 분명한 언급을 하고 있습니다. 이 질문에 대해서도 앞에서 언급한 그로티우스의 주석이 도움이 됩니다.

질문 12: 남편과 아내 모두가 간음한 경우는 어떻게 합니까? 둘 다 서로를 버리고 이혼해야 합니까? 아니면 서로를 용서해야 합니까?

대답: 두 사람이 동시에 간음한 경우에는 두 사람 모두 상대방의 잘못에 대해 책임을 물을 수 없습니다. 둘 다 서로에게 똑같은 짓을 한 것이기 때문입니다(하지만 어떤 사람은 남편에게 더 이로운 판단을 내리기도 합니다). 그러나 한쪽이 먼저 간음하고 나중에 다른 쪽이 간음하는 경우가 있습니다. 이 경우 나중에 간음한 사람은 자신의 배우자가 먼저 간음한 것을 알고 간음했을 수도 있고, 알

지 못하는 가운데 간음했을 수도 있습니다. 알지 못하고 간음한 경우, 두 사람이 동시에 간음한 것이나 별반 다르지 않습니다. 알고서 간음한 경우에는 먼저 간음한 배우자와의 결혼관계가 끝난 것을 전제로 간음했거나 아니면 결혼관계를 계속 이어 갈 마음을 가지고 있으면서 간음한 경우가 있습니다. 후자의 경우는 여전히 먼저 간음을 저지른 배우자와 다르지 않습니다. 동시에 간음을 저지르는 경우와 다르지 않다는 말입니다. 이런 경우 어떤 배상도 기대할 수 없습니다. 나중에 간음을 저지른 사람의 경우, 배우자가 먼저 죄를 지었지만 아직 자유롭게 된 것은 아니기 때문에 그것으로 부부로서의 의무가 새로워지는 것은 아닙니다. 하지만 먼저 간음을 저지른 사람이 부부로서의 관계를 지속하기 원하고, 자신의 간음으로 피해를 입은 상대방이 다시 돌아오기를 바라고 별거로 인한 고통을 호소한다면, 이는 자신이 지은 죄로 인한 수치와 양심의 가책으로 괴로워하고 있는 것입니다.

질문 13: 배우자와 헤어지기 위해 일부러 간음을 저지르면 어떻게 합니까?

대답: 그런 경우 이혼할지 말지는 간음을 저지른 당사자가 아니라 선악 간의 결과에 따라 배우자가 선택해야 합니다.

질문 14: 빛과 어둠이 상관이 없고 신자와 불신자가 상관이 없는 것처럼, 불신앙이 부부의 관계와 의무를 무효로 하는 것이 아닙니까?

대답: 어쩔 수 없는 경우 외에 그리스도인이 불신자와 결혼하는 것은 합당치 않습니다. 그리스도인은 불신자와 신앙적으로 아무 상관이 없기 때문입니다. 그러나 이미 부부로 살고 있는 경우, 불신자와의 결혼이 무효가 되는 것이 아니기 때문에 이혼하는 것은 옳지 않습니다. 사도가 의도적으로 분명히 언급하는 것처럼(고전 7장) 그들은 여전히 부부이기 때문입니다.

질문 15: 배우자를 내친 배우자는 이제 자유롭게 된 것이 아닙니까?

대답: 우선, 합법적으로 배우자를 내보낼 수 있는 경우가 무엇인지 생각해야 합니다. 둘째, 그것이 관계 자체를 끝내는 것인지 아니면 일시적으로 별거하는 것인지를 알아야 합니다. 셋째, 내쳐진 사람의 심정과 상태가 어떤지를 알아야 합니다. 관계를 어그러뜨린 쪽이 어느 쪽인지 분간하기가 어려운 때도 있습니다. 아내가 이혼 증서도 없이 남편을 떠난다면, 자기는 남편을 버린 것이 아니라고 하고 남편더러 자신을 따라오라고 한다 할지라도 남편을 저버린 것입니다. 가정을 다스리고 거처를 정하는 것은 남편이기 때문입니다. 하지만 남편이 떠나고 아내가 남편을 따라가

기를 거절한다면, 남편이 부인을 저버린 것은 아닙니다.

질문: 남자에게는 교구를 떠나야 할 충분한 이유가 없고 여자는 가지 말아야 할 중요하고 절박한 이유가 있는 경우는 어떻습니까? 예를 들어, 유능한 설교자와 좋은 교인들에 대한 증오로 그 자리를 떠나려는 남자가 있을 경우, 그를 따르는 아내는 자신이 누린 모든 도움을 뒤로하고 무지하고 불경하고 이교적인 사람들이나 불신자들 틈바구니로 들어가야 합니다. 이런 경우에는 누가 상대를 버린 것입니까?

대답: 아내가 자신이 대면하고 살게 될 불신자들과 이교도들과 악한 사람들에게 선을 베풀기를 좋아하는 사람이라면, 선대함으로 선대함을 받도록 하나님께서 자신을 부르셨다고 생각할 것입니다. 혹은 그 부인이 확신에 찬 견고한 그리스도인이고 도움을 기대할 수 없는 열악한 상황에서도 실패하거나 좌절하지 않을 사람이라면, 그대로 남편을 따라가는 것이 가장 안전한 것처럼 보입니다. 이런 경우 아내는 하나님의 공적인 규례로부터 멀어질 수밖에 없지만, 선택의 여지가 없는 일이기 때문에 그녀를 탓할 수는 없습니다. 남편을 따라가지 않는다면 결혼한 사람으로 누릴 수 있는 유익을 모두 상실할 수밖에 없고 아내로서 자신의 의무도 소홀히 할 수밖에 없기 때문입니다. 하지만 아내가 남편을 따라감으로 구원과 인내가 위태로워질 정도로 약한 상태에 있고 남

편이 떠나고자 하는 마음을 바꿀 것 같지 않다면, 남편이 종교재판소가 있는 스페인과 같은 나라로 아내를 데려가 목숨을 위험하게 하는 것이 아니고 그녀의 고난이 그리스도께 무의미한 섬김으로 드려질 것이 아닌 한, 그녀가 해야 할 일이 무엇이고 과연 누가 상대방을 버리는 것인지 말하기란 쉽지 않습니다. 어쨌든 이런 경우 분명한 점은 어떤 길을 택하든 아내는 큰 어려움과 불편을 감수할 수밖에 없다는 것입니다.

다음과 같이 생각해 볼 수 있겠습니다. 먼저 결혼으로 인해 갖게 되는 의무가 무엇인지, 결혼할 때 한 약속이나 그 나라의 법과 관습 혹은 다른 상황에 따라 해야 할 일이 무엇인지를 생각해 봐야 합니다. 사람은 누구나 결혼을 통해 먼저 하나님에 대한 의무를 갖고, 나아가 자신의 영혼과 삶에 대한 의무를 갖게 됩니다. 더 고상한 목적을 위한 방편으로서 서로에게 도움이 되기 위한 결혼을 했다고 해서, 아내가 자신이 누리던 성도들과의 모든 교제와 하나님을 합법적으로 예배할 수 있는 지역이나 나라를 떠나야 한다거나 공예배를 통해 누리던 모든 도움을 상실하고 자신의 영혼을 영적인 기근과 질병에 노출시키고 자신의 구원을 위험에 처하게 할 이유는 없습니다(결혼을 통해 얻게 될 자녀들의 상황도 이와 다르지 않게 될 것입니다). 하나님께서는 남편에게 자기 아내에게 이런 해를 가할 권세를 주신 적이 없을 뿐더러 결혼언약을 이런 식으로 이해해서도 안 됩니다. 하지만 인간이 정한 어떤 법이나 계약이든 결혼에 큰 영향을 줄 여지가 있다면 그것들에 대한 구체적인 논의가 반드시 있어야 합니다.

질문: (갈레아초 카라치올리Galeazzo Carraccioli의 경우처럼) 남편이 아내와 자녀들의 삶을 망치든 말든 상관하지 않고 아내에게 자기만을 따르라고 하면 어떻게 합니까?[4] 더구나 정당한 이유도 없이 그렇게 하면 어떻게 합니까?

대답: 갈레아초는 더 큰 영적 유익을 위해 자기를 따르라고 했습니다. 이처럼 남편이 더 큰 영적인 유익을 위해 결정한다면, 아내는 당연히 남편의 결정을 따라야 합니다. 하지만 남편이 어리석고 부당한 이유로 아내와 자녀들의 삶을 망치는 결정을 한다면, 결혼했다고 해서 아내가 궁핍한 삶으로 귀결될 것이 뻔한 어리석은 남편의 결정을 따라갈 의무는 없습니다. 하지만 그 결정이 옳은지 옳지 않은지 논란의 여지가 있는 경우 아내는 가장인 남편의 판단을 따라야 합니다. 그 나라의 법은 여자가 결혼하기 전에 가졌던 재산의 일부를 수탁인을 통해 보호 받도록 규정하고 있으며, 그것은 정당합니다. 오히려 그전에 아내는 남편의 어리석은 아집 때문에 피해를 입지 않도록 자신과 자녀들을 보호하는 것이 더 중요합니다. 아내는 무슨 일이 있어도 가장으로서의 남편의 참된 역할을 거부해서는 안 되기 때문입니다.

하지만 아내 된 자는 자신이 남편 없이도 성욕을 절제하며 살 수 있는지 잘 생각해 보아야 합니다. 그렇지 않다면 성욕을 자제하지 못하는 것을 피하기 위해서라도 어려운 상황을 참고 견뎌야 합니다.

더구나 이 모든 일 때문에 아예 헤어지기보다는 잠시 별거를 선택할 수도 있을 것입니다. 별거가 옳다는 것이 아니라 헤어지는 것보다는 별거하는 것이 악한 결과를 초래하지 않기 때문입니다.

둘 중 어느 한쪽이 부부로서의 관계 자체를 부정한다면, 이는 단순히 별거가 아니라 상대를 완전히 버리는 것이고 부부의 의무에서 벗어나게 하는 것입니다.

질문 16: 남편이든 아내든 상대방이 자기를 미워하여 살해할 마음이 있었다는 사실을 알게 되었을 경우에도 떠나면 안 됩니까?

대답: 근거도 없이 성급하게 떠나서는 안 될 뿐 아니라 위험을 미연에 방지할 다른 합법적인 수단(항상 조심히 살핀다든지, 치안당국에 도움을 요청한다든지 아니면 특별한 사랑과 의무감으로 대한다든지)이 있음에도 그런 상황까지 이르도록 내버려 둬서도 안 됩니다. 그러나 이런 상황을 피할 다른 수단이 없고 분명한 위험이 있는 경우에는 당연히 떠나야 합니다. 이웃의 생명은 물론 자신의 생명을 보존하는 것은 그리스도인의 의무입니다. 결혼할 때 서로를 돕는 자가 되기로 하는 서약에는 부부에게 상대방의 생명을 거둘 권세가 없다는 사실이 이미 내포되어 있습니다(물론 남편에게 부인의 생명 박탈권을 허락하는 야만적인 나라도 있기는 합니다). 배우

자 살해는 가장 극악한 형태의 배반이고 결혼서약을 배반하는 간음보다 더한 죄입니다. 이런 경우 할 수만 있으면 살인자를 피해 달아나 이런 일을 미연에 방지할 수 있어야 합니다. 상대에 대한 증오가 가득한 한 가정에서는 결혼의 목적을 이룰 수 없습니다.

질문 17: 서로에 대한 증오가 있으면 결혼의 목적을 이룰 수 없는 것입니까? 그렇다면 이런 경우에는 서로 헤어지는 것이 맞습니까?

대답: 배우자에 대한 증오가 있는 사람은 그것 때문에 헤어질 것이 아니라 배우자를 더 사랑하도록 힘써야 합니다. 또한 증오와 같은 죄를 가지고는 자유를 누릴 수 없습니다. "도무지 사랑하는 마음이 안 생긴다"라든지, "내 부인 혹은 남편은 사랑할 만한 구석이 없어"라는 말은 핑계가 될 수 없습니다. 사람은 누구나 사랑스러운 구석이 있기 마련입니다. 서로를 배우자로 택하기 전에 상대방에게서 바로 그런 부분을 보아야 하는 것입니다. "나는 도무지 술을 어찌 해볼 도리가 없다"라고 하는 주정뱅이의 말이 핑계가 될 수 없는 것처럼, 배우자를 미워하는 사람이나 간음에 빠진 자가 "도무지 사랑할 마음이 안 생긴다"라고 말하는 것 역시 핑계가 되지 못합니다. 그것은 곧 "배우자로서의 의무를 거스를 만큼 마음과 의지가 악하다"고 말하는 것이기 때문입니다. 이런 일이 있는 경우 양쪽 다 잘못한 경우가 대부분이지만 대개 상대방에 대한 증오가 없는 측이 더 어렵습니다. 그러므로 양쪽 모두

다시 사랑하기로 힘쓰고 헤어지지 말아야 합니다. 증오가 간음과 살인과 용납할 수 없는 상황으로 치닫지 않는 한, 결혼서약은 단지 몇 년 동안만을 위한 것이 아니라 일생을 위한 것이며 아무리 불가능해 보여도 결국에는 증오를 이길 수 있다는 사실을 기억해야 합니다. 그러므로 자신의 의무에 힘쓰고 사랑과 선으로 인내하고 기도하고 사랑을 회복하고 하나님께서 하실 일을 기다려야 합니다. 자신이 선택을 잘못했다고 헤어질 수는 없는 것입니다.

질문 18: 남편이 성경도 못 읽게 하고 공사 간에 하나님을 예배하지 못하게 하고 교회에도 가지 못하게 하고 아내를 때리고 학대하면 어떻게 합니까? 아니면 아내가 남편이 기도하고 자녀들에게 신앙을 가르칠 때마다 남편에게 면박을 주고 남편이 자유와 평강과 위로 가운데 지내지 못하게 하는 경우는 어떻게 합니까?

대답: 아내 된 자는 하고 싶은 마음이 들지 않을지라도 필요할 때마다 성경을 읽고 하나님을 예배하고 자기에게 닥치는 고난을 인내로 잘 견뎌야 합니다. 정부는 물론 남편으로부터도 핍박을 받을 수 있습니다. 하지만 아내 된 자신의 사랑과 의무와 인내는 물론 친구의 설득이나 판사의 정의조차도 하나님과 사람을 향한 그녀의 의무를 이행하지 못하도록 하는 비인간적인 잔인함에서 벗어나게 할 수 없는데, 왜 그런 폭군 아래서 떠나지 못하는지 나는 모르겠습니다. 하지만 남편 된 자는 판사가 판결하는 것처럼 혹

은 지혜로운 사람이 상황을 판단하는 것처럼, 정부에 호소한다든지 아니면 부인에게 돌아갈 권리를 제한한다든지 아니면 자신의 힘으로 제압한다든지 하는 방법 등을 통해 부인이 자기에게 폭력을 행사하지 못하도록 하고 더 이상 참기 어려운 행동을 하지 못하도록 할 수 있습니다. 오랜 시련 후에도 부적절한 처신과 죄가 도무지 용납받지 못할 정도여서 영적으로 더욱 고통만 당하고 더 이상 함께 사는 것이 어려울 것 같다면, 쌍방의 동의하에 결별하는 것이 죄를 덜 짓는 것입니다.

질문 19: 부부 가운데 한쪽이 부정한 삶을 살다가 나병이나 매독에 걸려 무고한 배우자의 생명이 위험에 처할 수 있는 경우에는 배우자를 떠날 수 있습니까?

대답: 그렇습니다. 하지만 배우자가 부정한 일과 상관없이 병에 걸렸다면 오히려 함께 살면서 살뜰하게 돌보고 위로가 되어 주어야 마땅합니다.

9장

자녀에 대한 부모의 의무

자녀를 지혜롭고 거룩하게 양육하는 것이 자녀의 영혼 구원과 부모로서 누리는 위로와 교회와 국가의 안위와 사회의 안녕을 위해 얼마나 중요한지 앞에서 부분적으로 언급을 했습니다. 이 일의 중요성을 제대로 설명할 수 있는 사람은 없다고 할 만큼 이 일의 중대함은 말로 표현하기가 어렵습니다.

부모들이 이 의무를 게을리하는 것 때문에 세상에 얼마나 큰 재앙이 일어나는지 제대로 아는 사람도 없습니다. 하지만 하나님과 상관없이 살아가는 이교도들과 불신자들과 하나님을 모르는 나라들이 어떤 상태에 있는지, 참된 경건이 자라는 일이 얼마나 드문지, 얼마나 많은 사람들이 지옥에서 영원히 고통받을 수밖에 없는지를 생각하는 사람들은 이 의무를 소홀히 하는 것이 얼마나 끔찍한 일인지 알고 두려워합니다.

지침 1: 자녀들이 부모인 당신에게서 물려받은 상태가 얼마나 부패하고 비참한 것인지 알고 애통해 하고 당신과 자녀들을 위해 구주가 주시는 것들을 감사히 받으십시오. 거룩한 언약으로 그리스도 안에서 자녀들을 하나님께 맡기고 세례를 받게 해서 헌신과 언약을 공고히 하십시오(내가 쓴 "세례에 관하여Treatise of Baptism"를 읽어 보십시오). 그러기 위해서는 엄숙하게 자녀들을 하나님과의 언약관계 안으로 들어가게 하라는 하나님의 계명과 그들에게 주신 언약을 통해 부어지는 하나님의 자비가 무엇인지 알아야 합니다(롬 5:12; 16-18, 엡 2:1, 3, 창 17:4, 13-14, 신 29:10-12, 롬 11:17, 20, 요 3:3, 5, 마 19:13-14).

모든 것, 당신의 권세 아래 있는 모든 것을 하나님께 드리기 전까지는 하나님 앞에 헌신했다고 할 수 없습니다. 그러므로 자녀들이 당신 슬하에 있는 한 자녀들도 하나님께 드리는 것이 마땅합니다. 무슨 언약이든 아직 젖먹이일 때 자녀들을 이로운 언약관계 안으로 들어가게 하는 것이 옳다는 사실을 우리는 본성적으로 압니다(나이가 들어서 언약의 조건들을 거부한다면 언약을 통한 많은 은택들을 잃어버릴 것이기 때문입니다). 그렇다면 하나님께서 그들을 언약으로 받으실 수 있다는 것을 알고 그들을 위한 최고의 선으로 하나님과 언약을 맺도록 해야 합니다. 하나님께서 그들을 언약으로 맞아들이실(부모인 당신이 그렇게 해야 합니다) 것이라는 사실은 의심할 여지가 없습니다. 아브라함 때부터 예수님의 때에 이르기까지 하나님 백성의 모든 자녀에 대해 성경은 그렇게 증거하고 있습니다. 아브라함 이전부터 혹은 그 이후로 하나님께서 자기 교회, 자기 종들이 낳은 아이들을 언약 안에서 하나님께 드려진 백성과 교회의 지체로 받지 않으신 증거가 없습니다. 이런 언약에 근거해서 자녀를 하나님께로 드리는 일에 대해 의구심을 갖는 사람들이 생기기 시작한 최근까지는 적어도 그렇다고 할 수 있습니다. 아직 나이가 어려 아무것도 알지 못한다 해도 왕이 당신의 어린 자녀(아비의 반역으로 부패한)의 죄를 온전히 용서할 뿐 아니라 존귀한 신분과 재물까지 하사한다면, 부모로서 당신의 마음이 얼마나 큰 위로를 얻겠습니까? 언약을 통한 긍휼로 그리스도 안에서 그들의 원죄를 사하시고 자녀 삼으시고 영생을 누릴 자격을 주시는 것은 더 말해 무엇하겠습니까?

지침 2: 자녀가 자라서 어느 정도 사물을 이해할 나이가 되면 그들이 속한 언약이 무엇인지, 그 언약을 통해 얻을 유익이 무엇인지, 그들의 영혼이 기꺼이 받아들일 조건이 무엇인지 가르쳐 주십시오. 이제 자녀들이 스스로 하나님과 이 언약을 새롭게 할 수 있도록 하십시오. 자녀들을 가르치는 전체 체계와 관련해서는 나중에 따로 그것만을 다룰 때가 있을 것입니다. 여기서는 가족 간의 대화를 통해서 이루어져야 할 것만 언급하고 지나가겠습니다.

지침 3: 부모인 당신이 하는 말에 하나하나 정확하고 구체적으로 순종하도록 가르치십시오. 고집을 부리지 않도록 자녀들의 의지를 꺾으십시오. 그러기 위해서는 자녀들이 부모인 당신 앞에서 버릇없이 행동하지 못하도록 하고 자녀들이 허물없이 당신을 대하지 못하도록 하십시오. 너무 익숙해지면 당신을 가볍게 여기게 되고 자연스럽게 불순종으로 이어집니다. 대개 부모들은 자녀들이 원하는 대로 하도록 내버려 두고 바라는 것을 모두 들어주면서 자녀들을 기쁘게 하려고 합니다. 바라는 대로 받는 것에 익숙해진 자녀들은 결국 자신이 바라는 것은 내려놓을 줄 모르고 누군가의 권위 아래 있는 것 자체를 견디지 못합니다. 한 번도 자신의 의지가 가로막혀 본 적이 없기 때문입니다. 순종이란 자신의 의지를 부인하고 부모의 뜻을 따라가는 것입니다. 자녀들이 자신이 마음먹은 대로 하도록 내버려 두는 것은, 곧 불순종을 가르치고 그들의 마음을 완고하게 하는 것입니다. 결국 부모의 잘못된 교육으로 순종은 자녀들에게 어렵고 버거운 일이 되고 맙니다. 자녀들에게 순종이 얼마나 대단한 일인지, 순종이 하나님을 얼마나 기쁘시게 하는지 친밀하고 사랑스럽게 자주 말해 주십시오. 자녀들이 부모의 권세에서 벗어나 스스로 주인이 되어 행동하는 것이 얼마나 합당하지 않은지 또 자녀들이 자기 뜻대로 하려는 것이 얼마나 위험한지 말해 주십시오. 고집을 피우고 완고한 마음을 갖는 것이 얼마나 부끄러운 일인지 자주 말해 주십시오. 자녀들 앞에서 다른 사람들에게 자기 고집대로 하는 자녀들이 어떻게 되는지 말해서 자녀들이 그 말을 들을 수 있도록 하십시오.

지침 4: 당신 앞에서 자녀들이 지나치게 자유분방하게 행동하지 않도록 할 뿐 아니라 또 당신 앞에서 자녀들이 너무 어려워하거나 주눅 들지 않도록 하십시오. 자녀들을 종이 아닌 말 그대로 자녀로 대하십시오. 당신이 그들을 진심으로 사랑하는 것을 알도록 하고, 당신의 자녀들에게 무엇을 금하고 명령하고 징계하는 것이 단순히 당신이 그렇게 하는 것을 원하기 때문만이 아니라 그들의 유익을 위한 것임도 알게 하십시오. 자녀들은 자기 자신을 사랑할 줄 알고 또 자신을 사랑해 주는 사람을 사랑하는 합리적인 존재로 자라가야 합니다. 당신이 진심으로 자녀들을 사랑하는 것을 그들이 알게 되면, 그들은 더 기꺼이 순종하고 혹시 불순종했더라도 쉽게 돌이킬 것입니다. 마음과 행동으로 순종하고 당신 앞에서만이 아니라 당신이 없는 자리에서도 순종할 것입니다. 당신이 자녀들을 사랑함으로 자녀들이 갖게 된 당신을 향한 사랑 때문에 자녀들은 당신이 시키는 모든 것을 사랑하고 하나님의 뜻에 복종해서 더욱 경건한 자녀가 될 것입니다. 자녀들에게 가혹하게 하거나 거리를 두면 자녀들은 당신을 무서워할 줄만 알았지 사랑하지는 못합니다. 그러면 아무리 당신이 원해도 자녀들은 성경을 사랑하지 않을 것이고 당신이 시키는 것을 순종하는 마음으로 하지 않을 것입니다. 위선자와 같이 당신이 보는 앞에서만 당신을 기쁘게 할 뿐 당신이 없는 자리에서는 전혀 다르게 행동할 것입니다. 그래서는 안 됩니다. 이런 자녀들은 부모로서 당신이 하는 말을 듣기 싫어하고, 새장에 갇힌 새마냥 틈만 있으면 당신 품을 벗어나 자유롭게 될 기회를 엿볼 것입니다. 당신이 화를 내고 소원하게 대하는 것 때문에 자녀는 당신과 함께 있기보다 친구들과 어울리기를 더 좋아할 것입니다.

부모를 필요 이상으로 두려워하는 자녀들은 거짓말쟁이가 되기 쉽습니다. 두려움을 느낄 때마다 거짓말을 하려고 할 것이기 때문입니다. 자녀에게 많은 애정을 보여주는 부모는 자녀가 잘못해서 엄하게 대해야 할 때에도 이런 걱정을 하지 않을 수 있습니다. 사랑이 많은 당신을 거스르고 슬프게 하는 것이 얼마나 잘못된 것인지를 자녀들 스스로가 먼저 알 것이기 때문입니다. 반면에 항상 권위적으로 화만 내는 부모의 경우, 징계를 평소보다 감하더라도 자녀들은 그것을 사랑으로 느끼지 못합니다. 오히려 거리감을 느끼게 해 그들에게 도움을 주지 못합니다. 지나치게 자유분방하고 부모를 의식할 줄 모르는 자녀는 당신이 알기도 전에 부모를 우습게 알고 온갖 불순종을 행합니다. 자녀가 당신을 너무 무서워하고 거리감을 느끼게 되면, 부모로서 자녀를 돌보고 다스리는 것이 자녀에게 유익이 안 됩니다. 자녀가 잘못할 때만 엄하게 대하는 자애로운 사랑과, 자녀들과의 적당한 거리를 유지하면서 베푸는 돌봄만이 자녀들에게 유익이 됩니다.

지침 5: 자녀들이 중심으로 하나님을 경외하고 성경을 소중히 여기도록 가르치기를 힘쓰십시오. 자녀들에게 의무를 가르치거나 죄를 짓지 않도록 권면할 때는, 관련된 성경 본문을 사용해서 자녀들이 그 말씀들을 반복해서 듣고 배워 익숙해지도록 하십시오. 그러면 자녀들은 당신이 시키는 일이 왜 합당한지를 알고 하나님의 권위와 더불어 당신의 명령을 받아들일 것입니다. 당신의 말이 하나님의 권위에 기반을 둔 합리적인 것이라는 사실을 납득하지 못하면 그들은 형식적이고 위선적인 순종을 할 것입니다. 당신이 안 보고 있을 때 자녀들의 양심이 그들 자신을 보도록 해야 합니다. 자녀들의 양심은 하나님이 보내신 경찰입니다. 당신의 것이 아닙니다. 하나님의 말씀에 길들여져 하나님의 이름으로 말하는 양심이 되기까지, 사실 자녀들의 양심이 할 수 있는 일은 없습니다. 당신의 말이 무엇보다도 하나님의 명령과 같다는 것을 자녀들이 알게 될 때 마음으로 당신의 말에 순종하고 모든 명령에 순복합니다.

지침 6: 하나님과 예수 그리스도와 성경과 내생과 거룩한 의무들을 말할 때는 가장 두렵고 거룩하고 위대한 것을 말할 때에 합당한 경외함을 갖고 진지하고 무게 있게 말해야 합니다. 자녀들이 구체적으로 무엇을 이해하기 전에 그들이 거룩한 일들에 대해 경외하는 마음을 갖고 그 마음이 커지는 것은 뜻 깊은 시작입니다. 이런 마음이 그들의 양심을 계속해서 경외함으로 이끌어 그들의 판단을 돕고 거룩한 것에 대한 죄악된 선입관과 불경한 경멸이 일어나지 못하도록 막고 그들 안에 자라갈 거룩함의 씨앗으로 드러나게 될 것입니다. "여호와를 경외함이 지혜의 근본이라"(시

111:10, 잠 1:7; 9:10). 하나님의 일들을 크게 경외하는 당신의 말과 행동은 부모로서 자녀에게 이와 비슷한 인상을 남길 만큼 영향력이 큽니다. 경건한 부모 밑에서 선하게 자라는 대부분의 자녀들이 한결같이 증언하는 바는, 그들의 마음에 가장 처음 받은 선한 영향은 바로 부모의 말과 행동을 통해 배운 거룩한 것들에 대한 경외함에서 비롯되었다는 사실입니다. 이는 내가 경험을 통해 확인한 바이기도 합니다.

지침 7: 자녀들 앞에서 경건한 사람들과 경건한 목사들을 칭찬하고 높이며 모든 죄의 끔찍함과 불경건한 사람들을 부정함으로(사 3:7-9, 11, 시 10:2-4; 15:4; 시 101편) 자연스럽게 자녀들에게 영향이 미쳐지도록 하십시오. 일반적으로 자녀들이 특정한 교리를 이해하고 배울 수 있기 전이라도 어떤 사람이 가장 행복하고 가장 비참한지는 배울 수 있습니다. 부모로부터 좋아해야 할 것과 좋아하면 안 될 것을 금방 배우기 때문입니다. 선악 간의 판단이 바로 서면 자녀들이 앞으로 살아가는 데 큰 도움이 됩니다. 자녀들이 하나님을 경외하는 선하고 존귀한 생각을 갖게 되면, 그것들을 좋게 생각하고 그런 생각을 폄하하는 사람들을 싫어할 수 있게 됩니다. 그런 설교를 하는 설교자를 찾고 그들과 같은 그리스도인이 되고자 합니다. 앞에서 말했듯이, 일상적인 느낌과 경험을 통해 자녀들의 마음에 은혜로운 감각이 처음 일어납니다. 반면에 부모가 거룩한 일과 경건한 사람들을 경시하는 말을 하고 하나님과 성경과 내생에 대해 불경하게 말하고 경건한 목사와 신자들을 험담하고 신앙생활을 돕는 특정한 의무들을 가지고 농담을 일삼고 우스갯소리를 하면, 자녀들 역시 선입견과 불경한 생각을 고스란히 받아들입니다. 이런 말들은 자녀들이 하나님과 거룩한 일들을 사랑하는 데 큰 걸림돌이 되어 자녀들에게 구원의 역사가 성취되기는 훨씬 더 어려워지고 기대하기도 힘들어집니다.

그러므로 불경건한 부모는 마귀의 가장 유용한 종이고, 자녀들의 영혼에 대해서는 불구대천의 원수입니다. 세상에서 영혼들을 구원에 이르지 못하도록 하는 가장 큰 원인은 바로 불경건한 부모입니다. 그 다음이 불경건한 목사입니다. 온 나라가 하나님의 길을 떠나 하나님의 원수들과 짝하고 이교 나라들이 참된 하나님을 대적하고 배교한 나라들이 그리스도를 대적하고 교황을 섬기는 나라들이 종교개혁과 신령한 예배자들을 대적하는 것은, 불경건한 부모가 자녀들 앞에서 자신들이 싫어하는 경건한 사람들을 험담하고 폄하하고 그 자녀들이 그것을 고스란히 물려받았기 때문입니다. 대를 이어 경건을 대적하게 되는 것입니다. "악을 선하다 하며 선을 악하다 하며 흑암으로 광명을 삼으며 광명으로 흑암을 삼으며 쓴 것으로 단 것을 삼으며 단 것으로 쓴 것을 삼는 자들은 화 있을진저"(사 5:20).

지침 8: 자녀들 앞에 거룩이 가장 필요하고 존귀하고 유익하고 즐겁고 행복하고 사랑할 만한 삶의 상태라는 것을 보여주고 모든 기회를 통해 자녀들이 그런 생각을 가질 수 있도록 힘쓰십시오. 자녀들이 거룩을 불필요하고 명예롭지 못하고 따분하고 힘든 것으로 생각하지 않도록 최선을 다하십시오. 자녀들에게 거룩이 사랑스럽게 느껴지도록 해서 실제로 자녀들이 거룩을 사랑하는 데 이르도록 해야 합니다. 그러기 위해서는 자녀들에게 가장 쉽고 즐거운 것부터 시작하십시오. 이를테면 성경의 역사와 순교자들과 다른 경건한 사람들의 생애를 간단히 요약해서 자녀들이 잘 이해할 수 있도록 가르쳐 주면 좋습니다. 하지만 죄를 멀리하도록 함에 있어서는 처음부터 가장 높은 단계로 나아가야 합니다. 그것보다 덜한 수준을 용납하다가 죄에 대한 자녀들의 기준을 끌어내려서는 안 됩니다. 아무리 작은 죄라도 일단 시작되면 점점 더 강도가 세지기 때문에 처음부터 어떤 죄도 용인하지 말아야 합니다. 또한 전체를 새롭게 하는 것이 절대적으로 필요합니다. 사실 그렇게 하는 것이 가장 쉽습니다. 하지만 신앙의 의무들을 실천하도록 하는 데 있어서는 자녀들이 감당할 수 있는 것부터 차근차근 하도록 해야 합니다. 교리를 배우는 것도 마찬가지입니다. 처음부터 너무 어렵고 영적인 교리를 가르치거나 그런 의무를 요구하면 거룩이 자녀들에게 큰 짐으로 전락하고 맙니다. 당신의 부주의함 때문에 자녀들이 신앙을 등지거나 신앙인으로 사는 삶이 비참하고 따분하다는 인식부터 갖게 되면 시간이 갈수록 돌이키기가 더 어려워집니다.

모든 자녀를 획일적으로 대해서도 안 됩니다. 모든 사람의 위가 똑같은 음식을 강요받아서는 안 되는 것처럼 말입니다. 당신이 맛있다고 자녀들에게 계속해서 먹기를 요구하면, 평생 자녀들은 그 음식에 대해 안 좋은 기억을 갖고 살게 될 것입니다. 사람의 본성 자체는 이미 타락했고 거룩과 원수로 행합니다. 자녀들이 적개심을 따라 행하도록 내버려 두어서는 안 됩니다. 신앙의 본을 보이지 못한, 현명하지 못한 양육은 자녀들의 마음에 적개심만 줄 뿐입니다. 적개심을 이길 수 있는 유일한 길은 마음과 생각을 바꾸는 것입니다. 하지만 사랑으로 생각을 돌이키려 하지 않고 윽박지르고 강요하는 것은 방법이 아닙니다. 자녀를 거룩하게 양육하기 위해 부모가 힘써야 할 점은, 자녀들 앞에 거룩이 단순히 필요가 아니라 평생에 사모하고 쫓아가야 할 행복하고 즐겁고 영예로운 일이라는 사실을 말과 행동으로 보여주는 것입니다. 여기에 자녀 양육의 모든 것이 달렸습니다. "그 길은 즐거운 길이요 그 지름길은 다 평강이니라"(잠 3:17).

지침 9: 호색과 육체의 감각만을 좇아가는 것이 얼마나 악한지, 지혜와 선행을 통한 마음의 즐거움이 얼마나 가치로운지 자녀들에게 자주 말해 주십시오. 육체를 만족시키는 데서 자녀들을 구원하는 것이 부모인 당신이 가장 신경 써야 할 일입니다. 육체를 즐겁게 하는 것은 모든 악의 종합일 뿐 아니라 자녀들이 가장 쉽게 따라가는 성향이기 때문입니다. 자녀들은 육체와 감각적인 것에 아주 빠르게 반응할 뿐 아니라 그것들에 저항할 믿음과 명확한 이성적 능력이 결여되어 있습니다. 어린 자녀들은 그들에게 있는 본성적 타락 외에도 아무 생각 없이 감각을 따라 움직이는 경향이 있습니다. 영아 때는 이런 경향이 별 의미가 없지만 나이가 들수록 이 악한 죄 역시 자라갑니다. 그렇기 때문에 어려서부터 자녀들에게 육신을 만족시키는 삶이 얼마나 불행하고 비참한 삶인지를 각인시키기 위해 힘써야 합니다. 탐식과 술취함과 지나친 여흥과 오락을 비판하는 말을 자주 해주십시오. 누가복음 16장에 나오는 부자와 나사로의 이야기를 자주 들려주십시오. 로마서 8:1, 5-9, 13:13-14을 암송하도록 격려하고 이 말씀들을 자주 들려주십시오.

지침 10: 자녀들 몸의 건강을 위해 음식에 대한 분명한 원칙을 정하십시오. 자녀들은 아직 식욕을 스스로 조절하지 못합니다. 자녀들이 먹는 음식의 양과 질 모두에 대한 이성적이고 분명한 규칙을 정해 그대로 지키도록 하십시오. 규칙을 지켜야 하는 이유를 말해 주십시오. 그렇지 않으면 당신이 안 볼 때에 몰래 규칙을 어길 것입니다. 대부분의 부모들은 자녀들이 먹고 싶은 대로 먹도록 내버려 두어서 몸의 건강과 영혼 모두를 상하게 하는 죄를 짓습니다. 내가 그런 부모들은 자녀들에게 "마귀 노릇"을 하고 있고 자녀를 "죽이고 있다"라고 하면 내 말이 지나치다고 할 것입니다. 내 말은 부모들이 자녀들의 영혼과 육신을 파괴할 만한 원인을 제공하지 말아야 한다는 것입니다. 자녀들이 탐식에 익숙해지도록 하고 식욕에 지배되도록 하는 부모는 자녀의 영혼을 파괴하는 것입니다. 세상의 모든 가르침은 하나님의 특별한 은혜가 있어야 의미가 있습니다. 세상에 만연한 모든 악과 부도덕을 보십시오. 하나같이 육체의 정욕을 만족시키는 것 때문에 일어나는 것이 아닙니까? 자녀들이 이런 습관에 길들여지면 평생을 죄와 비참함으로 살아가야 합니다. 설익은 열매와 해로운 다른 여러 가지 것들로 자신의 정욕을 만족시키느라 스스로를 상하게 하고 몸을 파괴합니다. 특히 몸에 밴 무절제와 과욕이 가져오는 폐해가 얼마나 큰지 모릅니다. 이 모든 것이 무지하고 허영에 찬 부모들이 자식들을 그들의 본성적인 정욕에 방치하고 있기 때문에 일어나는 일입니다.

이런 부모들은 자식들이 식욕을 느낄 때가 곧 먹을 때라고 생각합니다. 아이가 마시는 것은 곧 목이 마르기 때문이고 먹으면 배가 고파서 먹는 것일 뿐 결코 과식하는 것이 아니라고 생각합니다. 이런 부모들에게는 먹어서 지금 당장 아프지 않고 토하지만 않으면 괜찮은 것입니다. 그들은 또 이렇게 전혀 얼토당토않은 말을 합니다. "식욕이 당기면 먹고 마시고 싶을 때 마시는 것은 전혀 위험하지 않아요. 오히려 그렇게 해야 아이들이 건강하고 튼튼해집니다. 음식에 대해 엄격한 부모의 아이치고 건강한 아이를 보지 못했습니다." 하지만 실상 이들은 스스로를 망치고 있고 결국 예기치 않은 결과를 맞이할 수도 있습니다. 그러므로 자녀의 영혼과 몸을 사랑한다면 유년기부터 절제하도록 가르치십시오. 아이들의 식욕이나 욕구가 아닌 부모인 당신의 합리적인 이성으로 아이가 먹는 기준을 삼으십시오. 먹는 데 절제하도록 가르치고 많이 가공된 음식보다 거친 음식을 먹이도록 하십시오. 끼니 사이나 먹는 것이 오히려 좋지 않은 때 무엇을 먹이거나 마시게 하지 마십시오. 그렇게 함으로써 아이들이 자신의 감각적 욕구를 이기도록 돕고 자신의 삶을 다스릴 계기를 제공하게 됩니다. 당신은 하나님 아래서 자녀들이 건강한 몸의 성정을 유지하도록 돕는 일을 하는 것입니다. 이는 부모로서 자녀에게 큰 애정을 보여주는 일이고 자녀들이 평생에 자신의 의무에 힘쓸 준비를 시키는 것입니다.

지침 11: 놀이와 여가에 대해서는 자녀들의 건강과 쾌활함에 따라 필요한 만큼 누리게 해주십시오. 하지만 이것에 마음을 빼앗겨 더 좋은 것을 잃어버리고 책을 가까이 하지 않고 자녀로서의 다른 의무들에 소홀할 정도로 빠져서는 안 됩니다. 또한 경쟁심을 유발하거나 도박으로 흐르지 않도록 해야 합니다. 몸의 건강과 쾌활한 마음을 위한 합당한 놀이를 하는 것은 맞습니다. 몸을 움직여 운동을 하는 것이 제일 좋습니다. 하지만 흥분할 정도로 놀이와 운동을 해서는 안 됩니다. 카드놀이나 주사위놀이 같은 것은 사실 몸과 마음을 상하게 하는 가장 무익한 놀이입니다. 아이들이 노는 시간을 정해 주어야 합니다. 놀이가 일과가 되게 해서는 안 됩니다. 자녀들이 이성을 사용하고 말을 할 줄 알게 되면 노는 것보다 더 나은 것들을 가르쳐야 합니다. 대여섯 살이 되도록 아무것도 안 하고 그저 노는 데 모든 시간을 허비하도록 하지 마십시오. 부모가 자녀를 잘 준비시키는 만큼 자녀들은 일찍부터 무엇인가를 배우기 시작합니다.

지침 12: 모든 지혜를 동원해서 우쭐하고 자랑하는 교만한 죄를 근절하도록 하십시오. 어리석은 부모와 같이 항상 자녀의 비위를 맞추려고 하고 기를 살려 준다고 늘 칭찬만 하기보다, 겸손과 평범함이 얼마나 좋은 것인지 가르쳐 주고 교만함과 자랑은 좋지 않다는 것을 말해 주십시오. 또한 자녀들이 이것들을 혐오하도록 가르치십시오. 하나님이 교만한 자를 물리치시고 겸손한 자를 존귀히 여기시는 것을 말하는 성경 구절들을 가르쳐 주십시오. 좋은 옷으로 보란 듯이 꾸민 다른 아이들을 보고 샘을 내지 않도록, 다른 친구들 앞에서 자랑하는 것은 오히려 옳지 않다는 것을 말해 주십시오. 자녀들이 쉽게 빠질 수 있는 모든 교만과 자랑에 대해 부정적으로 말해 주십시오. 하지만 자녀들이 잘한 것은 빠짐없이 거기에 합당한 칭찬을 해주어서 선한 일에 격려를 얻도록 해주십시오.

지침 13: 겉치레와 자랑과 세상적인 부유함과 탐심과 이기적인 죄가 나쁜 것을 알게 해주고 자녀들이 이런 죄에 빠지지 않도록 각별히 신경을 쓰십시오. 큰 집과 그곳에 사는 사람들을 보고 부러워하는 자녀들에게, 세상에서 부자로 살면서 사람들의 부러움을 사는 것은 가난한 죄인들을 꼬드겨 세상을 사랑하도록 하기 위해 마귀가 던진 미끼라고 말해 주십시오. 세상의 부자들이 누리는 것보다 천국이 얼마나 더 좋은지를 말해 주십시오. 세상을 사랑하는 자들은 결코 천국에 들어갈 수 없으며 천국은 오직 겸손하고 온유하고 심령이 가난한 자들을 위한 것이라고 말해 주십시오. 누가복음 16장에 나오는 좋은 옷에 좋은 음식으로 날마다 주연을 베푼 부자는 나사로가 천국의 복을 누리고 있을 때 지옥에서 자기 혀를 적실 물 한 방울조차 얻을 수 없었던 것을 말해 주십시오. 자녀들에게 돈을 주고 돈을 조건으로 무엇을 시키고 나중에 부자가 되어 그들이 원하는 것을 해주겠다고 약속하고 세상의 부자와 이름 있는 모든 사람을 추켜세워서 자녀들을 세속과 탐심으로 이끄는 어리석은 부모가 되지 마십시오. 오히려 자녀들에게 가난한 신자가 얼마나 행복한지 말해 주고 자녀들의 마음을 탐심으로 이끌 만한 모든 것을 제거하십시오. 형제를 자기 몸과 같이 사랑하고 자기 소유를 형제와 함께 나누는 것이 얼마나 복된지 말해 주고, 자녀들이 그렇게 했을 때 칭찬해 주십시오. 형제들과 함께 나누지 않고 혼자만 갖고 놀려고 욕심을 부리고 장난감을 자기 앞에 쌓아 두는 자녀를 보면 책망을 해야 합니다. 아무리 많은 것을 주어도 이기적인 탐심은 치료할 수 없습니다. 자녀들에게 시편 10:3과 같은 말씀을 가르치십시오, "악인은 그의 마음의 욕심을 자랑하며 탐욕을 부리는 자는 여호와를 배반하여 멸시하나이다."

지침 14: 아이들의 말을 잘 살피십시오. 특히 거짓말이나 불평이나 음란하고 상스러운 말을 하는지, 별 의미도 없이 하나님의 이름을 들먹이는지 보십시오. 일상적인 문제와 관련된 많은 가벼운 잘못들은 눈감아 줄 수 있지만 하나님과 관련된 죄는 지나치면 안 됩니다. 이런 죄가 얼마나 더러운지 말해 주고 이런 죄를 정죄하는 성경 본문들로 자녀들을 가르치십시오. 자녀들이 이런 죄를 짓는 것을 보면서도 그냥 지나치거나 대수롭지 않게 여겨서는 안 됩니다.

지침 15: 자녀들이 부도덕하고 불경건한 친구들을 사귀지 못하도록 해야 합니다. 불경건한 친구는 세상에서 자녀들을 망치는 가장 큰 위험 가운데 하나입니다. 특히 공립학교에 자녀들을 보낼 때는 더욱 신경을 써야 합니다. 공립학교는 대부분이 불경하고 상스러운 말을 일삼을 뿐 아니라 그것을 오히려 자랑하는 불경건한 학생들로 가득합니다. 싸우고 돈 내기를 하고 냉소를 일삼고 건성으로 수업을 듣는 것 외에도, 자기들처럼 하지 않는 학생들을 때리고 학대하고 놀리기가 일쑤입니다. 하나님의 이름을 함부로 말하고 음란하고 저속한 노래를 부르고 상스러운 말을 써서 이야기하고 서로를 깎아내리기에 바쁜 악한 습관들은 부싯깃과 같아서 이런 환경에 무방비 상태로 노출된 자녀들에게 쉽게 옮겨붙습니다. 자녀들은 이런 행동들을 금방 흉내 내고 따라하게 되어 있습니다.

집에서 자녀들을 주의해서 살펴보면 이런 악이 자녀들에게도 광범위하게 퍼져 있는 것을 볼 것입니다. 이런 것들은 한 번 몸에 배면 여간해서는 회복되기가 힘듭니다. 그러므로 여력이 되는 사람들은 되도록이면 자녀들을 가정에서 가르치거나 사립학교에 보내고, 그렇지 못하면 공립학교라 하더라도 질서 잡힌 학교를 찾아다닐 수 있도록 하십시오. 그렇게 하지 못하는 부모들은 자녀들을 훨씬 더 잘 살피고 좋은 친구를 사귀라고 끊임없이 권면해야 합니다. 위에서 말한 습관이 얼마나 추한지, 그렇게 살아가는 사람들이 얼마나 악한지 말해 주십시오. 불경건한 자녀들이 얼마나 부끄러움을 주는지 말해 주십시오. 당신의 노력과 권고대로 자녀들이 잘 자라면 그것은 정말 하나님의 긍휼입니다. 그러므로 자녀들이 무질서한 학교에 다니고 악한 친구들을 사귀도록 방치하고, 그것도 모자라 자녀들이 세상을 알게 하고 세상의 흐름이나 다른 사람에게 뒤쳐질 것을 우려해 로마나 다른 세속적이고 교황의 가르침이 팽배한 나라로 유학을 보내는 부모들은, 성경과 상관없이 자신의 좁은 소견을 따라 원하는 대로 하는 것입니다. 내가 그 입장이라면 차라리 내 자녀를 굴뚝 청소부를 시킬지언정, 자녀들을 그런 식으로 세상과 마귀에게 팔아넘기지 않을 것입니다.

질문: 자녀를 여행 보내는 것은 좋은 일이 아닙니까?

대답: 다음과 같은 경우에는 그렇습니다. 첫째, 비진리 때문에 진리를 그르칠 위험이 없고 오히려 진리의 원수들을 물리치고 복음을 증거하고 다른 사람에게 선을 끼칠 만한 분명한 신앙을 가진 성숙한 그리스도인인 경우, 더군다나 일 때문에 가는 여행이라면 아무런 문제 될 것이 없습니다. 둘째, 지혜롭고 경건한 사람들과 함께 가거나 손실보다는 득이 더 많은 여행이라면 괜찮습니다. 셋째, 집에 있을 때보다 더 지혜롭고 교양이 있는 신실한 나라들을 충분한 동기를 갖고 여행하는 경우라면 괜찮습니다. 하지만 아직 성숙하지 못하고 진리를 잘 알지 못하는 어린 자녀들을 단지 세상을 구경하고 세상이 어떻게 돌아가는지를 배우게 한다는 이유만으로 세속적이고 음란하고 교황을 섬기는 나라에 보내는 것은, 아무리 탁월한 사람과 동행한다고 해도 아직 성숙하지 못한 자녀가 얼마나 크게 영향 받을지를 아는 그리스도인 부모가 할 일은 아닙니다. 내가 그런 나라들을 여행하는 어린 자녀들이 어떻게 하는지 직접 보지는 못했지만, 굳이 보지 않아도 이는 분명한 사실입니다. 그런 나라들에서 어린 자녀들이 영향 받을 것을 생각하면 가슴이 아픕니다. 어디를 가나 그리스도를 잘 배울 수 있고 천국과 같이 경건을 배울 수 있는 나라에 가는 것이라면 등을 떠밀어서라도 보내야겠지요. 하지만 죄가 만연하고 지옥의 영향을 고스란히 드러내는 나라에 가서 그것이 어떤가 하고 배우기 위한

여행이라면, 그곳에 가지 않고도 하나님 말씀의 지도를 펴 놓고 지옥은 물론 지옥의 변방에 대해서 공부하는 것이 더 낫습니다. 어린 자녀들이 그런 나라를 여행하고 왔는데도 우려할 만큼의 영향을 받지 않고 돌아왔습니까? 그것은 하나님의 긍휼에 감사해야 할 일이지, 그들이나 그들을 여행 보낸 부모들이 잘해서 그런 것이 아닙니다.

지침 16: 시간이 얼마나 중요한지 자녀들에게 가르치고 시간을 허비하지 못하도록 하십시오. 시간이 얼마나 소중한지, 인생이 얼마나 짧은지, 자녀들이 지금 하고 있는 일이 얼마나 중요한지, 앞으로 우리가 누리게 될 지복의 영생 혹은 비참한 영생이 어떻게 이 짧은 일생을 통해 결정되는지 자주 말해 주십시오. 빈둥거리며 시간을 허비하는 사람들의 죄가 어떤 것인지 말해 주십시오. 매 시간을 자녀들이 어떻게 사용하는지 점검하고 잠을 너무 많이 자거나 오랫동안 놀면서 소중한 시간을 허비하지 못하도록 하고, 가치 있게 시간을 보낼 수 있는 일에 참여하도록 하십시오.

근면하고 부지런히 살도록 자녀들을 훈련하십시오. 젊은 시절을 소홀히 여기며 빈둥거리지 않도록 가르치십시오. 빈부귀천을 막론하고 수많은 부모들이 자녀들이 시간을 소중히 여기고 허비하지 않도록 하는 일에 실패하고 있습니다. 특히 딸인 자녀들에 대해서는 더욱 그렇습니다. 치장하고 노는 일 외에 자녀들이 하는 일이 없습니다. 그들의 소명이 무엇인지, 무슨 일을 해야 할지에 대해 전혀 가르치지 않습니다. 부모들의 죄로 인해 게으른 생활에 길들여진 자녀들은 평생 그것을 극복하지 못할 가능성이 많습니다. 그저 살기 위해 사는 사람들은 세상에서 이루는 일도 없이 짐승이나 벌레처럼 사는 것입니다. 잠자고 일어나 옷을 입고 치장하고 이리저리 거닐다가 저녁을 먹고 게임이나 여흥을 즐기는 것이 전부입니다. 그보다 더 중요한 일을 하고 하나님 앞에서 살아가야 할 책임이 있는 무수히 많은 사람들의 삶이 이렇습니다. 별 마음도 없이 위선적으로 몇 마디 기도를 주절거린 것을 가지고 경건한 시간을 보냈다고 자긍합니다. 육신적이고 게으른 훈육으로 인해 건강이 무너진 자녀들도 많습니다. 게으름과 나태함으로 인해 자녀들은 건강을 유지하는 데 꼭 필요한 운동을 충분히 하지 않습니다. 어떤 가족을 보면 큰 부자인데도 그 집이 병원이라도 되는 것처럼 온 집안이 아픈 사람들투성이입니다. 잘못된 양육으로 병이 들거나 장애가 생겨 누워만 있어야 하는 자녀들이 얼마나 많은지 모릅니다. 유익이 되는 일에 힘쓰고 열심히 배워야 할 나이를 병상에서 보낼 수밖에 없습니다. 남은 인생에 그들이 할 수 있는 일도 많지 않습니다. 얻은 병으로 생의 대부분이 비참해집니다. 조금만 걸어도 숨이 가쁩니다. 스스로에게조차 자신이 큰 짐이 됩니다. 이런 사람들 중에는 자기 인생의 반 이상을 산 사람들이 거의 없습니다. 얼마나 안타깝습니까? 부모가 이들을 소돔의 죄와 교만과 과식과 게으름에 팔아넘기지만 않았어도 이들은 건강하게 정직한 그리스인으로 살면서 하나님의 선하신 뜻을 위해 사용되었을 것입니다.

지침 17: 자녀에게 매를 들 때는 다음 규칙에 따라 신중하게 하십시오. 첫째, 좀처럼 매를 들지 않으면 자녀들이 매를 무서워하지 않게 되어서 매를 들어도 별 효과가 없습니다. 또 매를 너무 자주 들어도 자녀들이 쉽게 낙담하고 마음에 부모를 향한 증오심을 키울 수 있습니다. 둘째, 자녀들의 기질과 성격에 따라 차별적으로 적용해야 합니다. 소심하고 마음이 여려서 쉽게 낙담하는 자녀에게는 가급적이면 매를 삼가는 것이 좋습니다. 하지만 완고하고 고집된 자녀들에게는 자주 매를 들어 제멋대로 굴거나 부모를 업신여기지 못하도록 해야 합니다. 셋째, 세상적인 일에 실수를 하고 잘못하는 것보다 하나님을 향한 죄(거짓말, 욕, 음란하고 불경한 말 등)를 짓는 것 때문에 더 많은 매를 들어야 합니다. 넷째, 흥분한 가운데 자녀에게 매를 들지 말고 자녀들이 보기에 당신이 평온한 마음이 될 때까지 기다리십시오. 그렇지 않으면 아무리 정당한 이유가 있더라도 자녀들에게는 자기 화에 못 이겨 매를 드는 것으로 보일 수 있습니다. 다섯째, 항상 자녀들에게 자애로운 사랑을 보여주고 그들이 쉽게 잘못에서 돌이키는 한 가급적이면 매를 들고 싶어 하지 않는다는 것을 자녀들이 알게 하십시오. 당신이 매를 드는 것은 자녀의 유익을 위한 것임을 그들이 알게 하십시오.

여섯째, 자녀들이 지은 구체적인 죄를 정죄하는 성경 본문들과 부모에게 자녀를 매로 훈계할 것을 말하는 성경 본문들을 자녀들에게 읽어 주십시오. 이를테면, 잠언 12:22을 먼저 읽어 주십시오. "거짓 입술은 여호와께 미움을 받아도 진실하게 행하는 자는 그의 기뻐하심을 받느니라." 잠언 13:5도 있습니다. "의인은 거짓말을 미워하나 악인은 행위가 흉악하여 부끄러운 데에 이르느니라." 다음과 같은 말씀들도 있습니다. "너희는 너희 아비 마귀에게서 났으니 너희 아비의 욕심대로 너희도 행하고자 하느니라. 그는 처음부터 살인한 자요 진리가 그 속에 없으므로 진리에 서지 못하고 거짓을 말할 때마다 제 것으로 말하나니 이는 그가 거짓말쟁이요 거짓의 아비가 되었음이라"(요 8:44). "개들과 점술가들과 음행하는 자들과 살인자들과 우상숭배자들과 및 거짓말을 좋아하며 지어내는 자는 다 성 밖에 있으리라(계 22:15). "매를 아끼는 자는 그의 자식을 미워함이라. 자식을 사랑하는 자는 근실히 징계하느니라"(잠 13:24). "채찍과 꾸지람이 지혜를 주거늘 임의로 행하게 버려 둔 자식은 어미를 욕되게 하느니라"(잠 29:15). "아이의 마음에는 미련한 것이 얽혔으나 징계하는 매가 이를 멀리 쫓아내리라"(잠 22:15). "아이를 훈계하지 아니하려고 하지 말라. 채찍으로 그를 때릴지라도 그가 죽지 아니하리라. 네가 그를 채찍으로 때리면 그의 영혼을 스올에서 구원하리라"(잠 23:13-14). 마지막으로 다음 말씀도 있습니다. "네가 네 아들에게 희망이 있은즉 그를 징계하되 죽일 마음은 두지 말지니라"(잠 19:18). 부모인 당신이 매를 아끼고 벌하지 않아 자녀가 하나님께 불순종하도록 내버려 두는 것은 곧 자녀를 미워하고 자녀의 영혼을 파괴하는 것과 같다고 자녀에게 말해 주십시오. 자녀가 자신이 매 맞는 것이 합당하다는 사실을 납득하고 확신하게 되면 자녀를 훈계하는 일을 통해 좋은 열매를 거둘 수 있습니다.

지침 18: 거룩하고 경건하고 말과 행실에서 나무랄 데 없는 자녀가 되기를 바란다면 부모인 당신 스스로가 모범이 되어 가르쳐야 합니다. 선악 간에 부모가 본이 되는 것만큼 자녀들에게 능력 있는 가르침도 없습니다. 당신이 하나님을 경외하는 삶을 사는 모습을 자녀들이 본다면, 자녀들은 그런 삶을 꼭 필요하고 탁월한 삶으로 받아들일 뿐 아니라 자신도 그런 삶을 살아야 함을 알게 될 것입니다. 부모인 당신이 육신적이고 세속적이고 불경건한 삶을 사는 모습을 보고, 당신 입에서 나오는 욕과 저주와 불평과 음란한 말을 듣는 자녀들은 그런 삶을 보고 배울 수밖에 없습니다. 자녀들에게 바른 말을 사용하지 않으면 이내 그들은 당신이 하는 입바른 말보다 당신의 악한 삶을 더 믿을 것입니다.

지침 19: 자녀의 영혼을 구원하고 국가와 교회에 유익한 사람이 되도록 하는 데 가장 적합한 삶의 방식과 일을 자녀들이 택할 수 있도록 하십시오. 돈을 많이 버는 일이라도 자녀들이 쉽게 미혹될 수 있으니, 그들의 구원에 걸림돌이 되는 일을 택하지 못하도록 하십시오. 돈은 많이 못 벌더라도 영원에 대해 생각할 여유를 가질 수 있고 유익하고 선을 베풀 수 있는 일을 택할 수 있도록 하십시오.

지침 20: 자녀들이 결혼할 나이가 되고 당신이 보기에 결혼이 필요한 것 같으면, 그들을 위한 합당한 배우자를 찾아보십시오. 이 일에 부모들이 손을 놓고 부모로서의 의무를 소홀히 한다면 어떤 식으로든 자녀들 스스로가 결정을 하게 될 것이고, 이런 판단은 대부분 바른 선택이 아닌 정욕에 따른 맹목적인 선택이 되기 쉽습니다.

다음 두 지침을 잘 기억하십시오. 우선, 아직 어린 자녀들을 슬하에 둔 어머니는 선한 것들을 자녀들에게 가르치고 항상 상기시키는 일을 부지런히 해야 합니다. 아버지가 오랫동안 멀리 출타한 집의 자녀들은 아무래도 어머니로부터 필요한 것들을 지도 받고 어머니의 돌봄을 받을 수밖에 없습니다. 이는 세상에서 어머니라는 존재가 하나님을 위해 할 수 있는 가장 큰 섬김입니다. 좋은 목사가 섬기는 복된 교회는 어머니들의 경건한 양육에 감사할 것입니다. 하늘에 있는 수많은 영혼들도 효과적인 첫 번째 방편으로서 어머니들의 거룩한 섬김과 열심에 감사할 것입니다. 자녀를 바로 양육하는 선한 여인들은 이처럼 국가와 교회가 누리는 크나큰 복입니다. (딤전 2:15에 나오는 "해산"을 "하나님을 위해 자녀를 양육하는 것"을 뜻하는 것으로 이해하는 사람들이 있습니다. 하지만 나는 이것이 마리아가 약속된 씨인 그리스도를 낳은 것을 뜻한다고 봅니다.)

둘째, 자녀들이 책을 읽도록 가르치십시오. 책을 읽는 습관이 안 든 자녀들은 자신의 구원과 교훈을 위해 필요한 중요한 도움을 받지 못하게 될지도 모릅니다. 책 읽기를 싫어하는 자녀들은 마치 성경이 벽돌이나 되는 것처럼 거들떠보기도 싫어합니다. 세상에 아무리 많은 훌륭한 책이 있어도 이런 자녀들에게는 그저 인봉된 닫힌 책에 불과해서 무엇이 중요한지 모릅니다. 부모들이 자녀들에게 책 읽기를 가르치지 않아 이런 일이 생기는 것을 볼 때마다 얼마나 가슴이 아픈지 모릅니다.

하나님께서 자녀를 허락하지 않으셨다면 그것 때문에 불평하지 말고 자녀를 돌보는 이 모든 수고를 할 필요가 없도록 하신 하나님께 감사하십시오. 이 길이 자신에게 가장 합당한 길임을 믿으십시오. 하나님께서 자녀로 인한 얼마나 많은 중요한 의무와 고통과 마음의 슬픔에서 건져 주셨는지 항상 생각하십시오. 아무리 부모가 최선을 다해도 좋은 열매로 귀결되는 경우가 얼마나 드문지 잊지 마십시오. 자녀가 있다면 그들 역시 비참한 이 땅의 삶을 지나가야 합니다. 죄인으로 살아가는 이 땅의 삶이 얼마나 비참합니까? 죄를 짓고 정죄 받는 자녀들을 바라보는 것이 부모에게 얼마나 슬프고 두려운 일일지 생각해 볼 일입니다.

10장

부모에 대한 자녀의 의무

성인과 달리 어린 자녀들은 자연적 능력이 완전히 발달하지 않았고 그들이 가진 유치한 애착과 재미가 막 자리 잡기 시작한 이성을 항상 억누르는 것이 사실이지만, 그럼에도 자녀들에게 말해 주고 가르쳐야 할 것들이 있습니다. 이를 통해 자녀들의 이성이 훈련 받고 이성적인 능력이 자라나기 때문입니다. 어린 시절을 지나 소년이 되고 청년이 되었더라도 부모 밑에 있는 동안에 어떻게 부모를 대해야 하는지를 알고 행해야 할 의무가 있습니다. 하나님은 자신의 의무를 성실히 준행하는 자녀들에게 복을 주십니다.

지침 1: 진심으로 부모를 사랑하도록 하십시오. 부모와 함께 있는 것을 즐거워하십시오. 부모와 함께 시간을 보내는 것보다 친구들과 어슬렁거리고 어울리는 것을 더 좋아해서는 안 됩니다. 부모를 통해서 당신이 있게 된 것을 잊지 마십시오. 당신의 뼈와

살은 모두 부모로부터 물려받은 것입니다. 그동안 자라면서 얼마나 많은 근심과 슬픔을 부모에게 주었는지 생각해 보십시오. 당신을 먹이고 입히고 가르치기 위해 부모가 얼마나 애를 썼는지 생각해 보십시오. 부모가 보여준 자애로운 사랑을 기억하십시오. 당신이 어긋나갈 때 부모의 마음이 얼마나 슬펐을지 생각해 보십시오. 당신이 행복하고 즐거워할 때 부모의 마음이 얼마나 기뻤을지 생각해 보십시오. 당신이 받은 사랑을 생각해 보십시오. 그들이 당신을 위해 얼마나 헌신하는지 보십시오. 자연적으로나 도의적으로 자녀들은 부모에게 엄청난 사랑의 빚을 지고 있습니다. 부모들은 자녀의 행복과 비참함을 주저 없이 삶의 일부로 받아들입니다. 그러므로 자녀들은 자신의 행복을 잃어버릴 만한 일을 해서 부모들이 자식으로 인해 누릴 행복을 누리지 못하게 해서는 안 됩니다. 스스로를 비참한 지경에 이르도록 방치함으로 부모들의 삶까지 비참하게 하지 마십시오. 부모가 자신을 나무라고 채근하고 무엇을 못하도록 금한다고 해서 부모를 향한 사랑이 변해서는 안 됩니다. 자식이 부모를 사랑하는 것은 하나님이 자식들에게 요구하시는 의무입니다. 또한 부모를 사랑하는 것이 자식 된 본인에게 유익입니다. 부모가 자신에게 매를 들고 자기가 하고 싶은 대로 하지 못하게 한다고 해서 부모를 사랑하지 않는 것은 악한 자식들이 하는 일입니다. 부모의 허물이 아무리 많아도 여전히 자신의 부모로 그들을 사랑해야 합니다.

지침 2: 생각과 말과 행실로 부모를 공경하십시오. 속으로 부모를 경멸하거나 우습게 보아서는 안 됩니다. 부모에게 함부로 말하거나 부모에 대해 무익한 농담을 하지 마십시오. 아무리 부모가 믿지 않고 불경건하고 가난하고 지적으로 약하다고 해도 그들을 무시해서는 안 됩니다. 자녀인 당신이 부모를 공경해야 하는 것은 특별한 이유가 있어서가 아닙니다. 그들이 당신의 부모이기 때문에 공경해야 하는 것입니다. 십계명 가운데 제5계명은 특별히 이 땅에서의 복을 약속하고 있습니다. "네 부모를 공경하라. 그리하면 네 하나님 여호와가 네게 준 땅에서 네 생명이 길리라. 네 아버지와 어머니를 공경하라. 이것은 약속이 있는 첫 계명이니"(출 20:12, 엡 6:2). 다시 말해, 부모를 공경하지 않는 자들은 이 땅에서부터 특별한 저주 아래 있을 것입니다. 하나님의 정의에 비춰 볼 때 다음과 같이 생각하는 것이 타당합니다. 부모를 멸시하고 공경하지 않는 사람이 세상에서 흥하는 경우는 거의 없습니다. 하나님께서 이 땅에서부터 보응하시는 다섯 종류의 죄인이 있습니다. 첫째, 거짓말과 위증을 일삼는 자입니다. 둘째, 살인자입니다. 셋째, 핍박자입니다. 넷째, 하나님을 모독하는 자입니다. 그리고 다섯째, 부모를 공경하지 않는 자입니다. 함에게 임한 저주를 보십시오(창 9:22, 25). 불경건한 자녀들이 마치 부모가 친구라도 되는 것처럼 무례하게 말하고 조롱하고 따지고 반대하고 다투는 모습을 보고 듣는 것은 끔찍하고 두려운 일입니다. 이들이 자라면 나중에 부모들을 학대하고 모욕하기까지 합니다. "아비를 조롱하며 어미 순종하기를 싫어하는 자의 눈은 골짜기의 까마귀에게 쪼이고 독수리 새끼에게 먹히리라"(잠 30:17).

지침 3: 하나님이 금하시는 일이 아닌 한 부모가 하는 모든 말에 순종하십시오. 본성적으로 인간은 스스로 자신을 다스릴 수 없는 상태로 태어납니다. 그래서 사랑이 많으신 하나님은 자녀들에게 그들을 다스릴 부모를 주십니다. 여기서는 먼저 부모에 대한 자식의 순종이 무엇이고 왜 부모에게 순종해야 하는지를 보겠습니다. 첫째, 부모에게 순종한다는 의미는 부모가 시키는 것을 그대로 하는 것이고, 부모가 금하는 일을 하지 않는 것입니다. 그렇게 하는 것이 부모의 뜻이기 때문입니다. 자녀는 부모를 기쁘시게 하고자 하는 마음이 있어야 합니다. 부모를 기쁘시게 하는 것이 기쁘고 부모를 슬프게 했을 때는 근심하고 슬퍼해야 합니다. 부모의 뜻을 거스르지 말고 부모가 시키는 일은 무엇이나 그것이 하나님이 금하시는 일이 아닌 한 마지못해 하거나 불평하거나 따지지 않고 즉시 순종해야 합니다. 자신의 생각이 더 타당하고 나아 보여도 부모가 다른 것을 바라면 그 길을 따라가야 합니다. 그렇지 않고서 어떻게 순종이 가능하겠습니까? 둘째, 자녀가 부모에게 순종해야 하는 이유입니다. 1. 자녀가 부모에게 순종하는 것이 하나님의 뜻입니다. 하나님이 자녀를 다스릴 부모를 주시는 것이 바로 이 때문입니다. 그러므로 부모를 순종하지 않는 것은 곧 하나님을 거역하는 일입니다. "자녀들아, 주 안에서 너희 부모에게 순종하라. 이것이 옳으니라. 네 아버지와 어머니를 공경하라. 이것은 약속이 있는 첫 계명이니 이로써 네가 잘되고 땅에서 장수하리라"(엡 6:1-3). "자녀들아, 모든 일에 부모에게 순종하라. 이는 주 안에서 기쁘게 하는 것이니라"(골 3:20). "너를 낳은 아비에게 청종하고 네 늙은 어미를 경히 여기지 말지니라"(잠 23:22). "지혜로운 아들은 아비의 훈계를 들으나 거만한 자는 꾸지람을 즐겨 듣지 아니하느니라"(잠 13:1). "내 아들아, 네 아비의 훈계를 들으며 네 어미의 법을 떠나지 말라. 이는 네 머리의 아름다운 관이요 네 목의 금사슬이니라"(잠 1:8-9).

2. 부모의 다스림을 받는 것이 자녀에게 유익입니다. 부모는 사랑으로 자녀를 다스리기 때문입니다. 당신이 자신의 몸을 스스로 돌볼 능력이 없을 때 부모나 다른 사람의 돌봄이 없었다면 당신의 존재 자체가 불가능했을 것입니다. 마찬가지로 그들의 돌봄과 가르침이 없었다면 무지한 당신은 지적으로 짐승과 다를 바 없었을 것입니다. 본성적으로 병아리는 어미 닭의 꽁무니를 따릅니다. 이처럼 만물이 어릴 때는 어미의 지도를 받고 보호를 받습니다. 그렇지 않으면 새끼들이 모두 어떻게 되겠습니까? 3. 부모는 자식들에 대해 하나님 앞에 책임이 있습니다. 자식이 멋대로 하도록 방치한 부모는 자식뿐 아니라 하나님 앞에서 자신을 망치는 사람입니다. 엘리 제사장의 예를 보십시오. 그러므로 하나님께서 성경과 자연을 통해 우리 위에 두신 부모를 거역하지 마십시오. 제5계명은 주인이나 왕이나 목사와 같이 위에 있는 권세들

에게 복종하라는 명령도 담고 있지만, 특히 어머니와 아버지께 복종하라고 명시하고 있습니다. 이는 다른 누구보다 부모가 자녀의 가장 중요한 치리자요 지도자이기 때문에 그렇습니다.

아직 성숙하지 않은 어린 자녀들은 부모의 말을 따라야 하겠지만, 이제 다 자라서 앞가림을 할 수 있을 만큼 지혜로운 자녀들은 더 이상 그럴 필요가 없지 않느냐고 말할 사람도 있을 것입니다. 하지만 하나님의 생각은 다릅니다. 그렇지 않다면 하나님께서 당신 위에 치리자를 세우지 않으셨을 것입니다. 당신이 아무리 지혜로운들 그렇게 이치를 정하신 하나님보다 더 지혜롭습니까? 세상에 스스로를 다스릴 만큼 지혜로운 사람은 거의 없습니다. 그렇지 않다면 하나님께서 왕이나 주인이나 목사나 선생과 같은 사람들을 그들 위에 세우셨을 리가 없습니다. 사람의 젊은 때가 얼마나 미숙하고 성급한지를 잘 아시는 하나님은, 당신 스스로 모든 것을 감당하도록 내버려 두시지 않고 인도자를 주실 만큼 당신을 사랑합니다.

질문: 언제까지 자녀들은 부모의 지도를 받아야 합니까?

대답: 부모의 지도는 필요와 목적에 따라 몇 가지로 구분됩니다. 자녀가 걷고 말하는 것을 위한 것이 있고, 세상에서 자녀의 소명과 직업을 위한 것이 있고, 하나님을 경외하고 바른 삶을 살도록 혹은 성경을 바로 알도록 하기 위한 것이 있고, 더 이상 부모의 직

접적인 지도를 받지 않고 독립해서 살아가도록 하기 위한 가르침이 있습니다. 무엇이든 이런 목적이 이루어진 경우는 적어도 그 부분에서는 부모의 지도를 받을 때가 지났다는 것을 의미합니다. 그럼에도 자녀는 부모를 사랑하고 공경해야 할 뿐 아니라 자식의 유익과 행복을 위해 부모가 하는 말을 들어야 합니다. 자녀가 결혼해서 출가한 경우, 생활에 대한 우선적인 책임이 자녀에게 있고 부모가 이전처럼 깊이 관여하지 않아야 하는 것이 사실입니다. 그럼에도 부모는 하나님이나 부모와 관련한 의무에 대해서 자식에게 명령할 수 있고, 자식은 여전히 부모에게 순종해야 합니다.

지침 4: 부모가 제공하고 다루는 것에 만족하십시오. 불만과 불평을 하지 않을 뿐 아니라 무엇이든 그들의 뜻에 반하는 일을 하지 마십시오. 잘 살지 못하는 것 때문에, 마음대로 놀지 못하는 것 때문에, 남들처럼 좋은 옷을 입지 못한 것 때문에, 용돈이 적다는 이유로 투덜대고 불만을 품는 것은 육신적인 반역자들에게나 어울리는 일이지, 순종하는 자녀들이 할 일은 아닙니다. 지금 원수들이 당신을 키우고 있는 것이 아니지 않습니까? 당신의 정욕이나 쾌락이 부모의 신중함보다 더 따를 만한 가치가 있는 것입니까? 가진 것으로 감사하십시오. 그것도 당신에게는 과분합니다. 당신이 누리는 모든 것이 값없이 받은 선물임에 감사하십시오. 불평과 불만은 당신의 교만과 육신적인 정욕에서 나온 것이지, 덕이나 지혜에서 비롯된 것이 아닙니다. 교만과 육신적인 생각을 꺾으십시오. 그러면 마음대로 하지 못하는 것 때문에 안달하지 않을 것입니다. 당신의 부모가 당신을 먹이고 입히고 돌보는 일에 형편없이 무자비했다면 어땠을까요? 이런 일로 불평하고 투덜대는 데는 다른 이유가 없습니다. 이기적이고 육신적인 생각에 사로잡혀 있기 때문입니다. 잘 먹고 잘 살아서 귀한 줄 모르는 것이 넉넉하지 못한 형편에서 먹고 자라는 것보다 백배는 더 영혼과 육신에 해롭습니다. 전자의 사람은 거만하고 탐식하고 방종하고 무절제해서, 건강은 물론 일생을 망치기가 쉽습니다. 반면에 후자의 사람은 겸손하고 정욕을 죽일 뿐 아니라 전자의 사람보다 자신을 부인하는 삶이 무엇인지 잘 알고 건강한 몸을 유지하기가 수월합니다.

지침 5: 무슨 일이든 부모가 시키는 일에 겸손하게 순종하십시오. 자신의 영혼을 사랑하듯 부모의 말을 귀담아들어 교만한 마음이 "나를 어떻게 보길래 이런 일을 다 하라고 할까"라고 불평하지 않도록 하십시오. 게으른 육신과 마음이 "이렇게 힘든 일을 나더러 어떻게 하라고!" 하며 투덜대지 못하도록 하십시오. 책 읽기와 수고하는 것을 싫어하는 미련하고 진지하지 못한 마음이 "이 일은 정말 재미없어"라고 말하지 못하도록 하십시오. 근면하고 힘써 수고하는 것 때문에 손해를 보거나 해를 당할 일은 없습니다. 젊은 시절에 몸에 밴 게으르고 나태하고 육신적인 습관만큼 위험한 것은 없습니다.

지침 6: 부모와 선생들의 지도를 받는 것을 기뻐하고 감사하십시오. 특히 하나님을 경외하는 것과 구원에 관해 지도를 받을 때는 더욱 감사하십시오. 이런 가르침을 받는 것은 사람이 태어나서 살아가는 목적일 뿐 아니라, 자녀에게 가르치는 것은 부모에게 주어진 최우선적인 의무입니다. 하나님을 아는 지식과 거룩이 없는 재물과 세상의 명예는 헛것입니다. 당신이 기뻐하는 것 때문에 오히려 당신이 망할 것입니다(토머스 화이트Thomas White의 「어린아이를 위한 작은 책*A Little Book for Little Children*」과 막 9:36; 10:14, 16을 보십시오.)[1] 기꺼이 하나님의 말씀을 배우려 하고 그 말씀을 사랑하고 그것을 마음에 새기며 나누고 순종하면서 영생을 준비하는 자녀들이 부모에게 주는 기쁨과 위로는 말로 표현할 수 없습니다! 그런 자녀라면 부모보다 먼저 죽는다고 해도 부모는 기쁨으로 그를 "천국이 이런 사람의 것이니라"고 하신 그리스도의 품으로 떠나보낼 수 있을 것입니다(마 19:14). 그런 자녀를 남겨 두고 세상을 떠나는 부모의 마음은 또 얼마나 안심이 되겠습니까? 그들 안에 있는 거룩한 씨앗이 자라 하나님을 섬기는 이 땅의 삶이 다하면 함께 영원히 천국에서 살 것을 알기 때문입니다! 하지만 누가 먼저 죽든지 하나님의 말씀과 하나님의 길을 사랑하지 않고 가르침을 받기를 싫어하고 계속해서 음란하고 육신적인 삶을 사는 자녀를 둔 부모의 마음은 미어집니다.

지침 7: 부모의 매를 달게 받고 인내로 순종하십시오. 자녀의 영혼을 지옥에서 구원하기 위해 매를 아끼지 말라고 하나님이 명령하셨고, 그렇게 하지 않는 부모는 자식을 미워하는 자라고 하셨습니다. 부모가 자녀들이 운다고 마음이 약해져서 매를 아끼면 안 됩니다(잠 13:24, 22:15, 29:15, 23:13-14, 19:18). 재미로 자녀에게 매를 드는 부모는 없습니다. 자녀에게 필요하기 때문에 매를 듭니다. 잘못인 줄 알면 그 길을 따라가지 마십시오. 돌이키면 징계를 받지 않아도 됩니다. 매를 맞고 우는 모습보다 순종하는 모습을 부모에게 보여주십시오! 매를 맞는 자녀들은 부모를 탓하지 말고 불순종한 자신을 탓해야 합니다. 부모에게 화를 낼 게 아니라, 불순종한 자신에게 화를 내야 합니다. 징계를 받고도 더 나아지지 않고 사랑으로 자신을 징계한 부모를 원망하고 미워하는 것은 악한 자녀가 하는 행동입니다. 부모가 매를 드는 것은 하나님이 정하신 방편입니다. 그러므로 무릎을 꿇고 하나님께 나아가 부모가 드는 매에 복 주셔서 매를 맞는 당신에게 유익이 되게 해 달라고 기도하십시오.

지침 8: 스스로 친구를 결정해 사귀지 말고 부모가 인정하는 친구를 사귀십시오. 나쁜 친구는 자녀를 망치는 첫 번째 요인입니다. 운동을 좋아한다고 사람의 신앙과 덕성은 보지 않고 운동은 잘하지만 게으르고 음란하고 불순종하는 친구를 찾으면, 금방 지저분한 말과 욕을 배우고 책이나 자녀의 의무에서 멀어질 것입니다. 이것은 마귀가 마련한 지옥으로 가는 지름길입니다. 부모만큼 자녀에게 이로운 친구를 잘 분별하는 이도 없습니다.

지침 9: 부모의 선택이나 동의 없이 스스로 자신의 직업이나 소명을 정하지 마십시오. 자녀에게도 가장 하고 싶은 일이 있을 것입니다. 하지만 선택은 부모가 해야 합니다. 물론 자녀가 자신이 하고 싶은 일을 부모에게 말할 수 있습니다. 하지만 거기까지입니다. 물론 부모가 합당하지 않고 불법인 일을 하도록 요구한다면 복종하는 겸손한 태도로 정중히 거절할 수 있습니다. 불법은 아니지만 자신에게 맞지 않은 일이라고 한다면, 나중에 더 이상 부모의 밑에서 부모의 지도를 받지 않아도 될 때 자기에게 더 맞고 합당한 일로 바꿀 수 있습니다.

지침 10: 부모의 동의 없는 결혼은 결코 해서는 안 됩니다. 부모의 허락이 있기 전에 결혼하고 싶은 마음이 드는 사람이 있다면 먼저 그 사람에 대해 부모가 결정을 내리도록 하십시오. 부모는 자식보다 인생 경험이 많아서 사람을 바로 보고 판단하는 반면, 미숙한 젊은이들은 감정과 환상만으로 사람을 택합니다. 부모가 자녀의 삶을 비참하고 죄악되게 할 수 밖에 없는 불경건한 사람과 결혼하도록 요구한다면, 자녀는 정중하게 그것을 거절할 수 있습니다. 하지만 부모가 바른 판단력으로 좋은 결정을 할 때까지 합당한 방편을 통해 정숙하고 순결한 삶을 유지해야 합니다. 결혼할 필요가 있는데 부모가 잘못된 신앙을 가진 사람이나 당신과 전혀 맞지 않는 사람과의 결혼을 요구하는 경우, 부모는 자녀를 파멸이 아닌 거룩으로 이끌라고 받은 부모로서의 권위를 상실합니다. 이런 경우 자녀는 더 지혜롭고 신실한 친구와 상의할 수 있습니다. 자신의 감정대로 부모의 뜻을 거역하면서 꼭 필요한 일이기 때문에 도저히 자신의 마음을 바꿀 수 없다고 생각하는 자녀는, 하나님께 성결하게 드려지고 자신에게 복이 되어야 할 결혼생활을 죄와 더불어 시작하는 것입니다.

지침 11: 부모가 궁핍할 때 자녀는 능력껏 부모의 필요를 채우고 부양해야 합니다. 자식이 아무리 부모에게 잘해도 부모로부터 받은 것을 모두 갚지 못합니다. 자신은 풍족하게 쓰고 살면서 부모에게는 마치 종을 대하듯 용돈이나 조금 주면서 궁핍하게 내버려두는 것은 아주 무자비한 일입니다. 자식은 부모를 상전처럼 받들고 부양해야 합니다. 부모가 잘 지내는지 자신을 살피듯 살펴보십시오. 부모의 도움 없이 부자가 되었다고 해도 자식 된 당신의 존재 자체를 그들을 통해 받았습니다.

지침 12: 부모가 살아 있든 죽었든 그들의 모든 좋은 점을 본받으십시오. 부모가 하나님과 그분의 말씀을 사랑하고 하나님을 경외하는 자들을 사랑했다면 그들의 모습에 도전을 받고 본받으십시오. 경건한 부모 밑에 있는 악한 자녀는 이 세상에서 가장 비참하고 끔찍한 사람입니다. 그런 사람은 거의 지옥 문턱에 다다라 있다고 봐야 할 것입니다! 그들 스스로 경건에 탁월할 뿐 아니라 날마다 자녀에게 구원을 가르치고 그들과 더불어 기도하고 그들을 경고하고 권면하고 훈계하기를 쉬지 않은 부모 밑에서 자랐으면서도, 탐욕에 빠지거나 술주정뱅이가 되거나 호색가가 되거나 하나님 종들의 원수로 행하고 자신의 경건한 부모를 우습게 아는 악한 자식을 어떻게 바라봐야 할지 모르겠습니다. 물론 그들에게 소망이 전혀 없는 것은 아니지만, 절망적이라고 할 만큼 극히 미미합니다. 경건한 부모라고 하는 가장 탁월한 은혜의 방편 아래서도 여전히 완고하고 빛 가운데서 오히려 눈이 멀고 하나님의 길이 무엇인지 잘 알았지만 오히려 그 길을 대적하는 사람을 위해 무슨 선한 방편이 더 남아 있을까요? 끔찍하고 견디기 힘든 심판만 기다릴 뿐입니다. 경건한 부모가 자신을 위해 드린 모든 눈물의 기도와 교훈과 좋은 모범이 그날에는 하나같이 그의 유죄를 증거할 것입니다! 하나님 앞에서 얼마나 그들이 당혹스럽겠습니까! 자신들이 드린 모든 기도와 감내한 모든 고통이 오히려 자기 무자비한 자녀들의 유죄를 증거하고 그들을 지옥의 더 깊은 곳으로 끌어내리는 모습을 보는 부모들의 마음이 얼마나 서글프겠습니까!

하지만 실제로 이런 예들이 우리 주변에 아주 많습니다! 경건하고 거룩한 모범으로 행하는 부모를 둔 자녀들에게서 드러나는 악독함과 사악함 때문에 하나님의 교회가 얼마나 큰 고통을 당하는지 모릅니다! 하지만 무지하고 미신적이고 우상숭배를 일삼고 교황을 믿고 세속적인 삶을 사는 부모를 둔 자녀들은 그런 부모를 따라가기 마련입니다. 그들은 이렇게 말합니다. "우리 조상 역시 그랬지만, 어쨌든 우리 부모만큼은 구원받기를 바란다. 우리는 그런 부모의 모습을 거부하지 못하고 따라간 것뿐이다." 바로 이런 사람들이 예레미야 때에 이렇게 말했습니다. "네가 여호와의 이름으로 우리에게 하는 말을 우리가 듣지 아니하고 우리 입에서 낸 모든 말을 반드시 실행하여 우리의 본래 하던 것 곧 우리와 우리 선조와 우리 왕들과 우리 고관들이 유다 성읍들과 예루살렘 거리에서 하던 대로 하늘 여왕에게 분향하고 그 앞에 전제를 드리리라. 그때에는 우리가 먹을 것이 풍부하며 복을 받고 재난을 당하지 아니하였더니 우리가 하늘의 여왕에게 분향하고 그 앞에 전제 드리던 것을 폐한 후부터는 모든 것이 궁핍하고 칼과 기근에 멸망을 당하였느니라"(렘 44:16-18). 또 이렇게 말합니다. "그 마음의 완악함을 따라 그 조상들이 자기에게 가르친 바알들을 따랐음이라"(렘 9:14). 성경은 이런 사람들에 대해 이렇게 말합니다. "그들이 서로 꿈 꾼 것을 말하니 그 생각인즉 그들의 조상들이 바알로 말미암아 내 이름을 잊어버린 것 같이 내 백성으로 내 이름을 잊게 하려 함이로다"(렘 23:27). "그들과 그 조상들이 내게 범죄하여 오늘날까지 이르렀나니"(겔 2:3). "너희가 나에게 순종하지 아니하며 귀를 기울이지 아니하고 목을 굳게 하여 너희 조상들보다 악을 더 행하였느니라"(렘 7:26).

    과실과 죄 때문에 그리스도가 그들을 위해 피를 흘리고 죽어서 그들을 "조상이 물려준 헛된 행실에서" 구속하셨다는 사실을 기억하는 대신, 이들은 자기 조상의 허물과 죄를 그대로 본받을 수 있습니다(벧전 1:18). 하지만 이런 사람들은 다니엘이 했던 것처럼 "주여, 수치가 우리에게 돌아오고 우리의 왕들과 우리의 고관과 조상들에게 돌아온 것은 우리가 주께 범죄하였음이니이다"라고 고백해야 합니다(단 9:8). 또한 시편기자와 더불어 "우리가 우리의 조상들처럼 범죄하여 사악을 행하며 악을 지었나이다"라고 고백해야 합니다(시 106:6). 하나님은 말씀하십니다. "너희 조상들이 나를 버리고 다른 신들을 따라서 그들을 섬기며……너희가 너희 조상들보다 더욱 악을 행하였도다. 보라,……내가 너희를 이 땅에서 쫓아내어 너희와 너희 조상들이 알지 못하던 땅에 이르게 할 것이라"(렘 16:11-13). "너희가 유다 땅과 예루살렘 거리에서 행한 너희 조상들의 악행과 유다 왕들의 악행과 왕비들의 악행과 너희의 악행과 너희 아내들의 악행을 잊었느냐. 그들이 오늘까지 겸손하지 아니하며 두려워하지도 아니하고 내가 너희와 너희 조상들 앞에 세운 나의 율법과 나의 법규를 지켜 행하지 아니하느니라"(렘 44:9-10). "너희 조상들을 본받지 말라. 옛적 선지자들이 그들에게 외쳐 이르되 만군의 여호와께서 이같이 말씀하시기를 너희가 악한 길, 악한 행위를 떠나서 돌아오라 하셨다 하나 그들이 듣지 아니하고 내게 귀를 기울이지 아니하였느니라"(슥 1:4). "너희 조상들의 날로부터 너희가 나의 규례를 떠나 지키지 아니하였도다. 그런즉 내게로 돌아오라. 그리하면 나도 너희에게로 돌아가리라"(말 3:7). "너희 조상들의 율례를 따르지 말며 그 규례를 지키지 말며 그 우상들로 말미암아 스스로 더럽히지 말라"(겔 20:18). 조상들의 허물과 죄를 좇아가지 말고 그리스도를 본받은 그들의 모습을 본받으십시오. "내가 그리스도를 본받는 자가 된 것 같이 너희는 나를 본받는 자가 되라"(고전 11:1).

11장
하나님을 향한 자녀의 의무

부모에 대한 자녀의 의무를 먼저 다루기는 했지만, 그렇다고 부모에 대한 의무가 하나님에 대한 의무보다 우선한다는 말은 아닙니다. 자녀가 가장 먼저 배우는 의무가 바로 부모에 대한 의무이기 때문에 순서상 먼저 다룬 것일 뿐입니다. 하나님에 대한 의무는 자녀가 갖는 가장 중요하고 첫째 되는 의무입니다. 그러니 다음 지침을 잘 배우십시오.

지침 1: 세례를 받을 때 당신의 구속자요 창조주요 거듭나게 하신 자인 성부 하나님과 성자 하나님과 성령 하나님과 맺은 언약과 그에 따른 서약이 의미하는 바가 무엇인지 잘 배우십시오. 이 언약을 잘 배우고 알아서 이 언약을 하나님 앞에서 새롭게 하고, 당신의 창조자요 구속주요 거룩하게 하시는 이요 다스리시는 자요 당신의 행복이 되시는 하나님께 당신을 드리십시오. 세례는 요식 행위가 아니라 하나님과의 언약으로 들어가는 엄중한 의식입니다. 이를 통해 당신은 하나님의 큰 긍휼을 얻고 평생에 힘쓸 하나님을 향한 엄중한 의무 안으로 들어가고 또 그분께 그렇게 하겠다고 맹세하는 것입니다. 자녀인 당신에 대해 약속하는 것은 부모이지만, 실제로 이를 행할 당사자는 바로 당신입니다. 무슨 권세로 부모가 자식인 당신의 동의도 없이 약속을 하는지 묻는다면, 본성적으로 성경 안에서 하나님이 부모에게 주신 권세로 당신을 만왕의 왕께 복종하도록 드리고 당신의 이름을 언약에 올리는 것입니다. 이는 자녀인 당신의 유익을 위함입니다. 그렇게 함으로 당신이 언약의 복에 참여하게 되기 때문입니다. 하지만 정작 스스로 이 언약을 자기 것으로 받아들일 나이가 되어서 그것을 탐탁지 않게 여기고 이 언약에 동의하기를 거부하면, 당신은 언약을 통해 약속된 모든 은택과 상관없게 됩니다. 부모가 괜한 일을 했다고 생각하며 하나님 나라를 거부하는 사람과 이 언약은 상관이 없습니다. 부모를 통해 이 위대한 복에 참여하게 되었음에 오히려 하나님께 감사하고, 이제 자기 스스로 이 언약을 공개적으로 갱신해서 평생에 언약을 통해 주어진 의무를 행하고 위로를 누리는 편이 더 지혜롭습니다.

지침 2: 언약을 통해 자신이 영생의 길에 들어선 것을 기억하십시오. 그러므로 위의 것에 마음을 두고 천국에서 그리스도와 영원히 살 것을 중심에 새기고 평생 그것을 기대하며 살아가십시오. 자신을 진정으로 행복하게 하는 것이 무엇인지 일찍부터 하나님께 배우고, 생명이 시작된 순간부터 언약 안에서 바른 목적을 갖고 천국을 향한 발걸음을 떼는 사람은 얼마나 복된지요! 이 땅의 삶을 시작한 순간부터 당신은 이 귀한 삶의 목적을 향해 발걸음을 내딛고 있다는 사실을 기억하십시오! 촛불을 켜자마자 초가 녹아내리고 모래시계를 뒤집어 놓자마자 쉴 새 없이 모래가 흘러내리는 것처럼, 이 땅에서 당신의 생명이 시작되자마자 당신의 삶은 죽음이라고 하는 마지막 때를 향해 달려갑니다. 달음박질하는 사람이 경주를 시작하자마자 종점을 향해 달려가는 것처럼, 당신이 태어날 때부터 당신의 삶도 마지막을 향해 달음박질합니다. 당신이 영원히 살아갈 삶은 이 땅에서의 고통스럽고 비참한 삶과 다릅니다. 영원히 살아갈 삶에 비하면 이 땅의 삶은 시시하기 그지없습니다. 그러므로 하나님이 당신을 이 땅에 태어나게 하셔서 준비하게 하신 바로 그 삶을 위한 준비를 시작하십시오. 이 목적을 향해 기꺼이 마음을 정하고 경주를 시작한 사람들은 얼마나 복된지요! 세상의 어리석은 것들에 마음을 빼앗기고 시간을 허비하기 전에 어린 시절부터 자기 인생의 한순간 한순간이 얼마나 소중한지 아는 것이야말로 복되고 참된 지혜입니다. 다른 사람들은 뒤로 미끄러지고 서글픈 회개와 마지막 날의 끔찍한 심판에 합당한 일들을 하느라 여념이 없을 때, 이런 지혜를 따라 사는 사람은 진정한 지혜와 하나님을 기쁘게 아는 지식에 계속해서 자라갑니다. "너는 청년의 때에 너의 창조주를 기억하라.

곧 곤고한 날이 이르기 전에, 나는 아무 낙이 없다고 할 해들이 가깝기 전에……그리하라"(전 12:1).

지침 3: 부패한 본성을 가진 당신을 치료할 의사는 오직 그리스도뿐임을 기억하십시오. 세상이 주는 명예와 즐거움보다 하나님과 천국을 더 사랑하는 새로운 마음과 본성을 주시고 거룩하게 하시는 그리스도의 성령이 당신 안에 거하셔야 합니다. 그러므로 당신이 새롭게 거듭나고 성령께서 당신을 거룩하게 하시고 하나님과 당신의 소중한 구속자를 사랑하는 마음으로 당신을 일깨우실 때까지 쉬지 마십시오(고후 5:17, 롬 8:9, 13, 요 3:3, 5-6). 옛 본성은 이 세상에 속한 것들과 육신적 쾌락을 사랑하지만, 새로운 본성은 자신을 만드시고 구속하시고 새롭게 하신 하나님과 오는 세상의 희락과 그 세상을 향해 나아가는 거룩한 삶을 사랑합니다.

지침 4: 육신적 쾌락을 사랑하고 탐식과 술취함과 방탕에 열중하지 않도록 주의하십시오. 먹고 노는 것을 탐해서는 안 됩니다. 음식과 잠과 여가를 적당히 조절하십시오. 카드와 도박과 난잡하고 허탄한 놀이를 삼가십시오. 돈을 걸고 내기를 하지 마십시오. 이기려는 탐욕이 생겨 내기에 집착하고 거짓말을 하고 다투고 다른 사람들과 멀어지게 됩니다. 건강에 도움이 안 되는 음식과 놀이를 피하십시오. 탐식하는 아이들은 이웃의 과수원에 함부로 들락

거리며 아무 과일이나 함부로 따먹습니다. 이로 인해 몸과 영혼 모두를 망칩니다. 놀기만 좋아하는 아이들은 나쁜 친구와 어울리기 쉽고 시간을 허비하고 책을 멀리하고 자신과 부모에 대한 책무를 다하지 않고 선한 일을 불편하게 느낍니다. 먹고 자고 노는 것 역시 건강을 위해서 필요한 것이지, 무익하고 해롭게 하는 쾌락을 위한 것이 아닙니다(고전 10:31).

지침 5: 자신의 뜻과 바람을 하나님의 뜻과 하나님이 주신 권세에게 복종시키고 하나님과 부모가 금하는 일이나 물건에 미련을 두지 마십시오. 자기가 바라고 좋다고 생각하는 것은 무엇이나 가지려고 애를 쓰면 안 됩니다. 떼를 쓰고 불평을 늘어놓는 육신적이고 제멋대로인 아이가 되지 마십시오. "저것은 내가 꼭 가질 거야" 하지 말고 하나님과 부모가 주시는 것으로 만족하십시오. 원하는 것은 무엇이나 가지려고 하고 마음이 바라는 대로 이루어지기를 바라는 것은 아주 위험하고 비참한 결과를 초래합니다.

지침 6: 어리석은 말이나 음란한 말이나 욕이나 거짓말과 같이 죄악된 말은 아예 입에 담지 마십시오. 사람들은 사소한 것으로 생각할지 몰라도 하나님은 그렇지 않습니다. 당신을 지으신 하나님께 죄를 짓는 것은 가볍게 생각할 문제가 아닙니다. 미련한 자는 죄를 가지고 장난을 칩니다(잠 14:9, 10:23, 26:19). 한 번의 거짓말이나 욕 한마디나 음란한 단어 하나, 농담 한마디는 당신이 몸으로 느끼는 모든 고통보다 더 나쁜 일입니다.

지침 7: 이런 죄에 빠지게 하는 친구를 멀리하고 하나님을 경외하는 데 도움이 되는 친구를 사귀십시오. 그렇게 한다고 누가 당신을 욕하거나 놀리면 그저 바람에 흔들리는 나뭇잎 소리나 개 짖는 소리처럼 무시하십시오. 자신의 영혼이 구원받기를 바라고 그것을 중히 여긴다면 음란하고 악한 사람들을 친구로 사귀지 마십시오. 그들과 가까이하지 않는다고 당신에게 욕을 하거나 거짓말을 하거나 불경한 말을 하면, 하나님께서 그것을 금하신다고 분명히 말하십시오(시 119:63, 잠 13:20; 18:7, 고전 5:12, 엡 5:11).

지침 8: 교만과 탐심이 생기지 않도록 하십시오. 대단해 보이려고 하지 말고 모든 것을 다 가지려고 하지 말고 겸손하고 온유하게 다른 사람들을 사랑하고 그들의 즐거움을 자신의 즐거움으로 삼으십시오.

지침 9: 하나님의 말씀을 사랑하고 당신을 지혜롭게 하고 더 나은 사람이 되게 하는 좋은 책을 가까이 하십시오. 애정소설이나 허탄한 이야기를 담고 있는 책은 보지 마십시오. 태만한 아이들이 미련하고 어리석은 짓을 일삼는 것에 아랑곳하지 말고 구원의 신비에 관해서 읽고 배우기를 즐거워하십시오.

지침 10: 주일을 기억하여 거룩하게 지키십시오. 주일을 게으르게 보내거나 오락을 즐기지 마십시오. 그리스도의 종인 목사들을 존경하고 그들의 가르침에 귀를 기울이십시오. 하나님이 그들을 통해 주시는 구원을 위한 메시지임을 기억하십시오. 주일에 교회에서 들은 가르침 가운데 이해가 되지 않거나 기억이 나지 않는 것이 있으면 집에 오자마자 부모에게 물어서 알도록 하십시오. 주일에 행하는 모든 거룩한 일을 사랑하고 음식이나 노는 것보다 그것들을 더 즐거워하십시오.

지침 11: 설교에서 듣고 성경에서 읽은 모든 것을 실천하도록 하십시오. 그렇게 할 때 자신이 거룩하게 되고 하나님을 더 사랑하고 순종하게 된다는 것을 명심하십시오. 알면서도 죄를 짓지 않도록 하십시오. 경고를 들어 놓고도 죄를 짓는 일이 없도록 하십시오.

지침 12: 성인이 되면 부모의 지도를 받아 천국을 향해 가는 데 가장 큰 도움이 되고 방해가 되지 않을 일을 택하십시오. 아무리 돈을 많이 버는 일이라도 천국을 향해 가는 일을 위해 시간을 내지 못할 정도로 바쁘게 하는 일이라면 당신과 상관없는 일로 알고 멀리하십시오. 그러면 생명이 다하기까지 하나님을 잘 섬길 수 있을 것입니다. (당신의 영혼을 전혀 해롭게 하지 않을) 이런 몇 가지 지침을 잘 실천하는 사람은 영원한 복을 누릴 것입니다!

12장
바른 자녀 양육을 위한 지침

여기서 나는 당신의 자녀들이 아직 어려서 가르침을 받지 못한 것을 전제하고, 부모인 당신이 그들을 가르치는 것과 그런 가르침을 자녀들이 배우는 것과 관련한 몇 가지 지침을 드리고자 합니다. 이 책의 다른 장들보다 이 장을 특별히 더 깊이 읽고 연구하십시오. 이 부분을 부모들이 잘 알지 못하고 이를 실천할 의지나 열심이 없어서 자녀들의 영혼과 교회가 얼마나 큰 해를 입는지 모릅니다.

지침 1: 아직 자녀가 어려서 잘 이해하지 못하더라도 어려서부터 말씀을 배울 수 있도록 해주십시오. 흔히 생각하는 것처럼 자녀들을 위선자로 만들라는 것도 아니고 하나님의 이름을 망령되이 부르도록 가르치라는 말이 아닙니다. 자녀들이 어려서부터 말씀과 그 의미를 깨달을 수 있도록 도우라는 것입니다. 그렇지 않으면 어떤 언어도 그들에게 가르칠 수 없고 그들에게 필요하고 좋은 글들을 읽도록 가르칠 수 없을 것입니다. 의미를 알기 전에 먼저 말씀을 알아야 합니다. 어린 자녀가 의미도 제대로 모른 채 성경을 읽는다고 해서, 그것을 꼭 하나님의 이름이나 말씀을 망령되게 일컫는 것으로 볼 필요는 없습니다. 말씀을 이해하기 위해 배우는 과정일 뿐이기 때문입니다. 더구나 좋은 목적을 위해 말씀을 가르치는 것을 망령된 행동이라 할 수는 없습니다. 혹시 망령되게 일컫는 것은 아닌가 해서 자녀들이 스무 살이 되도록 말씀을 가르치지 않고 기다린다 해도, 어차피 말씀을 이해하기 위해서는 먼저 그 말씀을 알아야 합니다. 그러므로 자녀들을 위선자로 만들까 봐 두려워 그들을 무지한 상태로 내버려 두지 마십시오. 나중에 배울 수 있도록 먼저 준비시키는 것은 그들의 시간을 아껴 주는 가장 좋은 방법입니다. 대여섯 살이 되면 의미는 제대로 알지 못해도 교리문답이나 성경 말씀을 배울 수 있습니다. 자녀들이 말씀을 이해할 나이가 되면 이제 그 말씀의 의미를 배우고 이미 배운 말씀을 사용하는 것입니다. 하지만 그때까지 자녀들에게 필요한 말씀을 가르치지 않고 내버려 두면 이전에 이미 배웠어야 할 말씀을 배우느라 많은 시간을 허비하게 됩니다. 시간을 허비하는 것은 결코 작은 손실이 아닐 뿐 아니라 죄입니다.

지침 2: 자녀들에게 하나님의 말씀이 의미하는 바와 구원의 문제를 가르치는 가장 자연스러운 방법은, 자녀가 이해할 수 있는 수

준에 맞게 함께 그것에 대해 이야기하는 것입니다. 자녀들이 어머니의 무릎에 있을 때부터 이 일을 시작하고 자주 그렇게 하십시오. 자녀들은 작고 소소한 일들은 물론 위대하고 큰 일들에 대해서도 어느 정도는 빨리 이해할 수 있기 때문입니다. 지식은 조금씩 조금씩 쌓여서 자라가는 것입니다. 그러므로 자녀의 지성이 장난감이나 헛된 것에 현혹될 나이가 되기까지 기다릴 필요가 없습니다(잠 22:6).

지침 3: 무슨 일이 있어도 자녀들이 글을 읽을 수 있도록 가르치십시오. 성경을 읽고 좋은 책들을 스스로 읽을 수 있는 능력은 큰 긍휼을 입은 것입니다. 반면에 다른 사람에게 듣는 것 외에 스스로 읽어서 배울 수 있는 것이 없다는 것은 비참한 일입니다. 글을 읽을 줄 알면 다른 사람이 가르치지 않아도 언제라도 스스로 읽어서 배울 것입니다.

지침 4: 자녀들이 아직 어리면 성경 역사를 읽어 주십시오. 물론 이것만으로는 자녀들이 구원의 지식을 충분히 가질 수 없습니다. 하지만 이것을 계기로 성경 읽기를 좋아하게 될 수 있고 자주 성경을 펴서 보게 되어 다음과 같은 유익을 얻을 수 있습니다. 첫째, 성경을 좋아하게 됩니다. 물론 아직은 본성적으로 좋아하는 것이지만 그래도 좋습니다. 둘째, 그저 놀고 말 많은 시간을 성경을 읽으면서 보내게 될 것입니다. 셋째, 이로 인해 성경 역사에 익숙해지면 나중에 큰 유익을 얻을 것입니다. 넷째, 이를 통해 점차적으로 교리를 아는 지식이 자라갈 것입니다. 성경의 교리는 성경 역사에 촘촘히 배어 있기 때문입니다.

지침 5: 부모로서 가족을 가르치는 일이 구체적인 적용 없이 날마다 반복되는 습관과 형식이 되지 않도록 하십시오. 그러면 자녀들은 그 시간이 졸립고 지루하고 따분하고 마지못해서 참여하는 부담스러운 의무가 될 것입니다. 아무리 내용이 좋아도 효과에 있어서는 자녀에게 아무 말도 안한 것이나 다를 바 없습니다. 그러므로 부모인 당신이 해야 할 일은 자녀의 상태를 잘 알고 그들의 양심을 일깨워 잘 배우도록 하고 그들에게 구체적으로 적용되도록 하는 것입니다.

지침 6: 설교자나 설교에 합당한 사람이 아니면 자기 가족에게 공식적으로 설교하지 마십시오. 그것보다는 오히려 좋은 책을 함께 읽어 들려주거나 그들의 영혼에 유익한 내용을 자주 들려주십시오. 목사가 자기 회중에게 설교하는 것처럼 가장이 가족에게 설교하는 것이 불법이라는 말이 아닙니다. 가족에게 설교가 가장 유익한 방법이라면 물론 설교할 수 있습니다. 하지만 가족에게 설교하듯이 가르치는 것에 대해 반대하는 이유들이 있습니다. 첫째, 가족에게 설교를 할 만큼 준비된 가장이 드뭅니다(스스로 자신은 준비되었다고 생각하는 사람들 중에서도 실제로 준비된 사람은 많지 않습니다). 준비되지 않은 사람들은 성경을 오용하기 쉽습니다. 그렇게 하는 것은 하나님께 영광이 되지 않습니다. 둘째, 가족에게 유익이 되는 책들을 구입하지 못할 만큼 가난하지 않는 한,[1] 가족이 들어야 할 필요가 있는 귀중한 내용이 담긴 책들을 가족에게 효과적으로 읽어 주지 못할 사람은 거의 없고, 또 이렇게 하는 것은 자신이 할 수 있는 것 이상으로 가족들에게 큰 유익을 줍니다. 셋째, 가장 친숙한 방법이 가장 유익한 길입니다. 자녀나 가족들이 당면한 중요한 문제들에 대해 진지하게 말해 주는 것이 설교나 다른 공식적인 말보다 훨씬 더 그들에게 잘 다가갑니다. 하지만 무엇이나 적당한 때가 있듯이, 때로는 좋은 책을 읽어 주고 때로는 친근하게 이야기하는 일들을 상황에 맞게 해 가면 될 것입니다. 넷째, 일상적으로 말하는 방식으로 진지하게 해도 될 것을 굳이 설교하듯이 하는 것은 자기만족과 교만에서 비롯되는 경우가 많습니다.

지침 7: 질문을 주고받는 방식으로 가르치는 것이 좋습니다. 많은 사람이 함께 있을 때는 물론 이런 방식이 바람직하지 않습니다. 이럴 때는 책을 읽어 들려주거나 말할 내용을 미리 준비하는 것이 좋습니다. 하지만 사람이 그리 많지 않고 또 모인 사람들이 문답식으로 진행하는 것이 좋다고 생각하면 질문을 던지고 대답을 듣는 방식으로 하는 것이 좋습니다. 첫째, 연설을 하듯이 전달하는 것보다 문답을 주고받는 것이 사람들을 더 깨어 있게 하고 적극적으로 참여시킬 수 있기 때문입니다. 둘째, 가족들로 하여금 질문을 자신에게 적용하도록 돕기 때문에 훨씬 더 마음에 새기기가 쉽습니다.

지침 8: 완고한 사람을 책망할 필요가 없는 한, 다른 사람들이 있는 자리에서 특정한 개인의 무지나 죄 혹은 그들 마음에 담고 있는 비밀이 드러나지 않도록 신중하고 주의를 기울여야 합니다. 함께 모인 사람들이 서로를 잘 아는 사이라면 질문을 하는 가운데 대답을 못하더라도 상관이 없습니다. 하지만 친근한 사이가 아닌 사람이나 새로운 사람이 함께하는 경우에는 그런 일이 없어야 합니다. 영혼의 비밀한 상태를 살피는 것도 혼자 있을 때 해야지 함께 모인 자리에서 하면 안 됩니다. 수치를 당하거나 어려움을 당하게 되면 그 자리에서 배우는 것 자체를 싫어하게 되고, 그렇게 되면 아무런 유익을 얻지 못할 것이기 때문입니다.

지침 9: 신앙 교리를 가르칠 때는 기독교 신앙의 핵심을 요약한 것으로서 세례언약을 먼저 가르치십시오. 이런 기본적인 지식은 나중에 모호해질 수도 있으므로 만족스럽지 않더라도 이 진리로 가장 먼저 시작하는 것이 맞습니다. 이 교리를 통해 여러 진리들을 통합적으로 아는 것이 중요하기 때문입니다. 세례언약을 하나씩 조각조각 이해해서는 아무것도 알 수 없습니다. 그러므로 처음에는 몇 가지 부분에 대해서 조금씩 밖에는 이야기할 수 없겠지만, 그래도 자녀들에게 언약이나 기독교 신앙의 요약을 한 번에 알려 주어야 합니다. 자녀들이 성부와 성자와 성령의 이름으로 세례를 받는 것이 무엇인지 알 수 있도록 도와주되, 다음 순서를 따르십시오. 먼저, 언약의 당사자가 하나님과 사람인 것을 가르쳐 주십시오. 사람의 본성이 무엇인지, 그의 형상인 하나님이 누구신지 가르쳐 주십시오. 사람은 이성과 자유의지와 다른 세상과 이 땅에서의 삶이 아닌 다른 삶에 대한 지식이 없는 짐승과 다를 뿐 아니라, 하나님을 알 수 있는 지각이 있고 선을 택하고 악을 거부하는 의지가 있고 불멸하는 영혼이 있고 그가 하나님을 섬기도록 창조된 것처럼 모든 짐승은 사람을 섬기도록 창조되었다는 사실을 자주 말해 주십시오. 사람이나 어느 피조물도 스스로를 있게 할 수 없고 오직 하나님만이 창조자요 세상을 붙들고 다스리는 분이심을 말해 주십시오. 하나님은 능력과 지혜와 선하심이 무한하고 모든 사람의 주인이고 통치자이고 행복이고 목적이며 그들에게 은택을 베푸시는 분이심을 말해 주십시오.

사람은 자신의 주인인 하나님께 전적으로 헌신하도록 창조되었고 자신의 통치자인 하나님께 전적으로 순복하도록 창조되었고 자신의 아버지요 행복이요 목적이신 하나님께 모든 사랑과 찬양을 돌리도록 창조되었음을 말해 주십시오. 마귀의 꼬임에 빠져 타락한 아담 때문에 온 인류가 이 복된 생명을 잃어버리고 온 세상이 하나님의 진노 아래 떨어져 영원히 잃어버린 바 되었지만, 하나님이 긍휼로 영원히 성부와 함께 계시는 영원한 하나님의 아들을 사람으로 이 땅에 보내시기를 기뻐하셨고 하나님이요 사람이신 성자가 동정녀를 통해 나시고 사람들과 살면서 율법을 성취하시고 마귀와 세상을 이기시고 하나님과 우리의 화해를 위해 스스로를 우리 죄를 위한 화목제물로 드리신 것을 말해 주십시오. 모든 사람은 부패한 본성을 갖고 태어나고, 그리스도가 회복시키기 전까지는 죄 가운데 살아간다고 말해 주십시오(그리스도 안에만 구원의 소망이 있다는 것도 말해 주십시오). 그리스도가 우리의 죗값을 치르심으로 우리 죄의 빚을 모두 갚으시고 사망과 사탄을 이기고 다시 살아나시고 하늘로 올라가 천국에서 영광중에 계신 것을 말해 주십시오. 그리스도가 교회의 왕과 선생과 대제사장이심을 말해 주십시오. 그리스도가 은혜와 용서의 새 언약을 세우시고 성경을 통해 그것을 우리에게 알리시고 목사들을 통해 그것을 세상에 증거하신다는 사실을 말해 주십시오. 이 언약을 진지하게 받고 믿는 사람들은 구원을 얻지만, 그렇지 않은 사람들은 마지막이고 유일한 치료책인 그리스도와 그분의 은혜를 거부했기 때문에 정죄를 받을 수밖에 없다는 사실도 말해 주십시오. 자녀들에게 이 언약의 본질이 무엇인지 말해 주십시오. 이 언약을 통해 하나님은 자신을 화해의 하나님이요 우리의 아버지시요 우리의 행복으로 드러나시고, 그리스도는 우리 죄를 용서하시고 하나님과 우리를 화목하게 하시고 성령으로 우리를 새롭게 하시는 구원자로 드러나시고, 성령은 우리를 조명하시고 거듭나게 하시고 확신하게 하시는 우리를 거룩하게 하시는 자로 드러나십니다.

우리가 해야 할 일은 언약을 성실히 준행하는 노력을 통해 드러나는 진실한 믿음을 갖는 것입니다. 성령으로 새롭게 되고 그리스도를 통해 의롭게 되고 가르침과 다스림을 받고 또 그를 통해 성부께로 인도된 사람들에게 자신의 하나님과 목적으로 성부를 사랑하고 그분을 위하여 살고 그분과 함께 영원히 살라고 말해 주십시오. 반면에 마귀의 유혹과 속이는 세상의 미혹과 육체의 정욕이 천국으로 가는 우리를 기다리는 불구대천의 원수요 방해자이기 때문에, 우리는 항상 이것들을 거부하고 우리 자신을 부인하고 우리에게 주어진 모든 기업을 얻기까지 하늘에 계신 하나님만을 붙잡아야 합니다. 이 언약에 온전히 헌신하는 사람은 그리스도의 지체요 의롭게 되고 화목하게 된 하나님의 자녀요 천국의 후사로 마침내 구원에 이를 것이고 그렇지 않은 사람은 정죄를 받을 것입니다. 이것이 바로 세례를 통해 우리의 아버지와 행복과 구원자와 우리를 거룩하게 하시는 분이신 성부 성자 성령이신 삼위 하나님과 진지하게 맺는 언약입니다. 자녀들에게 이 진리를 계속해서 가르치십시오.

지침 10: 세례언약과 기독교 신앙의 핵심 진리를 가르치면서 사도신경과 주기도와 십계명도 설명해 주십시오. 이것들을 잘 사용하라고 하십시오. 영혼과 지각과 의지의 세 가지 능력을 가지고 순종하기 위해서는 이 세 가지 모두가 거룩하게 되어야 하기 때문에 각각 따라야 할 합당한 규칙이 있어야 한다고 말해 주십시오. 사도신경은 우리가 이해하고 믿어야 할 바가 무엇인지를 보여주고, 주기도문은 우리의 의지가 바라고 우리의 혀가 간구해야 할 바가 무엇인지를 보여주고, 십계명은 우리가 무엇을 어떻게 실천해야 할지를 보여준다고 말해 주십시오. 성경은 모든 것을 포함하는 방대하고 가장 완전한 규칙임을 말해 주십시오. 성경이 말하는 모든 것을 분명히 믿을 뿐 아니라 구체적으로 사도신경과 주기도와 십계명이 말하는 것을 믿고 그것을 바라고 진지하게 실천하는 사람이 참된 그리스도인이라고 말해 주십시오.

지침 11: 자녀들에게 소요리문답을 가르치고 암송하게 해서 이런 가르침을 더 온전히 배우게 하고 그 다음에 대요리문답을 가르치십시오. 웨스트민스터 대소요리문답은 자녀들에게 기독교 신앙의 진리를 가르치는 데 좋습니다. 나도 8개 조항의 문답으로 기독교 신앙의 모든 핵심적인 요소를 담은 아주 간단한 요리문답을 만들었습니다. 그중 한 개의 대답이 언약을 받아들이는 것을 다루고 네 개의 조항 혹은 문답에 걸쳐 그리스도인이 행할 모든 중요한 의무들을 다루었습니다. 어린아이들에게 적용하기에는 너무 긴 대답도 있지만, 누군가 이 내용을 내가 한 것보다 더 간단하게 정리했다면 굳이 나까지 만들 필요가 없었을 것입니다. 내가 쓴 요리문답이 얼마나 부족한지 알기 때문입니다. 여러 요리문답이 있지만 핵심은 같습니다. 무엇을 가지고 배우든 자녀들이 신앙 교리를 이해하고 암송하는 데 도움이 될 것입니다.

지침 12: 언약과 요리문답의 특정한 부분을 더 구체적으로 명확하게 밝혀 주십시오. 이런 방법은 가족에게 큰 유익을 줍니다. 너무 두꺼워 혼란스럽거나, 너무 간단해 제대로 이해하기가 어렵지 않은 사도신경과 주기도와 십계명에 대한 주석을 자녀들에게 읽어 주십시오. 요약을 위해서는 존 브린슬리John Brinsley의 「진정한 파수꾼True Watch」이 좋고,[2] 자녀들에게 읽어 주기에는 윌리엄 퍼킨스William Perkins가 사도신경에 대해 쓴 책과[3] 헨리 킹Henry King이 주기도에 관해 쓴 책과[4] 존 다드John Dod가 십계명에 대해 쓴 책이[5] 좋습니다. 한 번에 한 항목, 한 간구, 한 계명씩 읽어 주고 각각 다른 때에 하나씩 자녀에게 읽어 주면 좋습니다. 둘째, 자녀들과 친밀한 대화 가운데 한 번에 한 항목, 한 주제씩 차례로 이야기해 주는 식으로 한 권씩 살펴 가면 좋습니다. 예를 들면 1. 창조와 사람의 본성에 대해 이야기하고, 그 다음 혹은 그 전에 2. 하나님의 본성과 속성에 대해 이야기하고, 또 그 다음에는 3. 사람의 타락을, 특히 이 땅에 속한 육신적인 것들에 대한 무절제한 성향을 이루고 하나님과 거룩과 내생에 대해 뒤로 물러나고 원수로 행하게 하는 본성의 부패에 대해 이야기합니다. 또한 죄가 용서함을 받고 세상과 육신의 즐거움을 좇아가던 본성이 새로워져서 하나님과 거룩을 사랑하도록 회복되지 않으면 구원은 불가능하다는 사실을 말해 줍니다. 4. 구속의 교리와 그리스도의 성육신과 본성과 인격 등을 개략적으로 설명해 주십시오. 5. 시험을 이기고 세상의 멸시를 받으신 율법을 온전히 이루신 그리스도의 겸손한 삶을 말해 주십시오. 또한 그분의 삶은 우리가 본받아야 할 모범이라는 사실도 말해 주십시오. 6. 그리스도의 낮아지심과 고난, 그분을 핍박한 자들의 부당함과 가식을 말해 주십시오. 또한 그분의 고난과 죽음과 장사가 갖는 가치와 목적을 말해 주십시오. 7. 그리스도의 부활의 증거와 의미를 말해 주십시오. 8. 그리스도의 높아지심과 영광과 우리를 위한 중보와 이 모든 것이 신자의 삶에 얼마나 큰 의미가 있는지 말해 주십시오. 9. 그리스도의 왕과 예언자로서의 직분을 개략적으로 설명해 주고 그리스도가 우리와 은혜언약을 맺으신 것과 그 언약의 본질과 효력을 말해 주십시오. 10. 성령의 직분과 역사를 개략적으로 설명해 주고 그리스도가 말씀하신 대로 이 땅에 사는 사람들 안에서 그리스도의 역사를 대신 이루시고 세상에 그리스도를 탁월하게 증거하는 분이심을 말해 주십시오. 교회를 세우고 성경을 기록하고 인치기 위해 예언자와 사도들에게 주어진 성령의 특별한 선물에 대해서 말해 주십시오. 또한 성경의 권위와 효용을 말해 주십시오. 11. 영혼을 조명하시고 새롭게 하시고 거룩하게 하시는 것과 같은 일상에서 이루어지는 성령의 역사를 말해 주고, 말씀 사역을 통해 어떤 순서로 이 모든 일을 하시는지 말해 주십시오.

12. 일상적인 목회의 직분이 어떤 것인지 말해 주고 이런 목회에 따른 자녀들의 의무가 무엇인지, 특히 말씀을 듣는 자로서 어떻게 해야 할지를 말해 주십시오. 또한 공예배를 어떻게 드리는지, 공예배의 본질이 무엇인지, 성도와 교회의 본질이 무엇이고

또 그들이 서로 교통하는 것이 무엇인지 말해 주십시오. 13. 세례와 성찬의 본질과 의미와 가치를 말해 주십시오. 14. 인생의 덧없음과 죽을 때와 죽은 후 영혼의 상태가 어떤지, 심판 날과 의인의 칭의와 마지막 날 악인의 심판에 대해 말해 주십시오. 15. 천국의 희락과 정죄 받은 자들의 비참함을 말해 주십시오. 16. 이 세상에서 즐기는 쾌락과 이득과 명예가 얼마나 덧없는 것인지, 어떻게 세상이 성도를 미혹하는지, 이런 미혹을 어떻게 이길 것인지 말해 주십시오. 17. 그리스도를 위해 고난 받고 자신을 부인해야 하는 이유와 그 가치를 말해 주십시오. 질병과 죽음을 어떻게 준비하고 맞이해야 할지 말해 주십시오. 이렇게 말한 다음에는 주기도와 십계명도 차례로 가르치십시오.

지침 13: 설명을 마친 후에는 그들이 이해하고 기억하는 것을 자신들의 말로 설명해 보도록 하십시오. 그렇지 않으면 다음에 할 때 앞에 했던 것을 다시 설명해 주십시오. 잘 배우고 노력한 자녀들에게는 칭찬과 격려를 아끼지 마십시오.

지침 14: 자녀들이 정신을 바짝 차리고 진지하게 주목하도록 해서 그들의 마음에 위대한 진리가 남아 있도록 해야 합니다. 그러기 위해서는 우선 하나님의 본성과 삼위 하나님의 관계를, 그 다음으로는 십자가에 달리고 영화롭게 된 그리스도를 통해 성도가 누리는 모든 은혜와 특권과 더불어 설명해 주십시오. 세 번째는 영혼에 역사하는 성령에 대해서, 네 번째는 세상의 헛됨과 죄인들의 미련함을, 다섯 번째는 이 땅을 떠나서 성도들이 누리는 한없는 영광과 희락, 불경건한 자들이 처할 영원한 비참함을 다른 것들보다 더 많이 자주 가르쳐야 합니다. 이 다섯 가지를 계속해서 반복하고 모든 대화 가운데 항상 포함시키십시오. 자녀들에게 말할 때는 항상 진지함과 친밀함으로 다가가서 그들 역시 당신이 하는 말을 진지하게 주목할 수 있도록 해야 합니다. 당신과 자녀들을 모두 죽어 가는 사람으로 여기고 이야기하십시오. 당신이 하나님과 천국과 지옥을 직접 목도한 사람처럼 확신 있고 분명하게 말하십시오.

지침 15: 가끔 자녀들과 개별적으로 말하는 시간을 갖는 가운데 성령의 새롭게 하시는 역사에 대해 말해 주고 그런 역사가 있는지 물어보십시오. 자녀들에게 진정한 은혜의 표증을 보여주고 자녀들이 그것을 직접 시험해 보도록 하십시오. 솔직하고 진지하게 자신이 하나님을 사랑하는지 피조물을 사랑하는지 말하도록 하십시오. 천국을 사랑하는지 이 땅을 사랑하는지, 육체의 정욕을 만족시키기를 좋아하는지 거룩을 사모하는지, 그들이 가장 마음을 쓰고 노력하는 것이 무엇인지 물어보십시오. 이런 시간들을 통해 자녀가 거듭난 것을 알게 되었다면 그들이 더 견고히 서 가도록 도와주십시오. 혹시 실의에 빠진 자녀가 있다면 위로해 주십시오. 거듭나지 못한 자녀가 있는 것을 알게 되었다면, 그들이 죄를 깨달을 수 있도록 해주어 그들을 겸손하게 하고 그들이 그리스도 안에 있는 묘약을 볼 수 있도록 해주십시오. 그리고 나서 그들이 그리스도께 참여하기 위해 해야 할 의무가 무엇인지 알려주고 자녀가 거듭나는 일을 위해 매순간 모든 일에 힘쓰십시오. 그러나 개인의 사생활을 존중하면서 사랑과 인자함을 가지고 하십시오.

지침 16: 자녀들을 가르치기 위해 혹은 그들이 스스로를 판단하도록 돕기 위해 꼭 필요한 몇 가지 질문들이 있습니다. 머지않아 자신이 죽는다는 것을 알고 있는지, 죽고 나면 즉시 희락이 넘치거나 비참하기 그지없는 영생으로 들어간다는 것을 알고 있는지, 그때도 여전히 세상의 부와 명예와 육신적 즐거움이 즐거움으로 다가갈지, 그렇다면 성도가 되는 것이 맞는지 믿지 않는 죄인으로 살아가는 것이 맞는지, 믿지 않는 부자나 믿지 않는 위대한 사람이 되는 것보다 차라리 세상으로부터 멸시를 받고 모욕을 당하는 가장 거룩한 사람이 되는 편이 낫지 않는지, 시간이 모두 지나가고 하나님 앞에 모든 것을 결산해야 할 때가 있다면 쾌락과 육체의 소욕을 따라 교만하게 살기보다 거룩과 순종으로 다가오는 삶을 준비하며 살아야 하지 않겠는지, 어떻게 그것을 알면서도 영원한 생명과 상관없이 살고 거듭나지 않았으면서도 날마다 편하게 잠을 청할 수 있는지, 회심하기 전에 죽으면 어떻게 될지, 이 땅에 살 때 경건하지 못하던 사람이 죽어서 지옥에서 행복할 수 있을지, 이 땅에서 죄를 일삼고 왁자지껄한 세상일을 즐기며 살던 사람이 죽은 후에도 그렇게 지낼 수 있는지, 죽은 후에 다시 살아날 수 있다면 자신은 어떻게 살지, 하늘로부터 온 천사와 성도가 경건한 자와 불경건한 자 사이의 논쟁에 판단을 내려야 한다고 했을 때 과연 거룩하고 경건한 삶을 반대할지 아니면 육신의 소욕을 좇고 시간을 허비하는 불경건한 사람에게 호소할지, 과연 자신이라면 어떤 판단을 내릴지, 하나님께서 성경을 기록하실 때 하나님이 자신이 하시는 일을 모르고 그렇게 하셨을지, 하나님이 더 존귀한지 하나님을 모독하는 자가 더 존귀한지, 세상 모든 사람들이 마지막 날에는 어떤 대가를 치르더라도 성도가 되었어야 하는데 그러지 못한 것에 대해 이를 갈며 후회하지 않을지 물어봐야 합니다. 이런 질문들은 자녀들의 양심을 일깨우고 더 큰 확신에 이르도록 합니다.

지침 17: 모든 중요하고 긴요한 의무를 이행하고 모든 현저하고 위험한 죄를 대적하도록 하는 가장 분명하고 적합한 본문 한 구절을 마음에 새기도록 가르쳐 주십시오. 그래서 자녀들이 그 말씀을 계속 반복해서 말할 수 있도록 해주십시오. 이를 테면 다음과 같은 본문들입니다. "너희에게 이르노니 아니라 너희도 만일 회개하지 아니하면 다 이와 같이 망하리라.……너희에게 이르노니 아니라 너희도 만일 회개하지 아니하면 다 이와 같이 망하리라"(눅 13:3, 5). "진실로 진실로 네게 이르노니 사람이 물과 성령으로 나지 아니하면 하나님의 나라에 들어갈 수 없느니라"(요 3:5). 그 외에도 마태복음 18:3, 로마서 8:9, 히브리서 12:14, 요한복음 3:16, 누가복음 18:1 등을 예로 들 수 있습니다. 거짓말과 욕과 하나님의 이름을 함부로 입에 담고 방탕함과 탐식과 교만 등과 같은 죄를 정죄하는 말씀들을 다룰 수 있습니다.

지침 18: 자녀들이 당신을 통해 깨달은 것들을 가지고 실제 삶에서 노력과 변화를 가져오는 중대한 결심을 할 수 있도록 도와주십시오. 또 자녀들이 그렇게 하기로 약속하고 또 때로는 그렇게 한 것들을 가지고 당신 앞에서 증거하도록 시키십시오. 하지만 동시에 다음과 같은 것 역시 염두에 두어야 합니다. 첫째, 당신이 말한 바를 아직 제대로 이해하지 못하고 마음에 확신하지 못한 자녀들을 억지로 하는 약속으로 몰아가서는 안 됩니다. 둘째, 자녀의 현재 상태나 능력을 넘어서는 일을 약속하게 해서도 안 됩니다. 이를 테면 자녀들에게 하나님을 믿고 사랑하겠다는 약속을 하도록 한다든지 부드러운 마음 혹은 천국을 향한 마음을 갖겠다는 약속을 하게 하면 안 됩니다. 오히려 말씀을 듣고 읽고 기도하고 묵상하겠다든지, 좋은 친구를 사귀겠다든지, 유혹이 오면 그 자리를 피하겠다든지 하는 위에 말한 것들을 가능하게 하는 의무들을 준행하겠다는 약속을 하게 하십시오. 셋째, 자주 약속을 하게 해서 자녀들이 말로만 지키겠다고 대답하고, 또 으레 어겨도 되는 것으로 알면 안 됩니다.

지침 19: 자녀들이 자신이 처한 상황과 필요에 맞게 기도할 수 있도록 기도문이나 혹은 다른 방법을 통해 어떻게 기도하는지 가르쳐 주십시오. 당신 자신이나 다른 사람을 통해 가끔 자녀가 어떻게 기도하는지 알고 그들의 영혼의 상태에 따라 어떻게 하는 것이 유익한지 알 수 있어야 합니다.

지침 20: 자녀의 수준에 맞는 책을 주어서 혼자 있을 때 읽을 수 있도록 해주십시오. 그러고 나서 기억에 남는 것은 무엇인지, 새롭게 깨달은 것은 무엇인지 물어보십시오. 혼자 책을 읽을 틈을 못 낼 정도로 불필요하게 일을 많이 시키거나 오래 붙잡아 두어서는 안 됩니다. 오히려 심부름이나 일을 시킬 때는 그것을 부지런히 하게 해서 여유 시간을 가질 수 있도록 해주어야 합니다.

지침 21: 자녀들이 함께 있을 때는 서로를 교훈하고 권면하도록 해야 합니다. 자녀들이 서로 유익한 말을 하도록 해야 합니다. 자녀들 가운데 글을 가장 잘 읽는 자녀가 다른 자녀들에게 책을 읽어 주고 가르치도록 해서 서로가 좋은 영향을 받도록 해야 합니다. 자녀들만큼 서로 가까이 지내는 친밀한 관계도 없습니다. 친밀함이 서로의 유익을 위해 요긴하게 쓰일 수 있습니다.

지침 22: 한 번에 너무 많이 가르치려고 하지 말고 자녀가 받을 수 있는 만큼만 가르치십시오. 좁은 주둥이를 가진 병을 양푼을 채우듯 해서는 안 됩니다.

지침 23: 모든 일이 자녀들에게 즐겁고 좋은 일이 되도록 힘쓰십시오. 때로 자녀들에게 존 폭스John Foxe의 「순교사화Foxe's Book of Martyrs」와[6] 새뮤얼 클락Samuel Clarke의 「순교자열전Martyrologie」과 「신앙 위인들의 삶Lives of Eminent Persons」과 같은 유익한 역사서들도 함께 읽어 주십시오.[7]

지침 24: 자애로움과 순종에 대한 보상으로 자녀들의 마음을 자극하십시오. 자녀들이 잘할 때는 자상하게 대해 주십시오. 당신에게 열린 마음을 갖게 되면 자녀들은 당신의 가르침을 훨씬 잘 받아들입니다. 자신이 사랑하는 사람을 사랑하고 선을 베풀고 그 사람의 말을 귀담아듣는 것이 인지상정입니다. 때때로 자녀에게 작은 선물을 마련해 주면 당신의 가르침에 자녀가 훨씬 더 잘 반응하고 이를 통해 큰 유익을 얻습니다.

지침 25: 혹시 이런 지침이 너무 많아 따라 하기가 어려운 것처럼 생각되면, 이런 수고가 필요하고 합당한 만큼 영혼이 소중하지 않은지, 그럴 만한 가치가 영혼에 없는지에 대해 당신의 자녀들을 위해 죽으신 그리스도께 여쭤 보라고 말해 주고 싶습니다. 부모가 이 정도로 수고해서 자녀들이 영생을 누리게 된다면 사실 수지맞는 것 아니겠습니까? 거룩한 마음을 가진 사람에게는 모든 것이 유익이고 기쁨이고 즐거움이라는 사실을 기억하십시오. 이처럼 거룩하게 가정을 다스리고 자녀를 양육함으로 교회와 국가가 받는 복이 얼마나 큰지요! 이런 지침을 준행하는 데 따르는 모든 어려움을 넉넉히 보상하고도 남습니다.

주

1장_ 결혼에 대한 지침

1. "결혼하지 않은 사람들은 가장 좋은 벗이요, 가장 탁월한 주인이요, 가장 일을 잘 하는 종이 될 수 있다. 하지만 항상 그런 것은 아니다. 이들은 보통 마음을 한 곳에 지긋이 두지 못하고, 무모하고……때문이다." Lord Bacon, *Essay* 8. 저명한 영국 철학자요 작가요 정치가인 프랜시스 베이컨(Francis Bacon, 1561-1626)은 일반적으로 과학혁명(Scientific Revolution)의 토대를 놓은 사람 가운데 하나로 평가된다. 그의 비공식적인 산문들을 모아 놓은 에세이는 영어로 기록된 가장 초기의 모범 가운데 하나다. 베이컨의 사상을 개괄하기 위해서는 다음을 보라. Perez Zagorin, *Francis Bacon* (Princeton, NJ: Princeton University Press, 1998).
2. 부모가 자녀들에게 권위를 갖는 것처럼, 백스터는 우리 위에 권위를 갖는 사람을 가리키는 말로 이 단어(governor)를 사용하고 있다.
3. *Christian Directory*, "Christian Ethics," Tome 1, Chapter 8, Part 5, Titles 1 and 2. 여기서 백스터는 간음과 육체적 부정함과 내면의 정욕을 이기는 지침을 제시하고 있다.
4. "아내는 남편이 젊었을 때는 그의 애인이고, 중년일 때는 벗이고, 노년에는 간병인이다. 결혼하고자 하는 마음이 들 때 남자들이 그렇게 애를 쓰는 것은 바로 이 때문이다." Lord Bacon, *Essay* 8. 다음 책도 보라. Clark Sutherland Northup, ed. *The Essays of Francis Bacon* (New York: Houghton Mifflin Company, 1908), 23-25.

5. "부인이 애를 낳지 못해 자식이 없는 것 때문에 힘든가? 그렇다면 로마의 왕들 중에 자기 친자식에게 직접 왕위를 물려준 이가 한 명도 없었다는 사실을 기억하라." Plutarch. 16세기와 19세기 사이에 다시 사람들 사이에 회자된 1세기 전기 작가이자 평론가이자 저술가인 플루타르크(46-c. 119)의 작품은 영어 평론의 발전에 지대한 공헌을 했다. 여기서 백스터는 플루타르크가 쓴 도덕적 가르침에 대한 수필집, *Moralia*에 나온 "평정과 만족에 관하여On Tranquility and Contentment"를 인용한다. 이 수필집은 하버드대학교 출판사의 Loeb Classical Library 시리즈 중 열다섯 권을 차지한다.

6. 제롬(Jerome, c. 347-419)의 *Epistle on Saint Paul*(Epistle 5.3)에서 인용한 글이다. 성 제롬이라고도 불리는 그는 성경 번역가이자 초대교회 지도자요 가장 존경 받는 라틴 교부들 가운데 하나다. 그의 신학적 저술들은 초기 중세 발전에 지대한 영향을 미쳤다. 라틴역 성경인 불가타(Vulgate)로 가장 잘 알려졌다. 제롬의 생애와 사상에 대한 입문서로는 다음을 보라. J. N. D. Kelly, *Jerome: His Life, Writings, and Controversies* (Peabody, MA: Hendrickson Publishers, 1998).

7. "목회자들은 독신으로 사는 것이 좋다. 사랑으로 섬기는 이들의 삶이 교회의 기초를 더 든든하게 할 것이기 때문이다." Lord Bacon, *Essay* 8. "가장 위대한 일들과 그 기반은 항상 부양할 처자식이 딸리지 않아 마음의 생각을 이루는 데 전념할 수 있는 사람들을 통해 이루어져 왔다. 후세가 없는 사람들이 오히려 후세를 위한 생각에 전념할 수 있기 때문이다." Bacon, *Essay* 7. "처자식이 있는 사람은 큰일을 하기가 힘들다. 공공을 위한 가장 탁월하고 위대한 일들은 결혼하지 않고 자녀가 없는 사람들을 통해 이루어졌다." Bacon, *Essay* 8.

8. 여기서 백스터는 사촌 간의 결혼을 다룬 버틀러(Charles Butler, 1559-1647)의 논문을 언급한다. *Syngeneia: De propinquitate matrimonium impendiente, regula*, 1625년 출간. 워튼(Watton)의 교구목사였던 버틀러는 당시에 양봉과 벌레에 대한 최초의 영어 저작들로 유명했다. "Feminine Monarchie: Or, A Treatise Concerning Bees and the Due Order of Them"(1609).

9. 백스터의 「그리스도인을 위한 지침서」 4부에 이 글이 나온다. "Christian Ecclesiastics, or Church Duties," Chapter 5, the second section.

2장_ 결혼, 하나님이 정하신 것인가

1. 존 피커스(John Picus of Mirandula, 1463-1494)는 박식한 언어학자요 기독교 철학자였다. 백스터는 지금 그가 쓴 서신들에 나온 한 구절을 인용한다. *Epistles*,

lib. i. 6.
2. 데오도르 베자(Theodore Beza, 1519-1605)는 존 칼빈(John Calvin, 1509-1564)이 죽은 후에 제네바 종교개혁을 이끈 작가요 번역자요 교육자였다. 코덱스 베자(Codex Bezae)로 일컫는 그의 헬라어 신약성경 결정판은 5세기까지 거슬러 가는 헬라어 라틴어 본문들을 편찬한 것으로 많은 사람들에 의해 널리 사용되었다.
3. 위고 그로티우스(Hugo Grotius, 1583-1645)는 국제법에 대한 기여로 명성이 자자한 네덜란드의 법학자였다. 하지만 그로티우스는 성경주석을 비롯한 신학 서적도 저술했다.
4. 터툴리안(Tertullian, 155-220)은 초대교회의 영향력 있는 기독교 변증가요 작가였다. 서방교회 용어에 라틴어가 도입되도록 한 사람이다.

5장_ 거룩한 자녀 양육

1. 「성도의 영원한 안식 *The Saint's Everlasting Rest*」 3부, 14장 11편을 보라. 이 책은 *The Saint's Everlasting Rest: or, A Treatise of the Blessed State of Saints in Their Enjoyment of God in Glory*라는 제목으로 17, 18, 19세기에 걸쳐서 출간되었다. 1754년에 존 웨슬리가 처음으로 낸 요약판이 웨일즈어, 게일어(Gaelic), 독일어, 불어 등으로 출간되었다. 요약판과 완판 모두 지금도 출간되고 있다.

8장_ 남편을 향한 아내의 의무

1. 1662년에 출간된 윌리엄 가우지(William Gouge, 1575-1653)의 "가정의 의무에 관하여Of Domestical Duties"를 말한다. 블랙프라이어스(Blackfriars)에서 목회를 하는 중에 가족관계에 관한 걸작이라고 할 수 있는 내용을 담은 설교를 했다. 물론 이 설교로 도시에 사는 귀부인들의 분노를 산 것도 사실이다. Anthony Fletcher, "The Protestant Idea of Marriage," in *Religion, Culture, and Society in Early Modern Britain: Essays in Honor of Patrick Collinson*, ed. Anthony Fletcher and Peter Roberts(Cambridge: Cambridge University Press, 2006).
2. 윤리와 개혁주의 신학에 대한 저작들로 유명한 영국 신학자인 윌리엄 에임즈(William Ames, 1576-1633)는 도르트 회의(Synod of Dort)를 섬겼고 알미니안주의를 강력하게 반대했다. 네덜란드 프리즐란드에 있는 프레네커에서 신학

교수로 몇 년간 섬겼다. 많은 저작이 있지만 그중 "Marrow of Theology" (Medulla Theologiae, 1623)와 양심의 문제를 다룬 *De Conscientia et Ejus Jure vel Casibus*(1632) 두 가지가 가장 대표적이다. 후자는 수년 동안 네델란드 개혁교회(Dutch Reformed Church)에서 기독교 윤리학에 대한 표준적인 작품으로 여겨졌다. 두 저작 모두 각각 1642년과 1639년에 영어판으로도 출간되었다.
3. 윌리엄 훼이틀리(William Whately, 1583-1639)는 17세기 초의 신학자다. 결혼에 대한 그의 저작인 *A Bride-Bush; or, A General Direction for Married Persons*는 17세기 결혼에 대한 지침서로 널리 회자되었다. 다음 책을 보라. Lloyd Davis, ed., *Sexuality and Gender in the English Renaissance: An Annotated Edition of Contemporary Documents*(New York: Rougledge, 1998), 245.
4. 교황 바오로 4세의 조카요 덕망 있는 가문에서 태어난 이탈리아인인 갈레아초(Galeazzo Carraccioli di Vico, -1586)는 그가 가진 개혁주의 신앙 때문에(피터 마터의 목회를 통해 회심했다) 자기 아내와 가족들이 살고 있는 나폴리를 떠나 제네바로 갔다. 15, 16세기에 그의 이런 일화는 너무도 유명했다. 그의 이런 자기희생을 극찬했던 존 칼빈은 고린도전서 주석 제2판을 그에게 헌사했다.

10장_ 부모에 대한 자녀의 의무

1. 토마스 화이트의 이 책은 1660년에 출간되었다. 이 책은 화이트가 "나의 소중하고 예쁜 자녀들"이라고 부른 어린이들을 위한 선구적인 작품이다. 어린이들을 위한 작품에 관해 더 알고 싶은 독자는 다음 책을 보라. Gillian Avery, "Intimations of Morality: The Puritan and Evangelical Message to Children," in *Representation of Childhood Death*, ed. Gillian Avery and Kimberley Reynolds(New York: Macmillan, 2000), 87-110.

12장_ 바른 자녀 양육을 위한 지침

1. 출판기술이 발달한 지금과 달리 17세기에는 아무나 책을 구하지 못할 만큼 책값이 비쌌다. 새뮤얼 홉킨스(Samuel Hopkins, 1721-1803)는 싼 책 목록을 죽 나열했고, 모두가 이런 책들을 소유할 수 있게 된 것을 천년왕국의 징조로 보았을 만큼 책을 갖는다는 것은 결코 흔한 일이 아니었다. 출판기술의 발달을 전반적으로 잘 다룬 책은 다음을 보라. Elizabeth L. Eisenstein, *The Printing Press*

as an Agent of Change(Cambridge: Cambridge University Press, 1980).
2. 존 브린슬리(John Brinsley)가 쓴 *The True Watch and Rule of Life; or, A Direction for the Examination of Our Spiritual Estate*(1606)는 17세기를 통틀어 7판을 거듭했다. 레이체스터셔(Leicestershire)의 목사와 교사였던 브린슬리(1633년에 가장 왕성한 저작활동을 했다)는 이 책이 거듭 재판되는 바람에 가장 유명한 사람이 되었다.
3. 윌리엄 퍼킨스(William Perkins, 1558-1602)는 16세기 후반의 가장 유명한 청교도 목사였다. 최근에 와서야 역사가들을 통해서 그가 당대에 얼마나 사람들의 주목을 받은 목사였는지가 드러나고 있다. 여기서 백스터가 언급하는 책은 퍼킨스가 쓴 *An Exposition of the Symbol or Creed of the Apostles according to the tenor of the Scriptures, and the consent of orthodox Fathers of the Church*(1595)다. 이 책 역시 17세기에 수차례 재판을 거듭했다.
4. 다른 책들처럼 잘 알려진 것은 아니지만 헨리 킹(Henry King, 치체스터의 감독, 1592-1669)의 *Exposition on the Lord's Prayer*(1628)는 이 주제에 관한 유명한 논문이었다. 다음을 보라. Mary Hobbs, *The Sermons of Henry King*(1592-1699), *Bishop of Chichester*(Aldershot, UK: Scolar Press 1992). 하나의 장르로서 주기도를 다루는 책들을 살펴보기 원하면 다음을 보라. Kenneth W. Stevenson, *The Lord's Prayer: A Text in Tradition* (Minneapolis: Fortress press, 2004); Ian Green, *Print and Protestantism in Early Modern England*(New York: Oxford Unversity Press, 2001), 246-247.
5. 존 다드(John Dod, 1549-1645)가 쓴 *A Plain and Familiar Exposition of the Ten Commandments*(1604)는 이 주제에 관해서는 아마도 17세기에 가장 유명한 논문이었을 것이다. 이 책은 재판을 거듭했고, 고전적 청교도 신학을 대표한다. 다드에 대해서 한 책은 이렇게 적고 있다. "그는 위엄 있는 목사다. 엄밀하고 진중하다. 교회에 불화를 가져온 적이 한 번도 없다. 죄인들에게조차 그는 온유했고, 하나님께는 가장 경건했다. 이는 다드에게 돌아가야 할 합당한 찬사의 일부분에 지나지 않는다." *Memorials of the Rev. John Dod, M. A.* (Northampton, UK: Taylor and Son, 1875), v.
6. 존 폭스(John Foxe, 1516-1587)는 영국의 목사로 1563년 3월에 자신의 책 「순교사화 *Book of Martyrs*」를 출간했다. 원래 제목은 *Acts and Monuments of These Latter and Perilous Days*이었으나 출간된 즉시 이 책은 사람들의 입에 「순교사화」로 회자되기 시작했다. 1570년에 재판이, 1576년과 1583년에 각각 3판과 4판이 나왔다. 개신교 일변도라고 이 책을 비판하는 사람들이 있지만, 어

쨌든 이 책은 영국 종교개혁에 대한 상세한 역사적 기록으로 남아 있다. 지금도 몇 가지 판으로 구해 볼 수 있다.
7. 성직자의 아들로 태어난 새뮤얼 클락(Samuel Clarke, 1599-1683)은 캠브리지의 임마누엘 칼리지에서 수학했다. 비국교도인 관계로 여러 번 고초를 겪었고, 1660년에는 리처드 백스터와 함께 유배에서 돌아오는 왕의 귀환을 맞이했다. 그럼에도 불구하고 그는 1622년에 런던의 강단에서 축출되었다. 그 후 그는 남은 여생을 국교회의 한 교구 교회에 출석하면서 저술에 전념했다. 여기서 언급되는 두 책은 17세기의 유명했던 전기로 현대에 다시 출간되기는 했지만, 대부분이 사라지고 구하기가 어렵다. 신학자이자 뉴턴 물리학을 지지했고, 18세기 영국 신학에 지대한 영향을 끼친 사람으로 기억되는 다른 새뮤얼 클락(1675-1729)과 혼동하지 말아야 한다.